Dieter Duhm

La Matriz Sagrada

De la matriz de la violencia a la matriz de la vida.
Los fundamentos de una nueva civilización.

TOMO I

Sobre el libro:

¿Hay aún una posibilidad, de parar la violencia mundial y de disponerse a hacer una globalización de paz?

La respuesta del presente libro dice: sí, el sueño de paz podría volverse realidad," … si nosotros lo queremos y lo hacemos con todas las fuerzas." Partiendo de los más modernos conocimientos científicos el autor desarrolla el concepto de una globalización de la fuerza de paz, que empieza en pocos lugares de la tierra, los así llamados biotopos de curación, y es capaz de cambiar el sistema actual de manera decisoria para el futuro. "En la formación de campos de la evolución no es valido el derecho de los más fuertes, sino el éxito de lo más completo", es una de sus tesis. "El tránsito de la matriz de la violencia a la sagrada matriz de la paz no sigue una lógica de la lucha de poder, sino un posible cambio de programa en cualquier momento."

Biotopos de curación son comunidades de futuro sostenibles "puntos de acupuntura de paz", "invernaderos de confianza". Son centros en los que se conectan tecnologías post-capitalistas con "saber hacer" ecológico y social. El libro describe, porque ya con unos pocos de estos centros en la tierra podría ser suficiente, para disponerse a hacer un proceso de curación global.

ISBN: 978-3-927266-45-2
© 2012 Verlag Meiga GbR, primera edición
Monika Berghoff und Saskia Breithardt
Waldsiedlung 15 • D-14806 Belzig
Tel: +49 (0)3 38 41-3 05 38 • Fax: - 3 85 50
E-Mail: info@verlag-meiga.org • www.verlag-meiga.org

Traducido del alemán por Carmen Alburquerque Ruiz.
Lectorado: Mariló Herrero y Andy Wolfrum
Título original: Die Heilige Matrix.

Diseño y Composición: Juliane Paul
Imprenta: Lightning Source Ltd. UK/USA

Prefacio

Actualmente tiene lugar en la tierra una enorme injusticia. Muchos que se oponen a ella, están encerrados en las celdas de tortura de militares, policía y servicios secretos. En este momento son cientos de miles las personas que padecen allí los dolores más innombrables. A pesar de ello, siguen ahí. Ese es el criterio por el que nos debemos medir cuando se hable de trabajo por la paz global. ¿Dejaremos aún que se extingan los gritos de las víctimas?, o ¿construiremos un mundo en donde no haya más víctimas?

Dieter Duhm, Tamera/Portugal, octubre de 2000

Agradecimientos

A todos los amigos y colaboradores, que se han mantenido firmes hasta hoy. A todos los amantes, que a pesar de profundas decepciones en el amor han regresado. A los afectados en todo el mundo, que a pesar de todo no han perdido su humanidad. A todos los luchadores de la resistencia contra la injusticia global, a los incorruptibles luchadores individuales, a los militantes defensores de los animales, a todos, los que se han arriesgado, hasta romperse – a todos, los que han situado el derecho a la vida por encima de las leyes escritas. A todos, los que han seguido la verdad y no se han acomodado al sistema vigente. A todos, los que han caído en la gran lucha de liberación – desde Chile hasta hoy – a todas las mujeres y madres en el mundo, que se han mantenido firmes a pesar del fuego y la tortura: un profundo saludo y agradecimiento. El movimiento sigue. Para nuestros hijos, para la vida, para el amor y para la liberación de todas las criaturas.

Nota de la editorial a la traducción al español:

"La Matriz Sagrada" es una obra básica para un nuevo futuro en este planeta. Se escribió a lo largo del año 2000 y se refiere a acontecimientos políticos de ese tiempo. No hemos variado estos datos. Cambian los nombres, pero la injusticia de base es la misma y es hoy más actual que nunca.

El libro es, en su versión original, una obra tan densa y extensa, que hemos decidido publicarlo en dos tomos. El Tomo I contiene los capítulos del 1 al 6; el Tomo II los capítulos del 1 al 6. Cada capítulo representa en sí mismo una unidad didáctica, que puede ser estudiada independientemente del resto. Las lectoras y lectores no necesitan leerse el libro de principio a fin, sino que pueden empezar con aquellas partes, que en este momento les resultan más interesantes.

El libro está apoyado por una red global creciente y por un proyecto concreto: Tamera. Se encuentra, como todo lo vivo, en continuo desarrollo. Por favor, infórmense sobre el desarrollo actual en Internet (www.tamera.org) o contacten el Instituto de Trabajo de Paz Global (Página 263).

Agradecemos a todos los que han colaborado con la traducción al español y deseamos a este libro una divulgación exitosa.

¡Disfruten durante la lectura, el aprendizaje y el estudio! Nos alegramos de recibir comentarios.

Monika Berghoff
Editora, Editorial Meiga

Índice

Introducción	13

Capítulo 1   (TOMO I)
Una nueva dirección de la evolución

De la matriz de la violencia a la matriz de la vida	20
La Matriz Sagrada	23
La matriz de la violencia	27
Un nuevo plan cultural para la tierra	32
Otro modelo de la realidad	38

Capítulo 2   (TOMO I)
Llamada de ermergencia de la tierra

Llamada de emergencia de la tierra	44
Kosovo y nosotros	51
Yo también llevo una guerra de Yugoslavia en mí	57
¡Parad la locura de la normalidad!	62
¿Puede desaparecer la maldad de la tierra?	63
El punto arquimédico	74

Capítulo 3   (TOMO I)
La herencia de la historia

Advertencia preliminar: La historia patriarcal no es toda la historia	82
La gran separación	84
El conocimiento perdido	86
La lucha sagrada contra la mujer	91
La historia escrita en el cuerpo	96
El tubérculo del miedo	99
El corazón cerrado	104
¿Cuál fue "el pecado original" de la historia?	106
La historia de la esperanza de curación y de las utopías sociales	110
El paraíso perdido. Recuerdos de una alta civilización arcaica	121

Índice

Capítulo 4   (TOMO I)
El tema de la sexualidad

Pensamientos nocturnos para una nueva amistad entre los sexos	128
¿Qué es sexualidad?	132
¿Quién es Lilith?	135
Lilith y los esposos confusos	137
Las palabras de Lilith. El mensaje sanador en la sexualidad	139
Sexualidad y violencia	145
Trance de regresión con un ex sacerdote	148
Impotencia	150
La emergencia sexual de la mujer	154
El núcleo de la emergencia sexual	159
Entrega sexual- un tema político	162
Libertad sexual- ¿cómo funciona esto?	166
Ningún sexo con niños	169
Me gusta ser una mujer	171

Capítulo 5   (TOMO I)
El concepto de curación

Lo curado y lo sagrado	180
El principio de la curación entelequial	182
Las fuerzas curativas de la vida	184
Para cada situación hay una posibilidad de curación	189
El punto arquimédico es el amor	192
Lágrimas de curación	199
Recuperación del poder perdido	201
El potencial energético desperdiciado	206
Trabajo en la propia persona	210
Trato con el enemigo interior	216
Acabad con el sufrimiento psíquico	218
Salida del holograma del miedo	225
La enfermedad no es un asunto privado	228
Jacques Lusseyran	233
Arte	236

Espacio terapéutico posterior	240
10 frases para el trabajo curativo	242

Capítulo 6 (TOMO I)
Un proyecto para el trabajo de paz global

El origen del proyecto	246
Una nueva investigación de base con métodos insólitos	250
El martillo de las sectas	253
Posterior desarrollo y fundación de Tamera en Portugal	259
Más informaciones	263
Datos sobre el autor	264
Bibliografía recomendada	268

TOMO II

Capítulo 1 (TOMO II)
La existencia universal

El ser humano holográfico
Nuestra existencia cósmica
La existencia universal
Sólo existe un Ser
Los dos acontecimientos mundiales
El yo universal
Individualidad
Un principio de la creación: la congruencia entre deseo y finalidad
Las energías matriarcales en la nueva formación cultural

Capítulo 2 (TOMO II)
Cooperación con la naturaleza

¿Qué se entiende por eso?
Cooperación con el agua
Cooperación con la materia
Hacer la paz con los animales
Trabajo por la paz en el jardín

Cooperación con las ratas
La ley natural espiritual

Capítulo 3   (TOMO II)
La eficacia de la oración

El circuito de Dios
El circuito del cuerpo
El significado de la verdad en el circuito divino
El manifiesto de Haifa

Capítulo 4   (TOMO II)
Las comunidades del futuro

La comunidad como forma de vida universal
El individuo y el colectivo
Confianza como calidad de vida
La comunidad como camino de iluminación
El trabajo por la paz en la comunidad
Autarquía de la comunidad
Niños en la comunidad
Democracia de base y autonomía individual
¿Qué mantiene unida a una comunidad?

Capítulo 5   (TOMO II)
La teoría política

Evolución por medio de la formación de campo
La teoría política en perspectiva
La información entera sin violencia
No fuerza propia, sino fuerza de campo
15 frases centrales del trabajo por la paz y de la teoría política

Capítulo 6   (TOMO II)
Tamera y el proyecto de los biotopos de curación.

Tamera- La construcción del primer biotopo de curación
La escuela de paz Mirja
Manifiesto de Tamera

Introducción

Estoy sentado en un pequeño café en el Alentejo, la región más rural de Portugal. Hay muchos portugueses en la barra, camareros amables, perros jugando ante la puerta abierta. Se bebe bica dulce, el café sólo portugués. Un niño pequeño juega en su corralito. Por encima de todos resuena el televisor. Fuego de ametralladoras, gritos, casas ardiendo: una película de guerra.

¿Qué será de ese niño? ¿Qué huellas dejan esas impresiones de espanto en el alma de un niño pequeño? Día tras día emite la televisión informaciones de violencia a millones de hogares hasta en los rincones más apartados del mundo. Esas informaciones son realidad. ¿Qué será de los niños en todo el mundo, que pronto vivirán en la realidad esto que se ve aquí en la tele? ¿Qué ocurre con los que hoy, ahora, lo viven en la realidad? En Chechenia o en Kosovo, en Sierra Leona o en Ruanda, Argelia o Colombia, Guatemala o Tibet?.

El frenesí de la matanza tiene que tener un final. La tierra se ve invadida por una orgía asesina global, que cada vez arrastra a más gente, si no logramos construir una fuerza de paz global, que sea más fuerte que la fuerza del exterminio.

Ya no se consigue nada con llamadas a la paz y con pequeñas reformas. El exterminio se produce en nombre de grupos individuales, bancos, empresas, industrias armamentísticas, gobiernos, ejércitos, servicios secretos, logias etc., que ponen en escena la masacre global. Pero esos grupos no podrían imponerse al resto del mundo, si la civilización humana no se encontrara en su totalidad en un camino equivocado. En el trasfondo del desastre global está una matriz falsa de la vida, en la que nos hallamos todos, más o menos. La masacre sólo se puede acabar cuando encontremos la verdadera matriz y la pongamos en práctica.

Este libro se ocupa del tema de la investigación de la nueva matriz y de las posibilidades de ponerla en práctica en todo el mundo. A lo largo de esta investigación nos encontramos con determinadas estructuras de construcción de la realidad, que posibilitan el tránsito de la vieja matriz de la violencia a la nueva matriz de la vida. La lógica de la liberación que se produce así, es convincente para todos aquellos que comprenden el camino. Sigue un modelo de pensamiento que se nos sugiere actualmente por una conexión moderna entre conocimientos históricos, científicos y espirituales. El universo no es unívoco sino equívoco. Contiene –como una especie de súper-holograma y ciberespacio–, no sólo una, sino muchas realidades posibles. Cual de ellas reclama y realiza la civilización humana, depende de nuestros conocimientos, de nuestra voluntad y de nuestro empeño. Hoy en día, estamos al final de la época histórica del patriarcado, ante una amplia revolución de una nueva categoría.

Los pensamientos básicos de nuestro modo de vida y cultura actual deben ser sustituidos por otros. No se trata con ello de una lucha por el poder en el sentido antiguo, sino de desviar a la matriz de la violencia existente, con ayuda de los giros adecuados, hacia la matriz de la vida universal. Este proceso incluye de manera completa las cuestiones ecológicas, sociales, sexuales y espirituales de nuestro tiempo, y las guía a aquella visión, que se describe en el libro como modo de existencia universal.

Las declaraciones del libro son el resultado de un largo trabajo de investigación. En los años 70 abandoné mi posición burguesa en el matrimonio y en el trabajo (profesor universitario), para crear un proyecto de investigación a largo plazo, en el que la teoría y la práctica deberían desarrollar nuevas bases para una vida comunitaria humana (ver Capítulo 6, Tomo I). De ahí resultaron perspectivas que rebasaban el marco grupal, pero que luego volvían siempre al mismo.

Se originó un grupo de 35 personas, que durante muchos años, en parte hasta ahora, permanecieron juntos. Acompañan al grupo algunos cientos de simpatizantes, que quieren ayudar a seguir construyendo el proyecto.

Nos vimos motivados a volver a cuestionar todas las preguntas de la curación humana, y a formularlas, no para nosotros, sino para la vida planetaria en su totalidad, porque empezamos a comprender lo que significa ser una parte del todo. Así se originó el concepto de Biotopo de Curación, que está en el centro de atención de este libro. Los informes de experiencias y las declaraciones teóricas se basan en una larga experiencia de comunidad poco habitual, en la que por medio de métodos de "investigación vital" (Capítulo 6, Tomo I), pudimos saber cada vez más sobre las cuestiones básicas sobre la vida y la supervivencia de nuestro tiempo. Era una experimentación fundamental sin fronteras, referida primero a nuestra propia vida, después a la vida en general, y finalmente a la cooperación con todas las criaturas en el cuerpo biológico de nuestra Tierra y en el cuerpo mental-espiritual del universo. Con ello se desarrolló un proyecto de paz, que iba creciendo y que tiene hoy su centro en Tamera/Portugal (Capítulo 6, Tomo I). Allí también se gestó la "Escuela de Paz Mirja", en la que antiguos conocimientos de paz de la humanidad confluyen con los conocimientos de nuestro tiempo y siguen desarrollándose.

El libro ofrece respuestas a muchas preguntas básicas de nuestra existencia, de nuestro origen e historia, de nuestra situación social y personal, por ejemplo a la pregunta sobre el origen del mal en el mundo, sobre el trauma original de la historia, sobre el trasfondo de nuestra alienación, sobre las raíces del miedo sexual, sobre las posibilidades de curación, sobre la existencia más allá del nacimiento y la muerte, sobre las posibilidades de una cultura mundial futura sin miedo y sin violencia.

En la búsqueda de respuestas concluyentes tuve que tirar por la borda o modificar teorías existentes. Otras las seguí consecuentemente. Soy consciente de que todas las respuestas que se ofrecen aquí son afirmaciones históricas – y con ello limitadas. Nos encontramos en un proceso de cambio universal, ningún conocimiento está listo definitivamente y para siempre. Pero cuanto más profundos y fundamentales son los pensamientos, más se acercan al campo energético de una nueva forma de revolución y liberación imparable.

La visión de una tierra nueva se vuelve a veces tan concreta, que la meta parece estar ante nosotros, al alcance de la mano. La alienación se ha convertido en global y perfecta, pero el muro histórico, que nos separa de la matriz de la vida se ha hecho más delgado. Como si estuviéramos muy cerca delante de ella. Visión, pensamiento y realidad vienen de la misma fuente, y esa fuente está obviamente en una cercanía inmediata. Lo que se describe en este libro de visión concreta y de teoría, no podría haber sido escrito, si no se encontrara en el camino de la realización. A pesar de lo extremo, hay una verdad profunda en las palabras de Einstein: "Todo lo que se puede pensar, se puede convertir en realidad". Quiero añadirle algo y continuarla: lo que se percibe como posibilidad existencial, como nueva identidad, como nueva tierra y nuevo cielo, se encuentra ya, por el hecho de percibirlo, en proceso de realización.

El libro es muy denso en muchas de sus partes. Por ello se aconsejan, buenas pausas para tomarse un respiro. He intentado, formular cada párrafo, de manera que pudiera ser leído y comprendido también por sí sólo. Por ello era difícil impedir las repeticiones. ¡Ojalá contribuyan a reforzar la afirmación básica! Que dice: hay una posibilidad real de curación total; los nuevos patrones de pensamiento necesarios para ello, así como los modelos de solución, están disponibles. Se desarrollan paso a paso y al final se resumen en el Tomo II. A los lectores y lectoras, que quieran tener una perspectiva rápida de las afirmaciones básicas y los objetivos de este libro, les recomiendo encarecidamente en primer lugar el capítulo 6 del Tomo II sobre Tamera y la Escuela de Paz Mirja. Aquí

Introducción

está de forma concentrada la posición del proyecto, de la que se habla en este libro.

Quiero animar a todas las personas, que buscan una nueva realización y a quienes iluminan estos pensamientos, a participar en el proyecto.

A los jóvenes lectores les quiero recomendar: no os quedéis demasiado tiempo leyendo las partes que os son aún incomprensibles. Se volverán más comprensibles a lo largo del libro.

Leed con intensidad los pasajes que os animan y entusiasman. Pasad las partes que menos os interesan. El libro vive tanto de mi energía y motivación elevada, como de la vuestra.

Ayudadme a divulgarlo para que muchas personas tengan el coraje de participar en el trabajo por la paz que aquí se presenta. El mundo necesita vuestra ayuda.

Tamera, septiembre de 2000

P. S.: la mayor parte de las citas de este libro no tienen una indicación precisa de la fuente. Pido indulgencia, ya que mis libros y manuscritos fueron víctima del fuego de nuestra nave.

12 frases fundamentales

1. Hoy estamos ante la gran revolución desde el neolítico. Es el tránsito de la época patriarcal a una nueva forma de civilización humana.

2. Las estructuras globales de violencia y de miedo, de guerra de sexo y de dominación masculina, racismo y genocidio, explotación del "Tercer Mundo" y de la naturaleza, están condicionadas por la historia y por ello pueden ser cambiadas en la historia.

3. También los problemas personales con los que millones de personas van hoy al terapeuta, están condicionados históricamente y necesitan por ello junto al tratamiento individual de una respuesta social y política.

4. Crisis medio ambiental y crisis del mundo interno son dos caras de la misma enfermedad global. Solo se las puede comprender y solucionar si se contemplan conjuntamente.

5. Por la lucha milenaria contra lo femenino y por la represión histórica de la sexualidad se ha destruido considerablemente el amor entre los sexos. Una nueva, cultura libre de violencia se enraíza en una nueva relación entre los sexos.

6. La curación del amor entre los sexos sólo es posible con una nueva relación entre las personas con la Matriz Sagrada y con las fuentes universales de su existencia. Sexualidad y espiritualidad no se excluyen, sino que se incluyen, pues viene de la misma fuente.

7. Con la expansión imperialista de la dominación masculina por medio de la iglesia, del estado y de la economía, se perdieron los orígenes matriarcales y espirituales de la conexión cultural humana. Debemos volver a encontrarla en un nuevo nivel, para posibilitar la creación de una cultura sin violencia y global.

8. Las personas y la naturaleza están unidas originalmente en un Ser y una conciencia. Cuando la persona se encuentra a los seres de la naturaleza en un nuevo espíritu de amor y cooperación, estos responden con una amistad sin reserva.

9. Hay para la realización de un nuevo mundo basado en la cooperación y en el amor, una matriz básica, que como plan de la creación vive en todos los seres. Esa matriz se encuentra en el banco de datos cósmico de nuestro tejido celular., por ello se la puede reclamar y realizar.

10. El nuevo orden no puede crearse dentro de las relaciones vitales existentes. Es necesaria la construcción de un nuevo sistema de vida con comunidades capaces de sobrevivir y de Biotopos de Curación que funcionen como "invernaderos de la confianza".

11. El tránsito de la matriz de la violencia a la matriz de la vida se produce tras un patrón entelequial como el cambio del gusano a la mariposa o del hielo al agua. No es la lógica de la lucha de poder, sino de un cambio del programa instalado.

12. El mundo es un tejido de frecuencias e informaciones. Cuando se introduce el código correcto para la nueva matriz de la vida, alcanza a todos los seres (como ondas de radio) y tiene un efecto en todas las cosas. Ahí está la base para el concepto "actuar localmente, produce efecto globalmente".

Capítulo 1
Una nueva dirección de la evolución

Capítulo 1 Una nueva dirección de la evolución

De la matriz de la violencia a la matriz de la vida.

¿Buscan un mundo nuevo?
No lo busquen eternamente, sino véanlo.
Percíbanlo, evóquenlo.
¡Marquen un hito por todos lados!

La evolución de la violencia ha llegado a un punto de ebullición. Los sistemas existentes basados en la violencia no podrán sobrevivir mucho más tiempo. Sobre la tierra domina una energía física, que conlleva a explosiones e incendios incontrolables. Ha llegado el momento para una mutación, una transformación – parecida a la transición del agua a vapor. El mismo medio, la misma materia prima humana, pero un mundo completamente nuevo. Ya tan sólo es una cuestión de tiempo. Un hundimiento colectivo y un holocausto global o un inicio global sobre una base completamente nueva. Para este reinicio ya esta preparado el cianotipo: la matriz universal de la vida. Nos encontramos en un punto histórico, tal como probablemente no lo hemos tenido anteriormente en la Tierra. Ahora todo depende, de que un nuevo concepto para una continuación razonable de la evolución hacia una nueva dirección, esté disponible o no. En esta precisa situación tanto histórica como global, planteamos el proyecto de los biótopos de curación. Con este proyecto queremos dar un impulso para un cambio de dirección en el desarrollo global:
de la matriz de violencia hacia la matriz de la vida.
de la destrucción de la naturaleza hacia una cooperación con la naturaleza.
del alejamiento de la creación hacia la reunificación con la creación.
de la explotación de la tierra hacia la santificación de la misma.
de la represión de la sexualidad hacia la liberación de la misma.
de los dioses masculinos del tipo "juez" hacia las fuentes femeninas de la vida
del miedo hacia la confianza
de una conducta de vida privada hacia una conducta de vida comunitaria
de la necesidad del querer tener hacia la abundancia del dar y servir.
del capitalismo global hacia sistemas orgánicos de autarquía.
de la guerra entre ambos sexos hacia la solidaridad y el amor entre sexos
del poder duro hacia el suave.

La tierra estará dominada por una cadena mundial de angustia y violencia. Si logramos, romper esta cadena en algunos lugares para llevar a cabo el cambio de la antigua a la nueva matriz, entonces este acontecimiento tendrá su efecto en la cadena entera, ya que detrás de cualquier violencia siempre se encuentra todavía de forma muy oculta la Matriz Sagrada, que espera a que la reclamen. El cambio no se efectúa a través de la violencia, sino a través de la información, ya que toda vida está dirigida por información. El código global de la violencia tiene que recibir una respuesta a través de un código, contrario y superior, de paz. Nos encontramos con esto ante nuevas posibilidades para la liberación de la tierra. El cambio ante el cual nos encontramos tiene lugar fundamentalmente en tres áreas: en nuestra relación con la naturaleza y la creación, en nuestra relación con la comunidad y en nuestra relación con el amor y la sexualidad. La nueva información global, que necesitamos para un mundo sin violencia, se compone de las nuevas experiencias y los desarrollos en estas tres áreas. En las tres se trata de un nivel superior de cooperación y reconexión con el todo. Por esa razón el libro se concentrará sobre todo en estos tres aspectos.

El cambio de la matriz antigua a la matriz nueva es una transición a un sistema nuevo de orden superior. En el transcurso de nuestras reflexiones una y otra vez nos encontraremos con esta idea. Por todos lados la solución de los actuales conflictos requiere de la elección de un nuevo sistema de orden superior. Tomemos como ejemplo el conflicto a nivel personal entre la monogamia y la sexualidad libre. Este conflicto no encuentra solución a nivel del individuo. Para poder solucionarlo, tenemos que traspasar a un sistema de orden superior, en este caso al nivel de la comunidad (en funcionamiento). Sólo en la comunidad podemos transformar el angustioso "o esto – o aquello", que surge a nivel individual, para llegar a un "tanto esto - como aquello". En las investigaciones del caos, en la teoría de sistemas y en las matemáticas se encuentran muchos indicios hacia una transición a sistemas de un orden más elevado. Estos pensamientos forman parte del movimiento mental-espiritual „holo", en el que nos encontramos hoy día, por lo tanto podemos aplicarlos a nuestros temas, ya que tienen vigencia en todos los lugares. Un ejemplo sencillo y sorprendente, recibes la siguiente tarea: dibuja un círculo pequeño, que tenga lugar para una superficie enorme. La tarea parece ser absurda, porque no se puede solucionar al nivel de orden de un mundo bidimensional. Sin embargo la solución viene a ser fácil, si nos movemos hacia la tercera dimensión. ¡Esta superficie enorme, que debe caber en el círculo, la convertimos en un globo! ¡Haz de la superficie una bola y el círculo más pequeño, que se encuentra en su superficie, se transforma en el contorno de una superficie grande! Por eso yo podría decir, como uno de los sabios orientales: ¡tus contornos, ser humano, son los contornos del universo! Es lógico que a este nivel resulten posibilidades totalmente nuevas. Quien medita bien este ejemplo y lo entiende del todo, recibe una noción clara del cambio en la manera de pensar, que hoy en día es imprescindible, si queremos pasar de las existentes estructuras del sistema hacia estructuras nuevas. El tantas veces citado "cambio de paradigma" es un salto de dimensión, un holosalto a nuevos niveles de nuestra existencia. Estos niveles sin embargo, según el enunciado de la Matriz Sagrada, ya están previstos en el plano de construcción del mundo. Nuestra tarea es encontrarlos y aplicarlos.

De la matriz de violencia a la matriz de la vida – en esta frase está el enunciado, que la violencia no forma (o no forma imprescindiblemente) parte de la vida. Este enunciado es intencional. Desde luego tengo bien clara la objeción que tiene que venir de inmediato del lado de las ciencias de la evolución: ¿no es verdad, que la vida en la tierra, la ascendente escalera graduada del mundo animal ha producido un tremendo arsenal de mentira, engaño, veneno y violencia – mucho tiempo antes del pecado original humano? Referente a esto hay que decir dos cosas: primero, que desde el punto de vista actual es difícil decir, cual ha sido realmente el sentido de las supuestas herramientas de asesinato en el mundo animal. Y segundo, y este es el argumento principal, incluso si todo esto ha existido y aún existe, no es argumento, para que siga siendo así. La vida se desarrolla, como vamos a ver, según ciertas informaciones básicas. Estas están codificadas en cadenas moleculares del código genético y en los esquemas del sistema nervioso central. Sin embargo nunca son definitivas. Qué informaciones de vida se reclaman, depende de qué fuerzas vitales se combinen, si las de la violencia o las de la paz. En el momento de lograr construir una información de paz, la cual abarca y une las principales fuerzas de la vida de una forma libre de contradicciones, ya no queda más ninguna razón para la violencia. Argucia, engaño y violencia se disolverán por si mismos en el momento que dejen de tener ventaja evolutiva. Los trabajadores por la paz de nuestro tiempo, quienes se dan cuenta de la situación histórica, se ven enfrentados a la tarea de construir una información global de la vida, la cual es capaz de disolver la matriz de la violencia para siempre. (Volvemos a ese tema en el capitulo 5 del Tomo II).

Hay solución para este tema.

La Matriz Sagrada

*Y fluye siempre en la oscuridad subterránea
la corriente sagrada.
Desde su profundidad centellean a veces sus sonidos.
Cuando se les oye, siente reinar un secreto,
lo ve huir, desea retenerlo,
se quema por dentro de nostalgia,
Porque vislumbra la belleza*

    Hermann Hesse

La Matriz Sagrada es la misma matriz de la vida. Está en el florecer de un árbol, en el perfume de una flor, en el canto de un pájaro, en el revolcón del cerdo y en el soplo de viento. Está en lo profundo de los océanos, en la dislocación de los montes, en los valles de los ríos y en las cumbres de la calma eterna. Está en la construcción de un cristal, de la concha de un mejillón o en una cueva de estalactitas. Surte efecto en el germen de los cereales, en la división de las células y en el juego de las galaxias. A veces mira limpia y claramente desde los ojos de un recién nacido. Y a veces llega –en los momentos más bellos del amor - a nuestro corazón. Entonces nos transformamos por una pequeña eternidad y conocemos el fin de nuestro viaje.

Nosotros humanos poseemos una conciencia exquisita para la Matriz Sagrada, la sentimos en muchas cosas. Nos dejamos rozar por ella en lugares silenciosos, buscamos extra por ella determinados lugares. Son ciertos sonidos en el viento del alma, los que nos rozan en los lugares de la infancia, en la orilla de un lago completamente calmado, en las dunas del mar al atardecer o en las gotas de rocío centelleantes por la mañana. Desde hace generaciones no se ha cambiado nada en esto. Los humanos entran en las cuevas solitarias, contemplan desde un saliente de la roca la salida del sol, miran por la noche las estrellas y se unen con la eternidad. En la unión aparece lo sagrado. Van a las iglesias abiertas, respiran el aire sagrado, escuchan los sonidos del órgano y se encuentran en la resonancia con la Matriz Sagrada.

Ya de niño olía las flores de las manzanas e intentaba averiguar a qué tipo de felicidad me recordaba ese perfume. Lo mismo experimenté de nuevo mucho después al trabajar en una plantación de naranjas en Córcega. Algo en ese perfume me era desconocido e infinitamente bello. Era como ponerse de manifiesto una vida hacia la que convergen todos nuestros anhelos, todas las fibras de nuestra alma y todos nuestros deseos humanos. Mi alma conocía esa vida e intentaba reencontrarla en mi interior, reconocerla tan precisamente como fuese posible, y, si fuera posible, hacerla realidad. Muchas personas conocen tales experiencias, pero sólo unos pocos tienen la posibilidad de seguirlas. Lo que aquí se oculta en parte y en parte se revela, no sólo es un sueño o un anhelo, sino que es una realidad: la realidad de la Matriz Sagrada. No tendríamos ese anhelo, no sentiríamos ese sonido de sirena en nuestra alma, no sentiríamos ese sentimiento innegable de un recuerdo profundo, si esa realidad no existiera.

La Matriz Sagrada es la original, supra histórica, no enajenada, cósmica o divina matriz de la vida universal. Según el encargo de la creación a los humanos, debe ser realizada por nosotros, las personas de la Tierra. Se nos apareció en la niñez, cuando estaban encendidas las velas del árbol de navidad, nos llenó de felicidad en el primer amor, a veces nos la encontramos al borde de la muerte. No la podemos abandonar del todo, porque hemos nacido de ella, hemos ido a través de los tiempos con ella, la hemos visto resplandecer una y otra vez en los márgenes y en las vallas de nuestros territorios. La hemos vuelto a ver en el mas allá, nos hemos unido nuevamente a ella, para no olvidarla nunca más, si viniéramos de nuevo a la Tierra. Pero la hemos olvidado una y otra vez, y nos hemos acostumbrado tanto al olvido, que tan sólo nos parece un sueño lejano. Pero ¿no nos parecerá igualmente un día, cuando estemos de nuevo en el más allá, esta vida terrena que llevamos aquí y ahora, y que nos parece tan absolutamente real, como un sueño irreal? ¿No hemos aprendido el juego con las muchas realidades diferentes demasiado bien, como para contemplar los sueños simplemente como sueños? No es un sueño, sino un recuerdo muy profundo, lo que nos acomete al contacto con lo sagrado y lo que provoca de nuevo nuestro anhelo. Y en nombre de la verdad no nos queda nada más que hacer, que encontrar todo el contenido del anhelo y de seguirlo. Porque el anhelo reconocido, no más reprimido y sin cursilería, es el indicador de la patria sagrada.

¿Qué aspecto tiene la Matriz Sagrada, cuando es realizada entre los humanos? Hay muchas imágenes, muchos fragmentos, muchas realizaciones parciales. Tienen su origen en muchos tiempos y culturas diferentes. A ellas pertenecerían la Creta minoica, las civilizaciones arcaicas muy desarrolladas de la prehistoria, la era de los templos en Malta, los restos de culturas de paz aborígenes en Australia, en Tíbet, en África, en Latinoamérica. A ellas pertenecerían los Bishnoi y los Muria en India, sobre todo los Muria con la institución del Ghotul, una casa para niños y jóvenes con sexualidad libre y autodeterminada. También los (¡maquillados?) escritos de Margared Mead sobre algunos pueblos del mar pacífico (samoanos y Monte Arapesch), los escritos de Jean Liedloff sobre los indios Yequana en la jungla de Venezuela, de Dhyani Ywahoo sobre su pueblo de los indios Tsalagi señalan en esa dirección. A ellas pertenecería quizá el legendario país de la reina de Saba y el igualmente legendario imperio de los Hiperbóreos, que parece que se extendió en el segundo siglo antes de Cristo desde Finlandia a Groenlandia (con la capital Thule). La tradición habla de una "edad dorada", y hoy en día podemos suponer, que también ha existido en realidad. La Matriz Sagrada ya se ha hecho realidad en la tierra. Tenemos que volver a encontrarla, pero no ensamblando ese mosaico piedra a piedra, sino entrando en un estado, en el que nos satisfaga por si misma y nos traiga ante nuestros ojos la visión de la sociedad venidera. Es el estado de la unión y de la forma de existencia universal. La Matriz Sagrada se ensambla siempre por sí misma, tan pronto nuestra conciencia se encuentra en el estado de la frecuencia universal. Cuanto más frecuentemente nos encontremos en ese estado, más podemos ver y más mundo se nos puede revelar a la luz de la Matriz Sagrada. Es la auto-revelación de una posibilidad real ya existente en el plan de construcción humano.

En esa vida tampoco hay leyes del miedo, porque no hay miedo. Tampoco hay violencia, porque no hay resistencia que romper. Tampoco hay una técnic,a que esté orientada a la rotura de resistencias, porque en la Matriz Sagrada recibimos las fuerzas necesarias por resonancia. No hay robo ni conquista, ni hambre insaciable, ni necesidades devoradoras, porque vivimos en un planeta de abundancia. No hay humillación ni crueldad, porque todos somos criaturas del mismo espíritu y de la misma vida. Hay contrastes, pero no hay contradicción; hay conflictos, pero no hay guerras; hay dureza de manera ocasional, pero no hay crueldad. No hay ocultación religiosa o ensalzamiento del Mal, porque ya no hay Mal. Ya no hay dioses masculinos sancionadores, pero tampoco ninguna diosa femenina como la india Kali, la griega Artemisa o la babilónica Inanna, en las cuales se celebra la unión de lo bueno con lo malo. Esas diosas en conjunto, han tenido su origen en la era patriarcal, cuando la Matriz Sagrada ya hacia mucho que había sido desfigurada por el gran fallo humano. Los iconos de la Matriz Sagrada, que se crearon en la prehistoria ya no existen, o sólo existen en restos; los dioses de entonces viven en una presencia latente, esperan nueva cooperación y resurrección.

Mientras que escribo todo esto, influye la Matriz Sagrada como programa de coordinación en mis células, como operador en mis pensamientos, como fuente en mi "visión". ¡Ojalá se transmita a mis lectores y lectoras para que juntos encontremos las ganas y la fuerza de traerla a la Tierra!

La matriz de la violencia

Hoy por la mañana, 11 de agosto de 2000,
han ocupado 10.000 soldados indonesios
Papua del este.
Comienza la masacre
a una de los últimos pueblos primitivos de la tierra.

La historia de la era patriarcal, era y es una historia de violencia. Kosovo y la historia de los Balcanes, Chechenia y la historia del Cáucaso, el destino de los kurdos y la historia de Turquía, la historia griega, la historia romana, la historia del judaísmo, la historia del cristianismo, la historia del Islam, la historia del tráfico de esclavos, la historia de la colonización, la historia del capitalismo, la historia de América, la historia de África, la historia de Asia. Tomemos una enciclopedia normal de historia, allí encontraremos sobre todo las fechas y los nombres ligados a los grandes descubrimientos, las guerras, los sometimientos, los desalojos y expulsiones y los exterminios. En todos sitios ocurre lo mismo, da lo mismo que tomemos el ejemplo de Troya o Cartago, Samarcanda o Nínive, Jerusalén o Dresde, Hiroshima o Grosny. En el año 70 d.C. los romanos destruyeron Jerusalén. ¿Se sabe lo que se esconde tras una frase así de lapidaria? ¿La miseria indecible, la crueldad, el infierno absoluto, para los habitantes, que va unido a una destrucción de la ciudad como esa? El que lo sepa cerrará pronto el libro de historia, porque encontrará lo mismo en cada página, en todos los lugares de la Tierra. Esta Historia se ha construido por medio de la violencia, y esto les parece a los que la describen, los historiadores, manifiestamente natural. Lo que los grandes criminales de todos los tiempos han causado hasta ahora, lo que han hecho Stalin y Hitler, lo que hicieron o quizá sigan haciendo un Pinochet, un Mengistu, un Sadam Hussein, un servicio secreto ruso o americano, no es, bajo esas circunstancias, una degeneración, sino un eslabón lógico en la matriz de la violencia.

Quien se calla sobre Suharto o Putin, no tendría que echar pestes sobre Hitler. Tendríamos que tener claro, que la moderna política económica de la globalización, que tiene como base a los llamados estados democráticos y que está protegida por sus gobiernos, sólo puede mantenerse en pie por la matriz de la violencia. Igual de inocentes y de neutrales, como nos encontramos las cifras de la historia en la enciclopedia, nos encontramos las cifras de las cotizaciones de las acciones. E igual de cruel es el destino de los seres vivos, de cuya sangre se hacen esas cifras. Las cifras son el resultado final de una cadena de acciones con muchos eslabones intermedios. Si seguimos esa cadena hasta su comienzo, damos con tales precipicios de brutalidad y de delito organizado por el estado, que tenemos que hacer la vista gorda para poder seguir viviendo. Hoy no podemos, ni nos está permitido decir, que no supimos nada de todo lo que pasaba. La llamada economía libre de mercado mata hoy diariamente con sus estrategias de globalización a más gente que a un Stalin o a un Hitler le hubiera sido posible. Alemania es la tercera potencia en venta de armas de la tierra. La economía se derrumbaría si no se vendieran armas a cualquier régimen asesino. Helmut Kohl cooperó abiertamente con los genocidas de Pekín y Jacarta. Se exhibió en actitud amistosa con Suharto en las imágenes de periódicos y televisión. Con el mismo Suharto, que en Timor oriental hizo asesinar a medio millón de personas de manera bestial. Si fueran válidos aún los criterios del proceso de Nürenberg al caer el Tercer Reich, les caería claramente la pena de muerte a muchos estadistas occidentales y a líderes de la economía (no porque cometan delitos manifiestos, sino porque por sus políticas están implicadas en el exterminio de poblaciones enteras en las regiones miserables de la Tierra). Los verdaderos demócratas deberían hacer hoy en día todo lo posible, para proteger a las víctimas de los sistemas que se autodenominan "democráticos" (lo que no significa, que los demás sistemas sean mejores).

En la revista de Greenpeace (Nº 4/00) apareció la siguiente noticia: "Los consorcios petroleros internacionales tienen la corresponsabilidad de las atrocidades cometidas en Sudán. Para que empresas como Total, Fina, Elf, Shell y AGIP pudieran extraer petróleo sin ser molestados, el ejército sudanés expulsó a lo bestia a la población de su país. Para ello, según informaciones de Amnistía Internacional, se produjeron masacres, violaciones y torturas sádicas. Entre otras cosas, las tropas del gobierno bombardearon y dispararon pueblos desde el aire; se podrían haber clavado a personas a los árboles. Además los soldados destruyeron cosechas y mataron al ganado, de manera que la hambruna amenazara a los afectados. La extracción de petróleo en Sudán se puso verdaderamente en marcha el pasado verano, tras ponerse en funcionamiento un oleoducto de 1600 Km. de largo,...una tercera parte de la cual la construyó en su momento la empresa alemana Mannesmann. Mercenarios de países como Afganistán podrían haber trabajado como tropas de seguridad durante los trabajos de construcción. Con los ingresos obtenidos por el petróleo el régimen sudanés compra armas, para seguir con la guerra civil contra los rebeldes del sur que dura ya décadas. En esta línea, un cargamento de tanques polacos llegó a Sudán, el mismo día en que se embarcó el primer petróleo."

Esta noticia contiene en la forma más corta las conexiones entre los intereses económicos y la crueldad mundial. Noticias parecidas las tenemos de otros territorios en guerra de la tierra, y éstos ya están en todas partes. En Sierra Leona la guerra por los diamantes con las –perdón- despedazadas extremidades de los niños y niñas en edad escolar, en Chechenia los oleoductos, en Australia el uranio etc. En todos lados vemos la misma unión entre los consorcios internacionales, los gobiernos nacionales, el tráfico de armas y el genocidio regional (a veces encubierto como religioso). Esta es la práctica mundial, que se esconde tras los números de la Bolsa. Y en todos lados la protegen los gobiernos de los países industrializados del Occidente, cuya capacidad de gobierno tienen que demostrar con el bienestar de su propia industria y de su población. Así funciona el imperialismo económico que hoy se llama "globalización". El sistema de la violencia es completo, ya no hay dentro del sistema ninguna salida política. Pero hay otra.

Para comprender totalmente, lo que quiere decir la matriz de la violencia, tenemos que contemplar más atentamente nuestras propias vidas. Reconoceremos de qué manera la forma de vida cotidiana que llevamos en nuestros países occidentales está unida con violencia mundial real. El continuo de la violencia, que domina actualmente el planeta, está siendo promovido en gran parte por nosotros mismos, por nuestras costumbres cotidianas de consumo y por nuestro silencio. Vivimos en un estado de complicidad aguda. Por que en todo lo que necesitamos para poder realizar nuestra vida diaria – alimento, vestido, cosmética, técnica, coches, gasolina, cultura y diversión etc. – se esconde una violencia llevada a término: violencia contra criaturas con alma, contra los habitantes de los bosques, las praderas, los riachuelos y los mares, violencia en el laboratorio animal, en la cría de animales y en los mataderos, violencia en las haciendas del Tercer Mundo de los que obtenemos café, azúcar, plátanos y mucho más, violencia contra los campesinos a los que los consorcios les roban sus tierras, violencia contra los trabajadores, que en los países con salarios baratos hacen trabajo de esclavos para el beneficio de nuestra economía, violencia sin piedad contra los que se rebelan contra la injusticia mundial y que por ello aterrizan en los sótanos de tortura. Nunca se torturó ni se asesinó tanto como hoy, en nombre de los servicios secretos occidentales y otros servicios secretos. Y nunca floreció tanto como hoy el consumo. Millones de personas y animales mueren diariamente por nuestro bienestar. Sólo un vistazo a nuestro frigorífico muestra los resultados de este imperialismo mundial en el que nos hemos instalado. También en nuestra lengua se refleja la matriz de la violencia. Palabras como "animal de laboratorio", "ganado útil", "cebadura de gansos" o "producción porcina" provienen del "diccionario del infrahumano". Nadie podría aguantar mirar detenidamente y ver lo que le hacemos a los animales. La percepción de los animales y de su sufrimiento se sustituye por la terminología del beneficio. Apenas nadie osa sustraerse a él. La infraestructura de alma de los humanos construye dureza, donde con la ternura no sería capaz de mirar a los ojos de las cosas. Una especie de costra del alma colectiva ha cubierto el cerebro y el corazón. La mecanización de la vida, su adaptación a los requerimientos del consumo y la venta exigen de la población la renuncia a los deseos elementales de contacto y confianza, amor y comunidad. Los anhelos elementales y la energía vital ya no se pueden transformar en acción sensata. Se abren paso violentamente como con los Hooligans o se devoran hacia dentro y forman el número creciente de los que no aguantan más de soledad, desesperación y depresión. Cada 20 minutos pone fin a su vida en Alemania una persona suicidándose.

Nosotros mismos participamos en el continuo de la violencia, mientras que formemos parte silenciosamente de una forma de vida que tiene tanta sangre pegada en su reverso. Que a pesar de todo nos tratemos como seres inocentes, que contra todas las crueldades intentemos construir una esfera privada feliz, el que veamos sin actuar, como se derrumba allá afuera un mundo, es la consecuencia de una represión colectiva única. Los logros de la represión de las sociedades de consumo altamente armamentísticas de nuestro tiempo le llevan gran ventaja a los de la era nazi. Por entonces aún había emigración y resistencia. Pero ¿adónde deberíamos emigrar hoy, y contra quién deberíamos mostrar resistencia? Es difícil resistirse a aquello de lo que formamos parte. Y es difícil luchar contra una injusticia que no tiene su base en grupos individuales o en acciones, sino en el sistema como totalidad – como condición última de su existencia.

No digo todo esto para provocar asco moral, sino para mostrar por qué no es posible la construcción de una fuerza de paz global conservando nuestra concepción actual de la vida. Necesitamos una nueva matriz, un nuevo concepto de cultura y de sociedad humana. De todos modos va a surgir, porque el sistema existente no se puede mantener mucho más tiempo. La cuestión es sólo a qué nivel seguiremos después. ¿Nos devolverá un holocausto global al nivel de los habitantes de cuevas? ¿O habremos encontrado el modo de cooperar de manera no violenta con todos los seres vivientes, desarrollando un modelo nuevo y realista? Este plan debe ser visible de modo real en algunos lugares de la tierra para que se pueda convertir en una fuerza global formadora de campos. A ello sirve la proyectada Federación de Biotopos de Curación. La globalización de la violencia tiene que ser contestada por otros caminos con una globalización de la paz. Necesitamos un nuevo desarrollo en la tierra que nos ayude a llenar de nuevo la palabra "humano" con un contenido positivo.

Un nuevo plan cultural para la tierra

Si todos los cirujanos, todos los psicoanalistas, todos los médicos pudieran ser apartados de sus labores y se juntaran por un momento en el anfiteatro de Epicuro; si pudieran exponer minuciosamente, en paz y con tranquilidad, las necesidades urgentes de la humanidad, obtendrían una respuesta muy rápida, sería por unanimidad: ¡revolución! Una revolución de arriba abajo, en todos los países, en todas las clases, en cada capa de la conciencia.

Henry Miller (en. "El coloso de Maroussi")

Para acabar con el sufrimiento en la tierra necesitamos una base nueva de la civilización humana y un plan nuevo para la colonización de nuestro planeta. Allí donde nos queramos instalar penetramos en un terreno ya habitado, porque la tierra, con su envoltorio vegetal, está lleno de animales y de pequeños seres vivos que han encontrado en ella su hábitat. Todos ellos tienen derecho de residencia, pues pertenecen como nosotros al organismo de la totalidad. Aprenderemos a entendernos con ellos y quizá incluso a cooperar con ellos (ver Capítulo 2, Tomo II). La paz no es ya solamente la renuncia a la violencia, la paz real es la revolución de nuestra forma de ser en su totalidad. A quien no le guste la palabra "revolución", la puede sustituir por "transformación". Con ello no nos referimos a la intimidad fugitiva del mundo, sino a la transformación real de nuestras condiciones de vida.

La dirección de esa transformación es clara. Resulta teórica y prácticamente de la unidad de todas las formas de vida. Todos nosotros - seres humanos, animales, plantas y microorganismos - somos órganos de una gran comunidad de vida, todos nosotros somos aspectos del mismo ser y de la misma conciencia. Por ello estamos determinados a cooperar, no al exterminio recíproco. Para comprender las nuevas posibilidades necesitamos otro modelo de realidad. El principio de la violencia tiene que ser sustituido radicalmente y en todas partes por el principio de la cooperación: cooperación con la materia, cooperación con la naturaleza, cooperación con todas las criaturas que nos rodean, cooperación con los seres y las fuerzas del universo (ver Capítulo 2, Tomo II).

La evolución debe recibir una nueva dirección, como por ejemplo la que se perfila en el libro de Riane Eisler "El cáliz y la espada". No más el poder y la violencia contra los otros, sino el poder y el conocimiento para un trato solidario con todos los seres. No más el poder de matar, sino el poder de cuidar y de curar. Hemos experimentado como reaccionan los seres de la naturaleza ante nosotros, cuando nos acercamos a ellos con un nuevo espíritu de amor y de colaboración. En cuanto pasa su primera desconfianza, reaccionan con agradecimiento y amistad sin reserva. Nos ofrecen literalmente sus servicios. Lo que es conocido de los delfines, vale para todos los animales: buscan contacto y muestran, cuando tiene lugar sin miedo, una alegría incontenible en la comunicación. Casi nadie puede alegrarse tanto como un cachorro de perro o un cerdito cuando tiene total confianza en el contacto con las personas.

   El poder del nuevo trabajo por la paz viene de la unión de todos los seres y las fuerzas de la creación. La fuerza de la vida universal es más alta que la del exterminio actual. Si no, ya no florecerían más flores, no cantarían más los pájaros y no se abrazarían más los amantes. El movimiento por la paz aprenderá de nuevo lo que al principio cualquier curandera sabría: que hay fuerzas divinas, que nos guían y apoyan en el trabajo cuando nos abrimos a ellas.

   El gran poder de la Matriz Sagrada está siempre presente. Es el poder que mueve la tierra, que hace crecer a un embrión o que hace penetrar el asfalto al germen de la hierba. Podemos aprender a unirnos a ella, a comprender su manera de funcionar y de ponerla en práctica en el trabajo por la paz. Podemos aprender a comprender como actúa en la comunidad, en el arte, en el rezo, en el amor, en el sexo, en la curación y en cada movimiento correcto de nuestro cuerpo.

El cambio inminente de cultura tiene lugar principalmente en tres ámbitos: en nuestra relación con la naturaleza y con la creación, en nuestra relación con la comunidad y en nuestra relación con el amor sensual. La nueva información global que necesitamos para un mundo sin violencia se compone de las nuevas experiencias y desarrollos en esos tres ámbitos. En los tres se trata de un nivel más alto de cooperación y de nueva conexión con el todo. Por ello, el libro se concentra especialmente en esos tres ámbitos.

Un área esencial, en la que el poder y la alegría de la vida tienen que volverse a encontrar y ser liberados, es el del amor y la sexualidad. Aquí la evolución humana ha transcurrido fundamentalmente mal. Aquí están las preguntas más profundas y los nuevos comienzos más profundos. ¿Podría ser, que uno de los núcleos de la infelicidad de nuestra época, consista en que nuestra especie no haya entendido, que tiene que hacer, aquello prefiere hacer, es decir, amar sensualmente y desde el alma? ¿Podría consistir la infelicidad de muchas generaciones, en que no fueron ni concebidos ni paridos con amor, y que ese dolor originario lo traspasen ahora a sus semejantes? ¿Podría ser, que Vladimir Putin en Moscú hubiese actuado por estas causas, cuando hizo intervenir a su ejército contra la población civil chechena? Se podría quizá también a él, al igual que al dictador Milošević, plantear la cuestión Mignon:¿qué te han hecho, pobre niño?

Necesitamos un nuevo concepto del amor, del universal, del personal y del sexual. Necesitamos una libertad nueva y un orden nuevo para nuestras relaciones sexuales y nuevo coraje, que nos libere de la mentira cultural. También necesitamos una sabiduría interior, de cómo acceder a la alegría y de cómo conservarla. "Es un deber espiritual, el ser felices" decía el abuelo indio a su nieta Dhyani Ywahoo. La alegría es un gran valor en la jerarquía cósmica. Un nuevo mundo más digno de ser vivido, saldrá de la alegría, no del miedo. Por ello estamos llamados, a construir ámbitos de vida, en los que los canales no estén bloqueados por el miedo y la desconfianza: invernaderos de la confianza. Aquí se halla uno de los pensamientos básicos de los "Biotopos de Curación", de los que se trata tan detalladamente en este libro. Lo que el movimiento terapéutico ha intentado y no ha conseguido, porque en el mundo actual no ha podido construir ningún recinto curativo, sólo se podrá llegar a realizar en los nuevos espacios de la confianza y de la cooperación, en las comunidades y los biotopos del futuro. Una vida sana en la tierra está unida a una vida amorosa sana de los humanos. Aquí se sitúa la más profunda de todas las revoluciones. Cuando ya no haya más guerra oculta en el amor, entonces también surgirá en el exterior un nuevo mundo.

Dejando el sistema actual, abandonamos un barco que se está hundiendo, porque el actual turbo-capitalismo ha decidido manifiestamente, liquidarse a sí mismo por medio de la locura armamentística, la locura financiera, el colapso de las divisas, las catástrofes naturales producidas por si mismos y las guerras civiles venideras. Pero no podemos abandonar el sistema actual, sin haber desarrollado un plan constructivo para el futuro. Si salimos del sistema, tenemos que saber, en donde queremos meternos. ¿A dónde debe ir este viaje? Millones de personas se han dado cuenta del engaño vital, que les exige la sociedad existente. Millones no están ya dispuestos, a realizar formación profesional sin sentido para caer en la trampa de las falsas ofertas de felicidad. Millones hubieran salido del sistema, si pudieran entrar a participar en algo mejor. La alternativa, que necesitamos actualmente, tiene que salir airosa ante los muchos proyectos fracasados de la historia. Tiene que estar unida a un plan espiritual convincente, que supere al antiguo plan de la violencia.

Los actuales movimientos por la paz se han orientado en su mayoría en contra de una injusticia existente. Saben contra lo que luchan, pero sólo saben con poca precisión a favor de qué luchan. Si la lucha terminara victoriosa, ¿qué pasaría? ¿Surgiría realmente un sistema humano? ¿Han conducido las revoluciones de la historia que hubo hasta ahora, a sistemas más humanos, han dado a las personas un rostro mas bello, a los niños una patria mejor, a los sexos más amor y a la vida más alegría? ¿Tenían conciencia los revolucionarios y los luchadores por la paz, de las transformaciones internas que se requieren, para que un humano con capacidad de ser pacífico llegue a la tierra? En el Capítulo 3, Tomo I sobre "La herencia de la historia" escribí una historia corta de las utopías sociales visionarias. ¿Por qué no pudieron realizarse esas visiones de una sociedad humana ideal? Porque el fallo no existía sólo en las relaciones exteriores, sino sobre todo, en las estructuras y las formas de pensamiento internas de las personas. No se puede formar ninguna sociedad libre, con personas que han sido formadas autoritariamente. No se puede desarrollar desde una sexualidad reprimida y estancada, ninguna forma de amor libre. No se de puede alcanzar ninguna sociedad libre de violencia, cuando los impulsos de violencia y de odio están internamente sólo reprimidos, pero no disueltos. Una revolución, que no ha comenzado en el interior, no puede tampoco tener éxito en el exterior. Es una enseñanza de la historia.

El ser humano no es un producto casual de la evolución sobre la tierra. Estas casualidades no existen en la creación. El ser humano y la tierra van juntos orgánica y espiritualmente y forman juntos un superorganismo, que a la larga sólo puede funcionar, cuando las fuerzas elementales y las leyes de la vida se unen de manera armónica. Compartimos la tesis de Gaia de la Tierra viva y la continuamos. La tierra es con todos sus seres vivos y paisajes, con sus núcleos metálicos y sus estratos rocosos, sus campos magnéticos y sus capas atmosféricas, un organismo vivo y unitario en un universo unitario, vivo, divino. Esta vista no tiene porqué estar asociada forzosamente con el nuevo despertar de las imágenes de las diosas, tampoco resulta de una preferencia especial por las mitologías matriarcales; no se comprenderá mucho, si intenta uno representarse en este sentido a la tierra como una mujer con proporciones astronómicas. Hoy en día disponemos de imágenes intelectuales y espirituales completamente diferentes, para poder comprender la forma de vida de superorganismos unitarios. Necesitamos un concepto de la civilización humana, que responda a las condiciones espirituales y biológicas de la Tierra. Necesitamos una forma de vida, que responda a las condiciones

Capítulo 1 Una nueva dirección de la evolución

del superorganismo, al que nosotros pertenecemos. La curación ya no es terapia, sino el cambio de una forma de vida a la otra.

El pensamiento de curación debe llevarse de la terapia a la vida plena. Esta es una idea fundamental en todo el libro. No es a través de la terapia, ni de métodos especiales e instituciones, sino a través de la vida misma como se producirá la curación. Con la vida nos referimos a todo, lo que pertenece a la vida: comida y bebida, amor y fiesta, investigación y trabajo, ecología, tecnología, estructura social, economía, distribución del trabajo etc. Para la curación en la tierra tendremos pues sólo una perspectiva seria y creíble, cuando este paso tenga éxito y cuando existan los primeros modelos de vida concretos, que funcionen en este sentido. Cuando la base social y sexual de los seres humanos se haya aclarado, cuando la energía humana pueda fluir nuevamente en conexión con la Matriz Sagrada y se pueda unir con el conjunto, entonces se producirán posibilidades de soluciones nuevas para los problemas ecológicos y tecnológicos de nuestro tiempo, problemas como curación de las aguas subterráneas, de la atmósfera terrestre, saneamiento del suelo, limpieza de las aguas residuales, reciclaje, alimentación, abastecimiento de energía, transmisión de la información, telecomunicación, transporte, etc..... En los últimos treinta años hemos visto, que la vida no se vuelve mucho mejor sólo con tecnología y ecología, la desesperanza ha aumentado, el tema humano ha quedado sin resolver. Tenemos que encontrar ahora una solución para el tema ser humano. Con la liberación de la base humana no sólo se cambia el ser humano, sino los sistemas de energía que lo rodean, porque todo es un ser, una conciencia, un tejido de frecuencias, luz e información, que aparece en diversos estados de concentración.

Nosotros los seres humanos poseemos la inteligencia, para construir armas controladas por ordenador y estaciones en el espacio sideral. Estamos a punto de enviar submarinos minúsculos a través de las arterias y de disparar con nano-cañones moleculares informaciones al tejido enfermo. Todo esto ya no es ciencia ficción. Ello nos pone de manifiesto las grandes posibilidades ante las que estamos, cuando se mueven la voluntad y la visión en esas alturas. Es una cuestión de visión y voluntad, el si somos capaces, de reunir el mismo empeño en inteligencia y disponibilidad también para el éxito en el ámbito humano y encontrar para nuestra vida en la tierra un nuevo orden, que no colisione con los órdenes de la vida originales y del universo, sino que vibren conjuntamente. Disponemos, si queremos, de la capacidad de salirnos de la crisálida y los caparazones del miedo y de escoger para nuestra futura existencia la Matriz Sagrada. Este no es un trabajo de Sísifo, porque la Matriz Sagrada ya existe como cianotipo. La hacemos realidad viéndola, percibiéndola y aceptándola. Hay una conexión profunda entre percepción y puesta en práctica: la palabra inglesa es "realize". A través de la percepción se traen a la realidad posibilidades en latencia.

Somos seres cósmicos de camino en la tierra, cargados con el conocimiento del mundo. Somos un órgano del universo vivo y de ello obtenemos nuestra inteligencia y nuestra fuerza. Por ello no deberíamos caer en la alegría desbordante, pero tampoco deberíamos identificarnos con el autorretrato, que se ha transmitido a los niños de generación en generación en una cultura milenaria de súbditos.

Concluyo este párrafo con palabras de Nelson Mandela:
Nos preguntamos, ¿quién soy yo para llamarme brillante, estupendo, dotado, fantástico?
Pero ¿quién eres tú para no llamarte así?
Eres un hijo de Dios. Empequeñecerse no le sirve al mundo.
No hay nada de brillante en hacerse tan pequeño,
que otros no se sientan inseguros a tu alrededor.
Todos estamos destinados a brillar, como lo hacen los niños.
Hemos nacido para manifestar el brillo de Dios, que está dentro de nosotros.
No está sólo en alguno de nosotros, está en cada uno de nosotros.
Y cuando dejamos brillar nuestra luz propia damos inconscientemente a otros el permiso de hacer lo mismo.
Cuando nos libramos de nuestro propio miedo, nuestra presencia libera automáticamente a otros.

Otro modelo de la realidad

En cuanto ponemos nuestra atención en el orden divino, desaparece por si mismo el modelo de pensamiento antiguo. Estoy conectado a otro campo del banco de datos cósmico.

Almut Kowalski

Necesitamos otros modelos de pensamiento, para comprender el mundo, también sus masacres, y para poder emprender algo eficiente en su contra.

Cuanto más comprendemos, más nos alejamos de todos los modelos de pensamiento dualistas, por ejemplo de la opinión, de que allí están los malos, los fascistas, los radicales de derecha, los políticos, las grandes empresas, y aquí estamos los positivos, los trabajadores por la paz. En realidad vivimos en un continuo, cuyos elementos individuales contienen todo, lo que existe también en la totalidad. La maldad, que encontramos en nuestros enemigos, también la encontramos en nosotros, porque somos parte del mismo continuo. Ese concepto del continuo –también lo podemos llamar totalidad, unidad, Holón- es un elemento esencial del nuevo concepto del mundo. De esta perspectiva aparecen nuevas posibilidades de solución y respuestas (ver Capítulo 2, Tomo I, "Kosovo y nosotros", y Capítulo 5, Tomo II). Con el continuo nos referimos por ejemplo, al hecho de que yo no termino en los límites de mi piel, sino que estoy unido de una manera totalmente distinta con todo aquello, que existe en esta tierra y en todo el universo. Los filósofos de la investigación holográfica dicen sobre ello simple y llanamente la frase apenas comprensible pero llena de sentido: "La parte es el todo". Para comprender lo que podría querer decir, piénsese en un globo inflable con ondulaciones. Cada ondulación parece existir sólo para sí misma, pero todas están unidas por el gran globo. Todos nosotros somos "ondulaciones" en el cuerpo vivo del mundo.

En la totalidad, en el continuo dominan leyes diferentes a las de las partes aisladas. Porque todo está conectado entre sí, todo es energía en movimiento, cuyas olas se expanden, se superponen, se unen nuevamente, se condensan y producen nuevos resultados. ¿Puede producirse en Chicago una tormenta, si yo en Arizona le doy la vuelta a un escarabajo, como narra Rolling Thunder?, ¿puedo obtener conocimiento de un círculo de piedras, de la cultura que lo produjo, sin haber leído ningún libro de historia?, ¿puedo comunicarme con plantas o ratones?, ¿pueden cambiar el mundo 2000 personas?, ¿puede cambiar el mundo un nuevo movimiento por la paz? Sí, podemos. Con la condición de que encontremos la frecuencia correcta. Podemos ser eficientes en el mundo, si no preguntamos, lo que es el mundo, sino lo que hace el mundo; no lo que una cosa es, sino lo que hace esa cosa. Lo que nosotros tomamos por características físicas de las cosas, son en realidad hábitos de comportamiento agarrotados, que se pueden cambiar inmediatamente cuando aparecen nuevas condiciones. Veremos cómo, todo lo que hay en el mundo se halla en un "hacer" enorme y cómo este gran "hacer" es dirigido por informaciones, de las que participamos diariamente. **Podemos cambiar el mundo, cambiando las informaciones, que le enviamos.**

El trabajo por la paz en la tierra necesita junto a los numerosos temas individuales un enfoque global, si quiere dirigir un cambio global. Hay muchos grupos e individuos comprometidos en todas partes en la tierra, que se ocupan con el trabajo por la paz y el trabajo para la curación. ¿Qué pasaría, si no estuvieran absortos totalmente en su trabajo, sino que tuvieran vista y fuerza libres para la participación en un enfoque global humanitario? ¿Qué pasaría, si los defensores de los animales, los grupos de jóvenes de Greenpeace, los ayudantes de la reconstrucción en Kosovo o en Guatemala, los representantes de Amnistía Internacional, los movimientos de resistencia en Brasil, en Birma o en Turquía, los representantes de las últimas culturas por la paz amerindias o australianas, se vieran como parte de un movimiento mundial por la paz? ¿No es realista sólo porque no se ha conseguido en los grandes congresos de los últimos dos décadas? La coordinación de las fuerzas mundiales en todo el mundo no es una cuestión de organización y técnica externa, sino una cuestión de concepción mental-espiritual, que no reacciona sólo ante las circunstancias locales, sino ante las situaciones globales de la vida en y sobre nuestra tierra Gaia. "No hay nada más fuerte que una idea a la que le ha llegado su momento", dijo Víctor Hugo. Sólo tiene que ser realista. Es decir: tiene que estar en armonía con las muchas posibilidades latentes del plan de construcción de la creación.

¿Qué es realista? Podemos elegir entre dos posibilidades. O hacemos como los "realistas" del partido Verde en Alemania y llamamos a un proyecto "realista" sólo cuando corresponde a las ideas políticas y económicas del sistema existente - o llamamos realista a un proyecto corresponde a las exigencias de la tierra y de la naturaleza, a las leyes de la vida y del universo. En la actualidad no hay apenas conexión entre estas dos concepciones. El concepto de la "realidad", tal como se conoce en la vida pública, se ha alejado demasiado de lo que de verdad significa la realidad en un sentido más profundo y más amplio. Esta contradicción la hemos descrito en el párrafo sobre "ambos acontecimientos mundiales" (Capítulo 1, Tomo II). Nuestra vida, nuestras relaciones amorosas, nuestra sociedad, toda nuestra época fracasa de momento por tener un concepto de la realidad demasiado pequeño que ya no permite la curación. La generación que lleva de momento los negocios sobre la tierra ha perdido en gran parte su sentido de la realidad. Hablan de hacer carrera, de réditos, de pensiones, y lo llaman realidad. Ya de pequeños nos podríamos haber desesperado por el cerrilismo de nuestros padres y profesores. No se trata sólo de la realidad de los supermercados y de los movimientos de la bolsa, sino que se trata de la realidad de aquel organismo vivo, al que pertenece tanto el ser humano como sus víctimas.

¿Qué es la realidad? Tenemos que ahondar en esa cuestión para sondear nuestras posibilidades y desarrollar estrategias eficientes para una paz global. La cuestión de la realidad también se la plantea "la otra parte", es decir, los representantes del poder actual y la investigan de una manera vertiginosa.

Tres grandes intelectuales han puesto patas arriba el concepto matemático y físico del mundo al principio del siglo XX: Albert Einstein (Teoría de la Relatividad), Nicola Tesla (Sistema para el Aprovechamiento de la Energía Cósmica) y el matemático David Hilbert (El espacio con múltiples realidades de Hilbert). Basándose en sus ecuaciones y teorías se desarrollaron en el trabajo secreto de muchos años sistemas de energía que condujeron a los proyectos más misteriosos y espectaculares que se haya llevado a cabo jamás por la humanidad más reciente: surgió la serie de proyectos del experimento de Filadelfia de 1943 hasta el proyecto Montauk de 1983. Aquí tuvo éxito por primera vez (según los informes de Preston Nichols y Peter Moon), la consecución tecnológica, bajo circunstancias concomitantes arriesgadas, de fenómenos paranormales como la materialización y la desmaterialización, la existencia múltiple o los saltos en el espacio y en el tiempo. Lo que ocurrió en los proyectos de investigación americanos de 1943 a 1983 es el manejo de otra realidad cuya realidad puede darse por probada como científica con este y otros muchos experimentos. Es esa "otra realidad" la que esta detrás, al lado y sobre todas nuestras tareas cotidianas y la que nos rodea constantemente como una posibilidad de transformación real. No vivimos en un mundo con un espacio-tiempo lineal con paradigmas causales unívocos, sino que vivimos en una realidad múltiple, en la que junto a cada realidad escogida se hallan posibles realidades. Cada vez más investigadores se

Otro modelo de realidad

concentran en la pregunta sobre la transición de un espacio de la realidad a otro. La transición puede ser inducida técnicamente por un cambio de frecuencias y de campos magnéticos, y mentalmente por una rotación de la consciencia. La teoría de "los universos paralelos" y de los hologramas múltiples se ha convertido en parte de nuestro concepto del mundo. Subyace en ella el pensamiento de que sería posible cambiar relativamente fácil de la antigua matriz de la violencia y del miedo a la Matriz Sagrada, porque esa matriz está disponible como holograma latente en el plan de construcción del ser humano y en el de la creación al completo.

Nosotros seguimos un nuevo concepto de la realidad, como el que ha sido preparado -junto a los arriba nombrados Einstein, Tesla y Hilbert - por los geniales trabajos de Walter Russel, Wilhelm Reich, Viktor Schauberger, David Bohm y otros. Esta revolución es sólo el comienzo, pero ya muestra en la actualidad a qué nuevos ámbitos del pensamiento nos va a conducir. Un cambio correspondiente se presenta en las ciencias sociales y humanas como la psicología, filosofía, teología, historia. Obtenemos una imagen del ser humano, que pone bajo una luz excitantemente nueva nuestras perspectivas y posibilidades. Quiero demostrar a lo largo de este libro cómo partiendo de la base de una visión del mundo nueva, llegamos a un concepto nuevo del trabajo por la paz y la curación. Es tan válida para la curación de cada individuo como para la curación global y el trabajo por la paz en la tierra.

También necesitamos un sentido más profundo para aquellos ámbitos de la realidad que hemos desplazado al mundo del sueño, de la religión, de la mitología, de la cultura de la droga, de la psiquiatría y la criminología. Lo que aquí se experiencia son partes de nuestra existencia, que se han disociado de nuestra conciencia porque no se adaptan al mundo mecanicista de nuestro tiempo. El ser humano unidimensional bien podado ya no es capaz de hacer algo en contra de la injusticia. Chilla, sonríe o sufre. Ya no sabe dónde está y lucha en realidad como el famoso corso Salamis contra sus propios amigos. Necesitamos una corriente espiritual nueva que nos vuelva a reunir. Necesitamos un sentido nuevo para la realidad del potencial global humano y para las posibilidades de la siempre presente creación, para la múltiple estructura de la realidad del universo, para las fuerzas improductivas dentro de nosotros mismos, para las posibilidades de desarrollo en la tierra, para la realidad de una evolución conjunta con todos los otros seres, para el modo de funcionar del amor y para la existencia real de un universo grandioso, sagrado e infinito. Lo que llevará al éxito inevitable a un movimiento por la paz, es su unión mas profunda con un gran visión de la vida. Sabe sin duda que los celos no pertenecen al amor, ni el miedo a la vida, ni la sumisión a la religión. Conoce las proyecciones y las visiones fílmicas en las que se ha construido nuestra vida y está dispuesta a descartarlas. Ha aprendido a diferenciar la matriz de la violencia de la matriz de de la vida universal. Conoce las posibilidades de los saltos de mutación en el desarrollo de sistemas y procesos vivos. Sabe cómo se puede cambiar con pequeños giros lo global, en el tejido holográfico del universo. También comienza a comprender que el universo es un organismo unitario y vivo que en su interior trabaja para unos principios diferentes de los supone la física convencional. El universo tiene un origen espiritual; todas las cosas son manifestaciones de una energía espiritual y por ello puede ser influido y transformado de forma espiritual. Así tuvo su origen una teoría política nueva del cambio global (Capítulo 5, Tomo II). He intentado presentar de manera sistemática y sencilla ese extenso conocimiento de la paz, que podría conducir nuestra tierra a un nuevo estado. Necesitamos esta base espiritual-mental para poder concentrar nuestras fuerzas. El cambio de la antigua a la nueva matriz no tendrá lugar en la mesa de trabajo ni en congresos, sino en una nueva práctica vital, que afecta sobre todo a los ámbitos clave del ser humano: la construcción de comunidades que funcionen, amor y sexualidad, espiritualidad en el trato con las otras criaturas que conviven con nosotros.

Capítulo 2
Llamada de ermergencia de la tierra

Llamada de emergencia de la tierra

La tierra es un organismo con gran capacidad de aguante. Dispone de mucha fuerza de regeneración y de autocuración. La naturaleza obedece a una figura interna con un objetivo final (entelequia), la cual siguiendo el principio del círculo de regulación, reacciona a cualquier daño inmediatamente con un proceso de curación. Los guijarrales son ataques violentos a la naturaleza. Si se paraliza el guijarral, se cubre enseguida con un biotopo de plantas curativas que al principio son escasas hasta convertirse en plantas cada vez más espesas, a las que se suman sin parar más plantas hasta que la herida se ha cerrado y se ha creado un nuevo biotopo. Pero en algún momento se alcanza un límite. Cuando la carga de estrés global se convierte en demasiado grande, la tierra entra en un estado crítico, en el que se tiene que contar con reacciones impredecibles. Supongo que nos encontramos desde hace un tiempo en este estado. El cambio de clima global y las catástrofes naturales que se suceden con una frecuencia cada vez mayor señalan esa dirección.

La biosfera es un maravilloso sistema de complementos, condiciones y apoyos recíprocos. Nada existe sólo para sí, todo vive en un tejido altamente desarrollado de comunidades visibles e invisibles. Ese fantástico juego de la evolución no esté quizá descrito en ningún sitio tan sabia y sensiblemente como en el libro "Der unbegreifliche Garten und seine Verwüstung. [Se podría traducir como: "El paraíso incomprensible y su destrucción". Posiblemente no existe traducción al español. En inglés se tradujo como "The Curious Garderner".] de Jürgen Dahl. La abeja y la salvia celebran juntos una coexistencia como no podría haber otra más hermosa e increíble. Aquí existe una revelación real. Así funcionan los secretos de la creación, así funcionan la cooperación, la comunicación y la comunidad en la naturaleza tranquila. La maravilla se presenta en todos los niveles, desde la interacción de las millones de moléculas que se encuentran en una sóla célula, hasta la interacción de los seres vivos en los bosques de lluvia tropicales o en los océanos.

Hay en la vida un deseo de contacto y de comunicación que probablemente sea inherente a todos los seres vivos mientras que no estén demasiado asustados. La tierra está bien mientras que el contacto de sus seres vivos esté bien. Nosotros, un grupo de investigación de aproximadamente 50 adultos, vivimos en Tamera desde hace algunos años en un gran terreno de 140 ha, en el que observamos en tanto nos es posible los principios de la vida comunitaria sin violencia con todas las criaturas. Duraba entre dos y tres años el que los animales se acostumbraran a nuestra conducta no violenta, y entonces empezaban por sí mismos a buscarnos. Primero los perros y los gatos, después los cerdos de la vecindad, más tarde los pájaros, las ranas y los reptiles pequeños, después con un gran deseo de comunicación, las ratas y desde hace un año las serpientes. Un trabajador estaba tranquilamente en el agua, cuando se movió algo alrededor de su pierna derecha. Era una serpiente de agua que se enroscó en su pantorrilla derecha. Justo después vino una segunda serpiente de agua y se enroscó en su pantorrilla izquierda. Las serpientes empezaron a descansar en los umbrales de nuestras puertas. Una se puso en un edificio de nueva construcción, en el umbral que había sido recientemente hormigonado y dejó allí su huella retorcida. Y una vez, cuando estaba tendida una mujer en la terraza de nuestra bodega, vino una serpiente a ella, reptó a su hombro y serpenteó bajando por su cuerpo. Justo después fue un gato hacia ella y se acostó arriba en el chakra de la coronilla, una toma de contacto con intención determinada por parte de los animales. Sobre contactos desacostumbrados con ratas relataremos más tarde (capítulo 2, Tomo II). En el universo predomina un gusto general por la comunicación, así era al menos en el plan de la creación original.

La vara de Esculapio, desde la antigüedad el símbolo de los médicos, está rodeada por una serpiente. Las serpientes son originalmente un signo de curación y de sabiduría, también, naturalmente de sexualidad, porque la sexualidad y la sabiduría no eran en su origen palabras separadas. ¡En el árbol de la sabiduría! se encontraba en el mito bíblico de la creación una serpiente, y en hebreo existía la misma palabra para coito y sabiduría. Cuando los sistemas patriarcales empezaron su ataque a las fuentes de poder femeninas, tuvieron sobre todo que maldecir y destruir a la serpiente. Y cuando los primeros monjes irlandeses fueron enviados a la isla de Reichenau en el Lago de Constanza para crear allí un monasterio, recibieron el encargo de echar de allí a las serpientes. Con tales métodos trazó el ser humano los límites entre sí y las criaturas que lo rodeaban. Abandonó las originales reglas del juego de contacto y puso en su lugar las leyes de la violencia y del miedo. Como telón de fondo de su salida de la creación se haya un aspecto no dominado de la sexualidad, que la sociedad masculina quiere borrar por todos los medios (ver capítulo 3, Tomo I).

El equilibrio ecológico de la naturaleza ha sido perturbado porque la violencia y el miedo perturban la cooperación de sus seres vivos. Del juego en equipo de los seres vivos se produce por auto regulación el resultado del tamaño y la densidad demográfica de una población, la tasa de natalidad y la edad de la primera reproducción. "Cuando el ser humano no se inmiscuye, una retroacción ampliamente autorreguladora y no violenta se cuida del mantenimiento del tamaño de la población". (Briggs y Peat en "Las siete leyes del caos").

Cuando toda una especie o población ha sido erradicada, al organismo de la biosfera le falta un órgano, cuando muchas especies son erradicadas, le faltan muchos órganos. Partiendo de que la tierra la habitan aproximadamente cuatro mil millones de especies (una suposición de James Lovelock), los biólogos contemplan la tierra como un gigantesco organismo unicelular en el que las especies trabajan conjuntamente como las moléculas en una célula. Cuando ese trabajo en equipo es interrumpido, se pueden crear en el sistema del círculo de regulación reacciones en cadena de avisos falsos, que al alcanzar el punto crítico lleven a un colapso global. Desde este punto de vista por ejemplo, vaciar de peces los mares esconde un peligro inmensurable para la estructura celular de la tierra.

Cuando el sistema energético geomántico de la tierra, sus meridianos energéticos, sus líneas Ley y las corrientes telúricas se ven interrumpidos por autopistas anchas y otro tipo de veredas, se producen atrofiamientos y enfermedades en la vegetación. Cuando el sistema hidráulico de la tierra –superficial y profunda- está siendo envenenado, se producen envenenamientos en el sistema circulatorio de una persona. Además el agua es un portador de información de la vida importante. La información y la energía son sistemas invisibles, inmateriales, que regulan la interacción de los seres participantes de la biosfera. En Portugal por ejemplo mueren los alcornoques, porque el "núcleo de la cohesión" que dominaba entre ellos se perdió por la erosión del suelo, cambios en el sistema acuífero y desmoronamiento geomántico. Las líneas naturales de unión, que consisten en agua, información y energía apoyadas por ciertas plantas y animales, se ven perturbadas por las intervenciones del ser humano. Hoy en día este proceso destructivo está siendo financiado y multiplicado con dinero de la Unión Europea. El cultivo de monocultivos gigantescos y de eucaliptos y la construcción financiada por la Unión Europea de un pantano gigante (250 km^2) cerca de Beja se cuidan de la destrucción de los últimos biotopos aún sanos. Estos son ataques que contribuyen al cambio climático regional, porque perturban directamente el presupuesto de agua y energía de la biosfera. Los grupos ecologistas luchan en vano en contra de esto. El daño de la biosfera, de vastas proporciones, que es dirigido por los centros del poder y del dinero, no se puede parar desde hace mucho tiempo por la protesta de pequeños grupos. Los metales juegan un papel aún desconocido en el cuerpo vivo de la tierra. No es ninguna coincidencia que ciertos metales de gran valor, también el uranio, aparezcan abundantemente en los centros sagrados de la tierra de los pueblos primitivos (por ejemplo en la plataforma del Colorado de los hopis o en Ayers Rock en Australia y otros). También los metales son una forma de energía y tienen un significado especial en el sistema energético del mundo. Cuando los seres humanos en la edad del bronce empezaron a excavar estaño y cobre para producir armas, no sólo significaba esto una escalada en la violencia entre humanos, sino también un nuevo paso de violencia contra la tierra.

Cito del libro "Tempel der Liebe" [En alemán en el original. Posible traducción "Templo del amor"] de Sabine Lichtenfels (veo en este libro de la autora con talento de médium, una fuente auténtica de sabiduría universal femenina.):

entre tanto habían forjado incluso armas poderosas de las fuentes de Nammu, de distintos metales de esta tierra. Esto era un gran delito contra las leyes sagradas de Nammu. Esos metales en los que se almacenaba una sabiduría importante, no habían sido creados para matar, sino que servían al río verdadero de las corrientes terrestres. Sólo se podía tomar de ello cuando Nammu lo mandaba en sueños, por ejemplo para la producción de adornos para los bailes de las fiestas de la fertilidad y del amor. Así, el expolio de esos tesoros terrenales también multiplicaban las catástrofes terrenas que en algunos territorios les arrebataron a los seres humanos las condiciones de vida necesarias.

La emergencia de la tierra no consiste solamente en el daño directo de sus ciclos: ciclos del agua, de la materia, de la información y de la energía. Quizá consiste aún más en el sufrimiento que causan las personas entre sí y a los seres vivos con los que convive. Hay una conexión íntima entre las catástrofes humanas y las catástrofes naturales. Es una conexión energética porque es la misma energía vital universal chi (o ki, orgón, prana, mana) la que actúa en los seres humanos y en la naturaleza. Los movimientos del agua y las condiciones del tiempo, el crecimiento de las plantas y la comunicación de los seres vivos se guían por la misma energía que los procesos emocionales, sexuales y sociales en el ser humano. Mirándolo desde una perspectiva global, este hecho se revela por sí mismo. A las culturas precedentes les era conocido y se reprimió después por la mecanización de las ciencias naturales. En tiempos recientes, uno de los grandes pioneros de la investigación moderna de la vida, el psicoanalista e investigador del orgón, Wilhelm Reich, redescubrió en su economía sexual y orgonomía esas conexiones y las describió a conciencia. La represión de energías elementales tanto en los seres humanos como en los animales, conduce a una forma de energía negativa, que Reich llamaba "dor" (deadly orgon [En inglés en el original. Significa "orgón mortal".]). Se manifiesta por un determinado enturbiamiento de la atmósfera y participa de manera decisiva en la formación del tiempo meteorológico. En el interior del organismo humano cambian los creadores de vida o "biones PA" en los organismos unicelulares de tipo ameba, de los cuales pueden resultar células cancerosas. Algunos procesos internos en los seres humanos como la formación de cáncer y los procesos exteriores negativos en la atmósfera son la consecuencia de energías vitales reprimidas. Ésta es la visión a la que tenemos que abrirnos para reconocer toda la dimensión del peligro en el que se haya la tierra hoy. No es materia de discusión en qué medida puede ser adoptado el sistema conceptual de Reich; para mí queda comprobado que no se pueden poner en duda sus afirmaciones básicas. Están en una relación tan crítica con la civilización actual que llevaron a Reich a la cárcel, en la que murió en 1957 bajo circunstancias misteriosas. No es el único a quién la ciencia del sistema le silenció o le destruyó sus descubrimientos pioneros. Un año más tarde murió otro pionero de la investigación de la vida moderna cuyo trabajo habría podido contribuir a la salvación de la tierra, si no hubiera sido despreciado y desplazado: el austriaco Víctor Schauberger. Los descubrimientos de Reich y Schauberger juntos posibilitan una teoría de lo vivo, que será indicador para las escuelas de los nuevos tiempos. Tomando como base a Wilhelm Reich podemos reflexionar sobre cómo se produjo la formación de desiertos como por ejemplo el de Sahara. Allí existía aún hace diez mil años una vegetación exuberante. ¿No se puede sospechar que la formación del desierto esté en conexión con prácticas sexuales y tribales especialmente represivas que produjo en la población un trastorno bioenergético colectivo? El americano James DeMeo confirmó esta conexión en su tesis doctoral. Nosotros conocemos estas conexiones de nuestros huertos caseros y de plantas de interior. Peter Tompkins y Christopher Bird las describen en su libro sobre "La vida secreta de las plantas", y Cleve Backster, uno de los investigadores con los que colaboraron, opina: "En un dormitorio activo no hay plantas enfermas". Por lo visto los seres humanos tenemos que volver a aprender el seguir nuestros propios procesos vitales interiores si queremos comprender y curar la naturaleza y la tierra.

En vez de eso ocurre lo contrario: la vida no vivida no se libera, sino que se compensa con un consumismo sin escrúpulos o con medidas económicas, técnicas y militares que activan el exterminio global de la vida en nuevas dimensiones. De ello forma parte el desarrollo de las llamadas "armas iónicas" (de "ionosfera"), que no sólo alcanzan las dimensiones de una ciencia ficción mortífera, sino que la sobrepasan claramente. Uno de los proyectos con los que la tierra debe ser dominada o ser destruida como objetivo final es el proyecto HAARP, americano, en Alaska. Con explosiones dirigidas a la ionosfera (la capa exterior de la atmósfera) deben ser producidos radiaciones y frecuencias con las que pueden ser desencadenados terremotos o cambiadas las frecuencias cerebrales. Con campos electromagnéticos apropiados se pueden lograr los mismos efectos que con psicofármacos. (Para más información sobre el proyecto HAARP ver el libro "Löcher im Himmel" de Jeane Manning u Nick Begich [En alemán en el original. Las traducciones más usadas en español (del original en inglés) en los artículos manejados que tratan el tema del proyecto HAARP son: "Los ángeles no tocan esa arpa" o "Los ángeles no tocan esa HAARP". En la primera se pierde el juego de palabras del inglés en el que harp (arpa) se pronuncia igual que HAARP, que es la palabra que usan los autores.]). El primer escalón del equipo HAARP ya está en marcha. Trabaja en una zona boscosa discreta de Alaska. Podría ser partícipe de la producción de aquellas frecuencias permanentes que podemos oír a veces como un chirrido agudo en el éter.

En 1979 publicó el biólogo inglés James Lovelock la hipótesis de Gaia, según la cual la tierra podría ser un organismo homogéneo. Con ello se hallaba en la pista de un estado de cosas que se extiende mucho más allá. La tierra no es sólo un organismo vivo, sino que incluso también gira en un universo vivo. El universo vive. Todo lo que hay en el universo vive, todo es una apariencia animada de la vida universal. La tierra misma es un cuerpo vivo, un ser vivo que actúa con alma propia y con conciencia propia. Por ello, si elegimos la frecuencia correcta, podemos entrar con ella en comunicación directa. Todos los seres de la biosfera son expresiones mentales de la "Madre Tierra", todas surgen de su energía, de su temperamento y alegría de la vida. La tierra sufre realmente con las destrucciones de los seres humanos. A veces tiembla y se sacude. Entonces se producen terremotos o erupciones volcánicas. Estas son las consecuencias de los movimientos energéticos que se ejecutan en su superficie con el fin de curarse o de aliviar sus dolores.

¡Qué radicalmente tenemos que cambiar nuestro modo de pensar! Hemos aprendido a no pensar de modo "animista", es decir a no proyectar criaturas con alma en nuestro medio ambiente como hacían "las culturas primitivas de la antigüedad". Ahora empezamos a comprender que todo nuestro mundo, desde los guijarros a las galaxias, lleva dentro una gran alma universal. Hemos aprendido además que no debemos pensar de modo "antropomórfico"; es decir que no debemos proyectar procesos vitales que conocemos de las personas a otros seres vivos, ni tampoco a las formas de la "materia muerta". Ahora empezamos a comprender que nosotros mismos somos "cosmomórficos", es decir que de manera análoga, en nosotros tienen lugar las mismas condiciones de vida que en todos los otros asuntos del universo. Somos, como el mar, las piedras, las plantas y los animales, parte de un movimiento holístico que en una escalera infinita de escalas y de planos de energía comprende y atraviesa todo lo existente. Hemos aprendido que la materia inorgánica no contiene vida y que por ello podríamos usarla para todos nuestros objetivos. Ahora estamos empezando a aprender que también ella es una forma condensada de energía universal y un estado agregado de la energía universal y que ella forma parte de la corriente universal de la vida y de la conciencia con sus propias vibraciones, radiaciones y frecuencia. Vendrá un tiempo en el que las generaciones futuras no comprenderán lo que sus antepasados, es decir nosotros en el mundo actual, le han hecho a la tierra. El movimiento por una tierra libre se ocupará de que ese tiempo pueda llegar pronto.

Nuestro trabajo de curación ya no se puede limitar a curar sólo a la naturaleza o sólo a las personas. Debe ligar ambos ámbitos de curación, porque en ambos casos se trata de una vida, que fue herida: así, estará por dentro como por fuera. El lado externo ecológico de la naturaleza y el lado interno psicológico del ser humano son dos lados de la misma totalidad. Las destrucciones en lo exterior van de la mano con ser desgraciado y estar alienado en el interior. La devastación ecológica y la del ser humano son dos lados de la misma enfermedad total global, la cual sólo en esa exposición conjunta puede ser comprendida y superada. Si los trabajadores de la paz futuros son conscientes de esa conexión, entonces saben que sirven a la tierra si se procuran la paz para consigo mismos. Y saben también que se sirven a sí mismos si procuran que la criatura de la tierra pueda vivir y respirar libremente. Agradecemos el conocimiento de esas conexiones internas de un mundo aún bendito y luminoso.

Kosovo y nosotros

"Yo también llevo dentro un criminal de guerra".

(José Monteagudo)

"En la raíz TODOS vosotros sois el origen del estado actual existente, el cual, por ejemplo despierta en el ladrón el deseo o crea la necesidad aparente de robar.
Todos vosotros habéis creado la conciencia que hace posible la violación.
Cuando vosotros veáis EN VOSOTROS MISMOS,
Lo que ha producido el delito,
entonces empezaréis por fin,
a curar las relaciones, de las que se origina".

Dios (en "Conversaciones con Dios" de Neale D. Walsch)

Advertencia preliminar

Antes de entrar en el tema de Kosovo, debo poner en conocimiento que ni yo ni la mayoría sabemos lo que ocurrió allí realmente. Tampoco lo sabíamos de la Guerra del Golfo. Sólo poco a poco empezaron a filtrarse informaciones que mostraban el acontecimiento bajo una luz completamente distinta de la que mostraban nuestros medios. Apenas se filtran informaciones relevantes a través del bloqueo de las noticias de los programas de televisión y de los grandes periódicos corrientes. Es lo mismo que hace treinta años con la Guerra de Vietnam, de la que sólo se hizo público muchos años más tarde la medida en que se engañó, por medio de noticias falsas, sobre el trasfondo y los métodos de la guerra de exterminio que los americanos llevaron a cabo contra el pueblo vietnamita. Hay muchos indicios de que en el caso de la Guerra del Golfo, de la primera guerra de Yugoslavia y de la guerra de Kosovo también se haya engañado. En la época de la guerra de Vietnam había un movimiento de izquierdas al que le fue posible destapar los asuntos. Hoy en día sólo hay unos pocos reporteros y emisoras de radio valerosos, cuyas voces se escuchan cada vez más raramente. Para demostrar cómo se podría diferenciar la verdad de la leyenda oficial, querría señalar el libro (a veces quizá demasiado parcial, pero enormemente informativo) con el título "Der Moloch" que escribió Karlheinz Deschner sobre el imperialismo americano.

El continuo

Un movimiento holístico de reacciones en cadena funestas se ha adueñado de la humanidad desde que se saltó los límites. Ya no está unido a sus fuentes y se encuentra por eso en la turbulencia de una situación de cortacircuitos internos. Es como con el patrón de las olas en la superficie de un estanque. La turbulencia está en todas partes, pero no puede verse en todas partes. En algunos sitios se borran las olas mutuamente, allí vemos las zonas cero, la superficie está tranquila en ese sitio, la turbulencia existe sólo de modo latente. En otras zonas se suman las olas y forman una agitación visible. Todo junto forma un continuo, en el que tanto la tranquilidad como la intranquilidad son sostenidas por la misma turbulencia general. Lo mismo ocurre en la superficie de la humanidad, en lo pequeño como en lo grande, también en nosotros mismos. En las zonas en que la turbulencia interna produce olas sumatorias o multiplicadoras, tienen lugar accidentes, descarrilamientos, acciones cometidas en arrebatos, catástrofes y guerras. En parte tienen desencadenantes individuales, pero todos vienen de la turbulencia global en la que todos somos copartícipes mientras que resonemos en los viejos patrones de resonancia. También los acontecimientos globales son un continuo. Todos los países y los seres humanos están afectados por ello por que el tejido de la vida forma una unidad. Al continuo pertenecen tanto los criminales como las víctimas y los policías, los buenos y los malos, los dominantes y los dominados. Los conflictos amorosos, la caza de ballenas, las orgías de violencia y el genocidio son fases del mismo continuo. Kosovo fue una fase del continuo.

Violencia interna y externa

Las desgracias en la tierra son erupciones que vienen de la globalidad. Es la globalidad de la civilización actual la que lleva esa sustancia explosiva en sí. Es la globalidad de nuestra civilización la que reprime desde hace milenios instintos vitales elementales y que por ello causa erupciones. Y la turbulencia está en la globalidad (latente o abiertamente), también está en cada uno de nosotros. Venimos de una historia en la que hemos aprendido a reprimir tanto a los demás como a nosotros y a entrar en la lucha cultural contra las fuerzas elementales de la vida (contra la fuerza elemental del movimiento, contra la fuerza elemental del instinto sexual, contra la fuerza elemental del saber (curiosidad). De esa represión mundial surgió el caldo explosivo que se cuece en la barriga de la sociedad y que encontrando el desencadenante apropiado, rompe los diques externos. Por ello no podemos luchar en lo externo de modo permanente sin apagar en nosotros mismos la combustión. No podemos acabar permanentemente con la violencia en el exterior mientras que apliquemos la violencia interior contra nosotros mismos o dirijamos pensamientos violentos contra otros. No podemos lograr en el exterior paz alguna, mientras que en nuestras relaciones amorosas predomine la guerra. No podemos saltarnos el paso de ejecutar en nosotros mismos las correcciones que son necesarias para la tierra. "Revolución sin emancipación es contrarrevolución" era el título de un manifiesto político que escribí hace casi 30 años y que por entonces, al comienzo del llamado "debate de emancipación" en la Nueva Izquierda, se discutía en muchos grupos. Por entonces no teníamos ninguna idea clara de nuestra propia emancipación y por ello aún no podíamos traducir la frase a una práctica sensata, pero la frase tiene aún validez. Debemos encontrar en nosotros mismos y en la construcción de la sociedad los puntos arquimédicos en los cuales el continuo de la violencia pueda ser quebrado para poder ayudarnos tanto a nosotros como a los otros. Y también vale en sentido contrario: no podemos acabar con nuestras guerras privadas mientras no cambiemos las estructuras del continuum. No hay ninguna liberación propia sin liberación política. Necesitamos un nuevo plan para nuestras propias vidas; necesitamos un nuevo plan también para todas las poblaciones de nuestro planeta.

El incendio de rápida propagación de las ansias de aniquilación y la sustancia destruida de los seres humanos

Kosovo: esto es sólo un fragmento de una cadena de erupciones colectivas, que cada vez se suceden unas a otras con más rapidez. Tras Kosovo vinieron Timor oriental y Chechenia, después se rearman de nuevo Irán e Irák el uno contra el otro, y ya no se informa casi sobre las crueles guerras civiles en África: Congo, Kenia, Ruanda, Sierra Leona, etc. Tras estas guerras hay mayoritariamente intereses enormes de tipo económico y político, pero la manera en que se llevan a cabo las masacres da testimonio no ya de estrategia política, sino del incendio de rápida propagación que son las ansias de aniquilación. Al mismo tiempo, las partes participantes pierden cada vez más la vista de conjunto. ¿Por qué no entró en acción la OTAN durante mucho tiempo en la primera guerra de Yugoslavia? ¿Por qué sí intervino en la guerra de Kosovo, pero principalmente lo hizo contra la población civil, después de que la infalible precisión de la técnica armamentística americana se hubiera demostrado en la segunda Guerra del Golfo contra Irán tan imponentemente en todos los programas de televisión? Aquí domina de forma evidente la turbulencia, algo se ha descontrolado globalmente, la violencia se ha independizado. El desastre causado en Kosovo por los serbios, el daño que causan los jóvenes soldados rusos en Chechenia, el daño que causan los fundamentalistas islámicos en Argelia o Afganistán no tienen ya mucho que ver con reflexiones políticas racionales. Es la propia sustancia destruida de los seres humanos, la que en la actualidad queda fuera de control. La misma masacre que ha tenido lugar entre albanos y serbios, podría también tener lugar entre otros grupos de étnicos cualquiera, por ejemplo entre prusianos y bávaros, si se diera una ocasión apropiada y no estuvieran unidos por el mismo orden estatal. Detrás de la fachada arde la violencia. El nuevo radicalismo de derechas en Alemania encarna lo que latentemente se haya en todos nosotros: un grito no articulado, y sin embargo profundamente comprensible, de venganza, ira y odio. La indignación de los demócratas contra los de derechas no servirá de nada, en tanto que la misma sociedad "democrática" cree las causas para los estallidos de violencia.

Kosovo: el resultado de una civilización mundial falsa

Kosovo: ya no se trata sólo de la violencia de los individuos o de los gobiernos. Es la violencia de una civilización humana falsa que se extiende en el presente por toda la tierra. La violencia estalla en todos los sitios en los que la fina capa de la civilización ya no es suficiente para impedir la erupción. También estallará en los países occidentales, que intentarán protegerse por medio de la creación de la violencia totalitaria. La fase democrática de nuestras sociedades estaría entonces muy cerca de su final. Las posibilidades tecnológicas del control total están preparadas. Cada metro cuadrado puede ser atendido por cámaras vía satélite. Vivimos en la época de una globalización real de la violencia. Nuestro horror por la matanza de judíos por parte de los nazis, por la intervención de los americanos contra el Vietnam, por la represión de la CIA y la junta militar de la revolución chilena en septiembre de 1973, por la matanza china de los manifestantes de "la Plaza de la Paz Celestial" en Pequín y por la atrocidad de la primera guerra de Yugoslavia, era parecido al horror por Kosovo. Sólo era posible la evasión de la tortura cerrando los ojos. En Kosovo sin embargo llegó tan cerca el horror y lo indecible, que era difícil cerrar los ojos.

La globalización de la violencia no está unida en su origen con un sistema político determinado o una cultura o raza determinadas. Empezó hace 5000 años con la fundación de las civilizaciones masculinas y encontró su primer punto álgido en la victoria de Roma antes del cambio de era. Ya fue plantada en toda la especie humana desde el comienzo de las revoluciones patriarcales hace 7000 años en el neolítico. Es una consecuencia histórica y psíquica de la separación de las personas de sus orígenes. La violencia es la consecuencia de una separación original. Mucho antes de la aparición de las sociedades modernas, mucho antes de los tiempos del colonialismo y del imperialismo hubo rituales violentos, ablaciones crueles y reglamentos tribales violentos entre los pueblos primitivos, quienes tampoco vivían ya en la unidad original. Pero el que la violencia pudiera escalar en las proporciones actuales está conectado con la globalización de las estrategias económicas capitalistas, con la globalización de los mercados, con la globalización de la mentalidad asesina por la veneración de las armas y de la televisión. Son consorcios armamentísticos altamente organizados que producen napalm, gas venenoso y muchos otros productos mortíferos, y los distribuyen en todo el mundo. No nos debemos sorprender si también son usados, porque para ello fueron elaborados. ¿Qué hará Turquía con los 1000 tanques Leopardo, que probablemente pronto serán garantizados por nuestro actual gobierno de la SPD [partido político alemán]? Están haciendo intensivo su genocidio contra los kurdos. ¿Y qué hacen los electores del SPD que lo saben? Votan al SPD. Vivimos en una sociedad en la que el apoyo o la aplicación de la violencia, si ocurre desde el lado estatal, no causan ya desde hace tiempo ningún escándalo colectivo. Un ejemplo de ello es el modo en que el asesino de chechenios, Putin, es cortejado por los gobiernos occidentales y las asociaciones económicas.

Nosotros mismos somos copartícipes del continuo de la violencia en tanto colaboremos silenciosamente en un sistema económico que se basa en la explotación universal. **Kosovo puede ser parado cuando acabemos con una forma de existencia que esté unida a la violencia global.**

El infierno se acerca

El infierno se acerca imparablemente. La violencia ya no necesita más causas racionales para estallar en cualquier lugar. El umbral crítico está descendiendo en todas partes. Un único partido de fútbol podría desencadenar un incendio estepario de violencia. Cada guerra local que tiene lugar hoy en día, oculta latentemente el peligro de un incendio de rápida propagación extendiéndose sin que sea posible su control. Incendios rápidos potenciales especialmente peligrosos son por el momento Palestina, Irak y Cachemira. También Kosovo era peligroso para toda Europa y los europeos lo sabían. Todos teníamos un ligero sentimiento de miedo. La amenaza de Milósevic de dejar que se produjera en Europa una segunda guerra de Vietnam era correcta intuitivamente. En este tipo de guerra ya no hay ni vencedores ni vencidos, sólo hay pueblos destruidos, ciudades destruidas, paisajes destruidos, innumerables muertos, mutilados de modo horripilante y muchos niños huérfanos. ¿Sabe esto aún el Ministro de Asuntos Exteriores alemán Joschka Fischer, que también en el pasado se echó a la calle a protestar contra la injusticia? ¿Saben esto también los delincuentes de oficina que aún hoy afirman que la guerra forma parte de la vida? ¡Ojalá puedan repetir sus afirmaciones, cuando estén delante de la pila de niños abrasados que actualmente se encuentra en todos los campos de batalla de la tierra!

Kosovo y todo lo que aún está por venir: ya no hay soluciones militares, a la larga tampoco habrá soluciones diplomáticas o políticas porque la violencia estallará de nuevo. Durante una larga época hemos transmitido la información de la violencia y del miedo a todo el mundo, ahora necesitamos un nuevo plan de vida por medio del cual recibamos la fuerza y la sabiduría para enviar al éter del universo una información completa de la paz y construir la red correspondiente en la tierra. Ya no tiene sentido manifestarse contra el poder establecido con palomas de la paz y palabras pacifistas. El tiempo de las "Ostermärsche" [manifestaciones por la paz realizadas en Semana Santa] ha pasado. Tampoco tiene sentido ya responder con violencia a la violencia. También ha pasado el tiempo de la revolución violenta. Tampoco tiene sentido para la mayoría de la gente el salirse del sistema de un día para otro en tanto no exista ninguna perspectiva sólida. La consecuencia correcta consiste en prepararse para esa salida y ayudar donde se esté organizando una alternativa verdadera. Hoy en día disponemos de la sabiduría y del Know-how para una alternativa global y espero saber describir bien en este libro las ideas fundamentales y los objetivos para esta tarea. Necesitamos sitios reales en la tierra en los que personas comprometidas aprendan un pensamiento planetario nuevo, en donde entren en cooperación con la naturaleza y todas las criaturas, en donde nuestros hijos e hijas se den cuenta de lo que ocurre en la tierra y en donde tengan la posibilidad de poner la profesión de su elección no al servicio de la ruina global, sino al servicio de la paz global.

Yo también llevo una guerra de Yugoslavia en mí

Querría continuar y profundizar aún un poco con las reflexiones sobre el tema de este capítulo bajo otros puntos de vista. El médico y trabajador por la paz español José Luís Monteagudo escribió un manuscrito no publicado sobre la intervención de la OTAN en la guerra de Kosovo que llevaba el título "También llevo dentro una guerra de Yugoslavia". Hay una conexión tan bien hecha entre conocimientos personales y políticos que querría citar algunos pasajes sin comentarios

Leo la prensa, escucho la radio y recojo los pensamientos de mucha gente experta e inexperta sobre esta guerra más cercana a nosotros que otras y más cara y sofisticada que ninguna. (...) Veo un escenario bélico y me pregunto ¿tengo yo algo que ver con todo esto? ¿De alguna forma mi vida y decisiones cotidianas colaboran en el mantenimiento de las guerras?

(...) Si quiero encontrar la verdad de estas cuestiones solo tengo que permitir el paso de la luz de mi consciencia en oscuros rincones de mi mente. Algunos de ellos son de más fácil acceso: veo con claridad el pueblo serbio y albano-kosovar que hay en mí, víctimas declaradas de esta guerra. Pero pensar que existe una parte mía tan canalla como los grupos paramilitares, tan tirana como Milósevic o incluso un general de la OTAN, eso sí que me resulta difícil. Hay rincones de mi alma cerrados con candado y con guardias de seguridad en la puerta las 24 horas del día. ¿Son inaccesibles?

(...) No me gusta sentirme militar pues hace muchos años que me declaré objetor de conciencia. No quiero empuñar un arma ni alentar a que otros lo hagan. Pero... la verdad es que siempre me han gustado las películas de guerra en las que sus héroes mataban a todo dios por una causa justa. ¿Hay alguna causa justa que justifique matar a un ser humano? Aunque no me lo parezca sé que dentro de mí hay una parte que dice que sí. Hay situaciones en las que está justificada la violencia; incluso la sangre y los cadáveres están justificados por motivos humanitarios.

(...) Continúo explorando mis rincones mentales, aquellos en los que la escoba no suele detenerse. Pienso ahora en Milósevic pero... eso sí que no, me resisto a pensar que ese personaje habita en mí cotidianamente. En cualquier caso, quizás no sea tan malo el malo, quizás tenga sus razones, al menos podría escucharle... Pero, no. Algo se resiste en mí. No me da la gana pensar que también yo soy Milósevic. Podría aceptarlo como una figura teórica, un recurso estilístico atrevido, pero sentir, SENTIR al tirano dentro de mí y observar cómo actúa, qué injusticias y desmanes comete en la vida

cotidiana, eso me parece demasiado. Decididamente hay rincones de mi alma que quieren seguir cerrados. Pido coraje al Amor y escucho chirriar los goznes de algunas pesadas puertas...

Tomo un retrato del tirano que aparece en la prensa. Algo en mí se resiste a mirarle fijamente. Lo enjuicio demasiado. Veo la imagen de un hombre soberbio, egoísta, cínico, inflexible... ¡Vaya! Si todo esto se supone que es una parte de mí, creo que voy a dejar este juego; no me gusta nada el aspecto que está tomando la cosa... Respiro y sigo mirándole. Trato de relajar la mirada... Comienzo a ver algo diferente. Veo la tristeza profunda que reflejan sus ojos, veo el rostro ensombrecido de alguien que sufre... "Sí, pero no lo vayas a confundir con una víctima; se trata del culpable, recuerda..." Paso por alto esa voz estridente que suena en mi cabeza y continuo observando esa mirada triste. Ahora sólo quiero ver a un ser humano, como si no supiera nada de él. Sólo quiero comprender, casi me da vergüenza decirlo, a mi hermano Milósevic.

(...) Me llegan a la memoria datos de su biografía: siendo joven sus padres se suicidaron. ¡Dios! Lo había olvidado: nadie que no se siente agredido es capaz de agredir a otro. Solo puede cometer barbaridades alguien desesperado. Sí, ahora puedo ver la mirada de un jovencito masacrado por ese suicidio. Su padre y su madre se quitaron la vida... Trato de imaginarme la infancia de un muchacho con unos padres tan enfermos... Sí, debió ser un niño mal nacido, un niño mal engendrado y probablemente mal gestado. Una criatura desamparada, abocada al desastre...

¿Existe tanta diferencia entre una bofetada o una cuchillada? ¿No están alimentadas por la misma siniestra sombra? ¿Y hay diferencia entre una bofetada física o la herida que produce la palabra salida de una lengua afilada? Esas heridas del alma tardan muchísimo más en cicatrizar que las que recibe el cuerpo. Llevan un denso veneno destilado en sombrías estancias de la mente. ¿Hay alguna diferencia entre ponerlo en palabras o dejarlo larvado en el mundo de los pensamientos? Y ¿realmente en esto importa demasiado que el proceso sea consciente o inconsciente? ¿Hay alguien que realmente crea estar liberado de esos venenos? Sí, decididamente proclamo: yo también llevo dentro un criminal de guerra. Lo asumo por el bien de todos. No quiero que siga haciendo de las suyas y yo sea el último en enterarme.

(...) Hagamos un breve repaso de la situación mundial: antes de comenzar la guerra, en Kosovo habían unos centenares de muertos y pocos miles de *refugiados (la intervención "humanitaria" ha provocado casi un millón de refugiados y miles de muertos) ¿Por qué la OTAN no ha actuado en la zona de los Grandes Lagos de África en los que han muerto en 5 años un millón y medio de inocentes y ha habido cientos de miles de refugiados y donde aún hoy día son asesinados decenas de miles de personas cada mes? Pues sencillamente porque los gobernantes que impulsan esas matanzas están dispuestos a comprar el silencio del sheriff con su abundante petróleo, uranio, diamantes, etc.*

¿Y por qué la OTAN no actúa en el Kurdistán donde más de un millón de kurdos han tenido que huir perseguidos por el ejército turco y miles son torturados en las cárceles? Porque Turquía pertenece a la mismísima OTAN y es uno de los principales clientes de armas de EE.UU. ¿Por qué la OTAN no ha actuado en el conflicto árabe-israelí en el que el gobierno de Israel ha convertido en refugiados a más de 3 millones de palestinos, más de cien mil sirios y más de cien mil libaneses, practicando la destrucción sistemática de casas y pueblos árabes, la confiscación de tierras y el corte del suministro de agua con la violación sistemática de decenas de resoluciones de Naciones Unidas? Hay una simple razón: el lobby judío en EE.UU. maneja una parte importante del poder político y del capital mundial. ¿Por qué no se ha intervenido en Indonesia ante una brutal represión, o en Sudán donde han muerto en los últimos quince años más de un millón de inocentes, o en Argelia con 80.000 muertos o en tantos y tantos lugares más? No se actúa porque no interesa. Pero, eso sí, se masacra Yugoslavia con misiles "inteligentes" que han asesinado a más de 1.200 personas de las cuales casi 400 son niños y se han herido gravemente a unas 5.000. Se les ha bombardeado en sus casas, en sus viajes en tren, en los hospitales, en las emisoras de radio y televisión, en las embajadas y en las cárceles. Y por si fuera poco, se está dejando a la población civil sin luz, sin agua y sin pan.

A todo esto, el ejército serbio apenas ha recibido daños importantes y desde luego serán los últimos en quedarse sin agua o sin pan. Por razones humanitarias se hace sufrir a la población civil y se cometen errores calificados de "efectos colaterales" (...)

Entonces con todos estos datos en la mano me pregunto ¿cuál es el verdadero motivo del ataque a Yugoslavia? Supuestamente se intentó negociar la paz en Rambouillet y el gobierno serbio se negó a cualquier acuerdo. (...) Lo de Rambouillet fue un dictado cuyos términos contradecían el artículo 42 de la Convención de Viena que dice que, "un acuerdo cuya firma ha sido obtenida mediante amenaza de utilizar la fuerza, es ilegal e inválido". Los serbios no firmaron, comenzó el bombardeo y, como ocurre siempre, la primera víctima de la guerra fue la verdad sobre ella.

¿Por qué, entonces, no se negoció realmente una salida diplomática? Porque no interesaba; lo que interesaba realmente a la globalización capitalista dirigida por el poder económico que gobierna indirecta y astutamente en Estados Unidos es una guerra en Europa.

(...) El panorama es alarmante. Nunca hemos sido tan conscientes y solidarios pero, al mismo tiempo, nunca hemos sido manipulados tan eficazmente. La verdad brilla por su ausencia y la mentira se enseñorea del planeta. Por fin he encontrado al causante de tanto dolor: ese poderoso anónimo que da órdenes que hacen sufrir a millones de seres todos los días. Ya he encontrado al culpable; creo que sintonizo con él y escucho sus palabras: "Bravo, José Luís, por fin me has encontrado. Eres uno de esos listos que a fuerza de buscarme me encuentran. Sí, yo soy uno de esos poderosos egocéntricos que controla los movimientos de las mentes y los cuerpos de la gente de la tierra. Desgraciadamente no soy el único, pero tal vez algún día lo consiga. En este mundo lo único que tiene sentido es el poder y para obtener el poder sólo se requiere una condición: no tener ningún tipo de escrúpulos, fijarse unos objetivos y trabajar por ellos, caiga quien caiga. Las reglas morales están pensadas para los débiles. Yo mismo aliento esas reglas, pero no seas ingenuo ¿cómo iba yo a acatar unos preceptos inventados en nombre de un espíritu o de un amor inexistentes? ¿Crees que yo soy el verdadero problema a eliminar para que reine la paz en la Tierra? ¿Cuántos crees que si estuvieran en mi lugar harían lo mismo que yo? Yo te lo digo: son legiones. ¿Cuántos crees que desean ocupar mi puesto? Millones y millones.

(...) Por fin me he dado cuenta: no hay nadie en este mundo que no crea tener razón y creo que la vida de cada uno expresa, a su modo, un aspecto de la enseñanza integral. Todos los caminos son formas válidas de explorar los numerosísimos errores de los que es capaz el alma humana. Y cada uno de esos errores es un hueco que se rellena para que el agua del río de la vida siga fluyendo eternamente.

Sé que cada error que cometo se convierte en un peldaño de la escalera que me lleva a Dios. Pero también sé que para que el error se transforme en peldaño tengo que asumirlo, comprenderlo y transcenderlo. Reconozco que en mí también hay un secreto manipulador de todas mis buenas intenciones que nunca sacia su apetito. Reconozco también en mí todas las dudas que me plantea mi hermano oscuro: yo también he dudado de Dios, del espíritu, de la generosidad humana, de la realidad del amor y hasta de la existencia de mí mismo.

(...) Necesito encontrar un verdadero punto de referencia en este embrollo de la guerra y de la paz, pues nada ni nadie me parece auténtico, yo tampoco, por supuesto. Entonces vuelvo a observar los comunicados sobre esta guerra. No creo que haya nadie en todo esto que pueda ser un punto de partida... y de llegada. Busco... De repente encuentro en las declaraciones de algunos personajes un dato interesante: con unos pocos días de diferencia un ex general de la OTAN y el exvicepresidente serbio Draskovic mencionan una palabra que para mí tiene sentido: Jesucristo. Ambos la utilizan para avalar sus posiciones contrarias.

(...) Me pregunto cómo actuaría en esta guerra ese alma grande que saludaba a todas las almas deseándoles la paz. De hecho él también vivió en un tiempo de crueles guerras y enseñó con su ejemplo la actitud a tomar ante todo conflicto.

(...) ¿Es posible que también en mi interior exista un Jesucristo? Desde luego que sí, yo soy un Cristo en potencia tal como lo es todo el mundo. Ese Cristo es nuestra verdadera identidad detrás de todas las apariencias. El día en que todos manifestemos el Cristo que eso que llamamos Dios creó en nosotros se terminarán todas las guerras de este mundo y la paz nos acompañará eternamente. Y es entonces cuando comenzará la verdadera historia de la humanidad, una historia llena de amor, sorpresas y aventuras, una historia creativa y apasionante. Pero para que el Cristo se manifieste hay que vaciar el saco y sacar a la luz el Milósevic, el paramilitar, el poder en la sombra, la OTAN y la víctima; sólo entonces dejaremos paso a la verdad y ésta reinará para siempre tal como todos merecemos.

¡Parad la locura de la normalidad!

(Poesía de una mujer joven tras una visita a sus padres y parientes)

Hablan de paz
y compran bananas de la finca en la que se golpeaba a los campesinos.
Me odian si digo algo sobre esto.
Hablan de paz
y beben café que tienen que recoger manos esclavas.
Hablan de salud
y usan una medicina que disecciona a los animales de laboratorio
Hablan de belleza
y matan la belleza de la vida salvaje, sagrada.
Casi matan la mía.

Hablan de amor
e ignoran la sangre que se vierte para su consumo.
Hablan de tolerancia
y juzgan a los que no juegan a sus juegos.
Hablan de humanidad
y juegan al juego mortal
Que llaman "cultura" o "decencia" o "moral".
Hablan de justicia
y no ven ya la injusticia que clama al cielo en las tiendas, calles y
fábricas, en iglesias, juzgados, en periódicos y televisiones y en el tercer
mundo que tiene que pagar para su bienestar.

Dan sermones en congresos
y ya no reaccionan a la miseria delante de la puerta de su hogar.
Ya no reaccionan a las cámaras de tortura de la tierra.
No saben lo que querer decir morir en el fuego.
Ya no necesitan hacer duelo porque han dejado de amar.
Nos preguntan al llegar a casa
si tenemos el seguro de enfermedad correcto
y piensan previsoramente en nuestra renta.

¿Puede desaparecer la maldad de la tierra?

Vinieron por la mañana con sus aviones de combate
y echaron napalm e los pueblos dormidos,
entonces se dieron la vuelta,
para aniquilar a los fugitivos de los poblados.
Uno afirmaba que era mejor que el sexo,
mejor que todo antes y después en su vida.

Donna Leon en "Latin lover"

¿Qué hemos hecho,
para que estos hombres jóvenes ya no tengan ningún umbral de inhibición?

Ruth Pfau

De la historia no es legible un Dios humanitario, decía Friedrich Nietsche. Apenas lo podemos contradecir. Pero ¿a qué historia se refiere? ¿Qué nos autoriza a denominar como "la historia" por antonomasia a la historia de los últimos cinco mil años? No era toda la historia, sino la historia del patriarcado. Visto en conjunto era un pequeño fragmento de la historia total de los seres humanos. Mucho tiempo antes de nuestro cálculo del tiempo histórico había culturas muy desarrolladas que tenían una sabiduría cósmica más elevada y una unión con la creación completamente distinta a la actual. Hallazgos prehistóricos enigmáticos, arqueología espiritual y algunos comienzos en la escritura de la historia por mujeres (Sabine Lichtenfels, Marija Gimbutas, Riane Eisler y Eluan Ghazal entre otras) dan como resultado otra imagen sobre el origen, la estructura y la sucesión de la historia humana, sobre otras maneras de formar una comunidad humana y otras posibilidades de usar la tecnología humana. Las armas y los equipos de defensa eran desconocidos. Una de estas últimas civilizaciones vivía hace aproximadamente seis mil años en la isla de Malta y construyó allí los templos enigmáticos cuyas ruinas aún se pueden ver (ver capítulo 3, Tomo I, párrafo tercero). El Mal no estaba allí desde el principio.

Renuncio a definir el Mal. Cuando veo que se bombardea en Chechenia a la población civil y se les echa granadas de mano hasta en las más recónditas cuevas-sótano en las que pudiera vivir algún enfermo o anciano, ya no necesito más definiciones de maldad. A veces la filosofía es un método de distracción. Cuando veo que la misma persona que ha sido la causa de todo esto, Vladimir Putin, es cortejado por nuestros políticos occidentales, siento tal rabia que tengo que reunir todas mis fuerzas para conservar la razón. Esta razón me dice justo en este lugar: ¡stop! Trabajas para la paz. Eres una parte del continuum del que también forma parte Putin. No te dejes llevar por la rabia. Te encuentras aquí en uno de los puntos de Arquímedes del conjunto de las conexiones del destino. Si sigues a la ira te acercas a los pensamientos que alimentan al Mal en vez de liquidarla. Porque esta maldad (disculpa), también está dentro de ti, dentro de todos nosotros. En todos nosotros se halla un trozo de esta rabia, que indujo a Putin, quizá ya en sus años infantiles, a cultivar su fría voluntad de exterminio. Quizá tenga Alice Miller razón cuando en su análisis de la vida del delincuente señala su infancia desesperada. Hay situaciones, en las que uno está tan profundamente herido que sólo nos queda una cosa: el juramento de la venganza. De lo contrario no podrías vivir, no tendrías más energía, no podrías arreglártelas con lo que pasó. Estas situaciones acontecen a menudo en la infancia y también a menudo en el amor. Esto es el drama de todo nuestro mundo actual. Si el pequeño Vladimir se hubiera podido extender en los cálidos brazos de una gran mamá, y esta mamá se hubiera extender en la alegría de la vida y en el amor, no habría existido ningún Putin.

Yo mismo he llegado una y otra vez a momentos de rabia que casi me robaron el sentido. Los asuntos que en conexión con la campaña de las sectas se emprendieron contra nosotros (ver capítulo 6, Tomo I), me sacaron de tal manera de quicio que tuve que luchar contra verdaderos impulsos asesinos. La mayoría de nosotros conoce probablemente ese sentimiento de furia que nos hace impotentes, locos o desesperados mientras no podemos dirigirlo a una vía energética razonable. A veces cuando es demasiado fuerte aparece una nueva cualidad en nosotros: la llamada "rabia fría", que nos transporta de repente a un estado de fuerza poco acostumbrado. Es más fuerte que cualquier miedo. Es agradable, llevar a cabo una acción o encontrarte con un superior en ese estado. En este estado uno es inatacable, pero ¿es la solución? ¿Es Putin, que tanto ha cultivado la rabia fría, una solución? Yo he experimentado en el corto periodo de la revolución estudiantil, situaciones en las que la rabia era más fuerte que cualquier miedo y en las que se retrocedía ante mí porque ya no tenía miedo. La pregunta para los revolucionarios de la paz es: ¿qué hacemos con esa rabia? No debemos reprimirla porque si no, nos consume y nos devora. No la podemos perseguir porque si no, creamos otro eslabón en la cadena del miedo y la violencia. Tampoco lo podemos anestesiar, si no, nos mentimos a nosotros y a otros. En nuestra rabia se oculta un potencial inmenso de fuerza. Ese potencial no debemos desperdiciarlo a la ligera. Ahora tenemos que examinarlo como si fuéramos un buen jugador de ajedrez, pensar cómo y dónde debemos emplearla o transformarla en una energía de más poder.

Para decirlo de antemano: las fuerzas que tenemos que liberar para la construcción de la fuerza de paz global, se encuentran justo en los ámbitos en los que hemos ocasionado más daños: en el ámbito de la rabia y en el ámbito de la sexualidad. El trabajo de paz profundo, que no es sólo de boquilla, tiene que ver con esos dos ámbitos, porque impregnan nuestra vida consciente o inconscientemente. Aquí se hallan las reservas de fuerza que tenemos que descubrir, liberar e integrar en nosotros mismos, para volvernos lo suficientemente poderosos para la construcción de una tierra libre. Justo por eso ya no podemos obedecer a nuestras emociones en esos dos ámbitos, tampoco a cualquier prejuicio moral o religioso, sino a una nueva voz más humana, más inteligente y más profunda que empezaremos a oír cuando hayamos aprendido a mantenernos quietos durante periodos de tiempo largos y a sintonizarnos en otra frecuencia; ya no tomamos parte sólo en el ping pon de la acción y la reacción; somos seres cósmicos y tenemos la posibilidad de "parar el diálogo interior" (don Juan de Castaneda) y desde un nivel más alto tener una vista de conjunto, dominar la situación en su conjunto. Para nuestro manejo de las energías de la rabia y de la sexualidad tenemos que encontrar conceptos totalmente nuevos. Conceptos que nos capaciten a acoger en nosotros mismos las fuerzas hasta el momento paralizadas sin ser destructivos. Nos encontramos aquí, en el ámbito de la rabia, tanto como en el ámbito de la sexualidad en uno de esos puntos de bifurcación más profundos (bifurcaciones de caminos) en los cuales podría decidirse el próximo devenir de nuestra evolución. Aquí se hayan los puntos en los que giros pequeños, ejemplarizantes podrían cambiar el mundo. Aquí se haya también manifiestamente la mayor dificultad, porque la rabia y el sexo causan estragos en nosotros como las fuerzas de la naturaleza en un océano que hoy esté quizá tranquilo y pasado mañana rompe todos los diques. **Ese océano somos nosotros.**

En muchos trances durante la regresión (a vidas pasadas) pude observar cómo se origina el Mal en la biografía *kármica* de una persona, es decir en la sucesión de residencias en el espacio encarnado y no encarnado, cómo se forma y cómo se puede eliminar (véase la historia de un sacerdote en el capítulo 4, Tomo I). El Mal aparece en el desarrollo individual de una persona como consecuencia de experiencias traumáticas que ya no pueden ser asimiladas razonablemente. A menudo han ocurrido en el ámbito sexual o religioso. La maldad es a veces la consecuencia de un largo pero fracasado esfuerzo por lograr una vida santa: la consecuencia de una enorme frustración en la que al principio secretamente, pero luego de modo totalmente abierto se formó una repugnancia indecible contra todo lo que antes consideraba "bueno", y un odio sincero contra todos los dichos de la humanidad. El malo de verdad ya no **quiere** ser bueno. Ya no lo podría soportar energéticamente. Ser malvado no es un estado de ser primigenio, sino que en la mayoría de los casos es una reacción a lo vivido. La vida misma se vuelve mala cuando se la maltrata durante un largo periodo de tiempo. Muchas personas con las que ahora trabajo amistosamente tuvieron reencarnaciones pasadas como personas violentas. Se pusieron del lado de la maldad y cometieron actos horripilantes. Algunos de ellos eligieron una reencarnación como víctimas y experimentaron la otra cara de la moneda de sus propias decisiones. Entonces tomaron nuevas decisiones y se encontraron de esa manera en el círculo de los trabajadores comprometidos por la paz.

Las crueldades de la historia han tenido el efecto de que ciertas partes de nuestro cerebro no parezcan funcionar correctamente. De la misma manera que el cerebro humano se acercaba analíticamente a los asuntos de orden físico, se enfrenta hoy en día de modo poco analítico y naif a las cuestiones relativas a la humanidad. La maldad ha alcanzado una independencia tal que, sin pensar en sus causas, se toma por una parte de la vida o incluso del orden divino. La maldad ha conseguido mantener un derecho civil incontestado sobre la tierra. Cuando en la larga lucha entre la bondad y la maldad sobre la tierra se ha conseguido una victoria, ésta se hallaba del lado del Mal. Miremos la tierra actual. En el Tercer Mundo muy pocas familias de campesinos tienen su propia tierra, muy pocos pueblos indígenas viven aún en una naturaleza inalterada. Muy pocas poblaciones de animales o personas viven aún en libertad. La teoría del imperialismo, que fue una vez el fundamento en la lucha contra el imperialismo, no es para los camaradas de entonces ni una pizca más interesante que un informe de bolsa. La mayoría de ellos sacan desde hace tiempo provecho de aquellas circunstancias contra las que se echaron a la calle en el pasado. Es inconcebible en qué medida pudo ser interceptada la revolución de los años sesenta y ser convertida en lo contrario.

Muchos contemporáneos se han acomodado tanto con el Mal que afirman con caras serias, casi sabias, que forma parte de la vida, de la misma manera que el sufrimiento, la muerte o la guerra. ¿Qué argumentos tienen? El primer argumento es: "siempre fue así". El segundo, que suena dialéctico:" no podría haber bondad si no hubiera también maldad". El tercero dice así:" La guerra es el padre de todas las cosas", y es de Heráclito (que sin embargo se encuentra en otro contexto). Los tres argumentos son tontos, pero no es sólo eso. Realmente siempre fue así si repasa la historia de los últimos siglos. Cojan un diccionario de historia y abran cualquier página. Uno se pone enfermo si no sólo lee, sino que se imagina lo que esto realmente significaba. Ya hace tiempo que me quité la costumbre de leer libros de historia. No es nada divertido regalarse una y otra vez con esa repetición hasta el infinito de conquista, subyugación, mutilación, intriga, venganza, genocidio y sadismo sin límites. Entiendo muy bien desde qué posición escribió Ulrich Horstmann su libro "Das Untier" ("El Monstruo") y que no quieran creer en ninguna humanidad. Incluyo su magnífico libro en la lista literaria aún cuando tenga otra opinión. Lo que viene en nuestros periódicos, también podría venir en los antiguos relatos de Roma, Alejandría y Antioquia. En el desarrollo histórico de los últimos dos mil años no hay ninguna tendencia visible de mejoría, el Mal parece ser una constante natural de la humanidad. Con esta constatación sobra cualquier compromiso más serio por la paz, incluso por la paz mundial.

Hay declaraciones en la cuestión del Mal que parecen más profundas, sobre todo de los ámbitos del esoterismo y de psicología trascendental, que con referencia a las experiencias holotrópicas (Stanislav Graf) dicen que el Mal representa una energía propia, razonable e incluso necesaria en el proyecto de construcción del universo. En realidad cuando una persona está en estado holotrópico, por ejemplo bajo la influencia de drogas, puede llegar a caer en estados de pánico, de los cuales no se puede liberar por voluntad propia. En este caso el Mal parece que posee una objetividad contra la que se es impotente. Pero justo aquí es dónde se halla el error. Estas apariencias no son objetivas, sino que son proyecciones del alma que proceden de un miedo interior profundo. El miedo entra transmitido por las drogas. En resonancia con el universo y lo transforma en una imagen amenazadora. Si ese miedo no existiera, tampoco existirían esas imágenes de horror. Si además creemos en las proyecciones y las tomamos por verdaderas porque no hemos aprendido a diferenciar entre proyección y realidad, entonces entramos en resonancia con las imágenes. Y después, una vez que hemos establecido esa resonancia, la situación se vuelve peligrosa, perdemos el control. Ese mecanismo es una de las razones de la peligrosidad de las drogas psicodélicas fuertes. Pero no son una prueba de la existencia cósmica del Mal, sino solamente de nuestra incapacidad de diferenciar también en las zonas más profundas de nuestra conciencia entre proyección y realidad. En cuanto aprendemos a no identificarnos con las imágenes de horror, pasan de largo ante nosotros y vuelven a desaparecer. Entonces le siguen otros escenarios con una influencia luminosa cada vez más marcada. Cuando el miedo en nuestro interior desaparece completamente, empieza ese estado más profundo, que llaman "Iluminación" o "experiencia trascendental". Es un estado inequívoco de realidad más concreta y más elevada. Puede ser alcanzado también sin drogas. En un estado de iluminación no ha ocurrido nunca algo malo. Donde se libera la fuerza de la vida y de la luz sin prohibición ni resistencia no se produce el Mal, sino bienaventuranza y manifestación feliz de la vida. Sólo donde están bloqueadas por resistencia interior y exterior, se produce estrechez y aquella violenta colisión interior que se experimenta siempre como miedo, locura, infierno y fuerza demoníaca. El infierno es el bloqueo de las fuerzas más elementales de la vida, el cielo es la liberación de las fuerzas más elementales de la vida. La vieja lucha del persa Zarathustra, la lucha entre las dos fuerzas universales del Bien y del Mal, Ormuzd y Ahriman, no es una ley elemental de la creación, sino el resultado de un proceso histórico en el cual la persona empezó a actuar contra su propia fuente de vida.

A los partidarios del esoterismo moderno les gusta aludir al suizo y representante de la psicología profunda Carl Gustav Jung, quien realmente consideraba en su doctrina de los arquetipos al arquetipo del Mal como una especie de constante natural del alma humana. Disponía de un material cuya extensión es poco usual en los ámbitos de la mitología, etnología y del simbolismo de los sueños. En todas partes encontramos símbolos, imágenes y acciones del Mal, sin ninguna duda. Pero contemplemos el lapso de tiempo que abarca este material. La mayoría de los mitos no tienen más de tres mil años de antigüedad. Proceden claramente de un periodo de tiempo posterior a las revoluciones patriarcales, es decir tras el "pecado original" histórico. En un lapso de tiempo tan corto no se pueden derivar ninguna declaración sobre las constantes naturales del alma y estructuras atemporales. Todas las llamadas constantes naturales y "leyes eternas", incluso las físicas, sólo son válidas para un periodo de tiempo concreto, en el que las condiciones son tan equilibradas y estables que se pueden ignorar las divergencias. Si predominaran otras condiciones completamente distintas, sean estas de tipo humano o físico, las desviaciones serían tan graves, que nadie hablaría de "constantes". Este tema demuestra una debilidad básica presente en la mayoría de los diagnósticos científicos: padecen de una evidente falta de historicidad. La materia prima de la que C.G.Jung formaba sus arquetipos, es histórica y por ello no es válida para toda la eternidad.

En la actualidad hay, en esencia, dos reacciones a las crueldades e infamias del mundo: venganza o indiferencia. La venganza entre los que se vieron afectados directamente y vieron el espanto con sus propios ojos. La indiferencia entre los que aún no se han visto afectados y no se quieren comprometer de ninguna manera. Sus argumentos están al servicio de la represión y no del conocimiento. Con tales argumentos se paralizaron ellos mismos, cuando en su juventud quisieron protestar contra la falsedad del mundo. Frases como "la vida es así" o "donde hay luz, también hay oscuridad" o "ya os caeréis del burro" han sido siempre los pretextos de los adultos cansados al confrontarse con las preguntas penetrantes de sus hijos.

Llegamos a una cuestión obvia: ¿Existía también la maldad antes de las revoluciones patriarcales? No lo sabemos. Pero sabemos con alguna seguridad que en la época prehistórica hubo civilizaciones arcaicas en las que la maldad no existió de una manera conocida por nosotros. Podemos incluso suponer que aún en una civilización tan tardía como la cretense (antes de la incursión de los pueblos marineros alrededor del año 1700 a.C.), apenas existía. Hubo culturas de paz reales del más alto nivel, y aún hoy en día existen pueblos en los que están vivos restos de culturas de paz, en parte sólo en grupos muy pequeños: en Venezuela, en la selva tropical brasileña, entre los aborígenes australianos, entre los Todas y los Bishnoi de India, entre los Cheroki, los hopi, e incluso quizá entre algunos pueblos indígenas en el altiplano tibetano, en los Mares del Sur y en algunos lugares de la tierra. Dhyani Ywahoo, una india Cheroki, dio una descripción completa del mensaje de paz en su libro "Am Feuer der Weisheit" [Probablemente publicado como "Voces de nuestros ancestros: enseñanzas cheroki de la Sabiduría del Fuego" N. de la T.] que procede de tiempos inmemoriales de sus pueblos.

¿Dónde se esconde Mal? ¿Cómo se origina? Orígenes de Alejandría, uno de los Padres de la Iglesia, suponía que en la sexualidad y sacó la consecuencia heroica de castrarse con su propia mano. Plotino, el último gran filósofo gnóstico en el siglo III d.C., lo veía en la materia y se avergonzaba de tener un cuerpo. Lo mismo encontramos en Mani (también en el siglo tercero), y en los maniqueos hasta los cataros, que al principio del s. XIII fueron aniquilados en las llamadas cruzadas albigenses. También aquí encontramos una separación dualista entre espíritu y materia, asociando al espíritu el principio del Bien y a la materia el principio del Mal. Esa extraña asociación la encontramos en casi toda la literatura religiosa y esotérica de los últimos 3000 años. La materia entra aquí en la figura de carne humana que en sus "bajos instintos" impide la santidad de las personas. Así, a pesar de toda la distorsión, se nos señala el camino en el que se halla la raíz del Mal: en el cuerpo, en las fuerzas instintivas del cuerpo, en la sexualidad. Aquí se halla en verdad una raíz del Mal, en tanto que el ser humano no sea capaz de escuchar y entender la voz de su cuerpo de manera más positiva. La humanidad construyó en su época patriarcal un mundo espiritual que desde el principio contrastaba grandemente con las necesidades y las exigencias del cuerpo y de la sensualidad. El choque entre cuerpo y alma estaba programado con antelación. No estaba ni en la naturaleza de la creación ni en un sistema divino, sino en los intereses de poder de los sistemas patriarcales que tenía que ser separado de todo lo femenino, lo blando, lo corporal y lo sensual para dejar de ser impugnables y para producir súbditos manipulables. La lucha masculina contra la carne, lo femenino, la sexualidad, llegó tan lejos que los representantes de la Iglesia en la Edad Media pensaron seriamente en vencer al sexo femenino físicamente. Testimonio de ello nos lo da la Inquisición y el documento aparecido al final del siglo XV del "Martillo de las brujas" (ver capítulo 3, Tomo I).

Se tendría que haber comprendido la profundidad con que se han enraizado tales procesos históricos en la memoria del cuerpo humano, para comprender por qué aún hoy en casi todos los tratados morales se atribuye la maldad a la sexualidad con sus "bajos instintos". De modo complicado hay algo de verdad en ello. Mientras que la sexualidad sea reprimida porque es "sucia", mientras que la sexualidad tenga que ser desplazada, silenciada, disimulada, desarrollará en la conciencia humana fuerzas perversas y fantasías que después en algún momento salen a la luz como erupciones salvajes y prueban a los súbditos otra vez lo que siempre han sabido: que del sexo no puede venir nada nuevo. Wilhem Reich, el gran sexólogo e investigador del orgón dijo ya lo esencial sobre el tema; debería volver a ser sacado de las estanterías. El Mal no está en la sexualidad, sino en la represión. El causante del Mal no es la fuerza de los instintos, sino el ser humano mismo, que en nombre del poder, de la religión y de la supuesta moralidad reprimen esos impulsos.

(Veo además cómo algunos lectores menean la cabeza y piensan que en nuestro país disfrutan de una sexualidad libre. En verdad, la juventud actual tiene un despegue sexual más fácil que antes, pero ¿qué pasa después, cuando una relación se ha hecho fija? ¿Qué ocurre en el matrimonio? ¿En la profesión? ¿En la vida pública? La revolución sexual que empezó a final de los años sesenta no llegó muy lejos. Sus impulsos fueron como todo lo demás, integrados y comercializados. Nuestra situación sexual global la describí detalladamente en el libro "Der unerlöste Eros" [No existe aún traducción al español. Se podría traducir como: "Eros irredento"].

Algunos lectores y lectoras conocen seguramente la figura mitológica de Lilith, que se menciona también en el Antiguo Testamento. Supuestamente encarna el principio femenino de maldad. En realidad encarna el principio del salvajismo femenino y sexual que no se deja atrapar por las normas de la cultura masculina y la religión. Sabine Lichtenfels escribe a este respecto en su libro "Tempel der Liebe" [No existe aún traducción al español. Se podría traducir como: "Templo del amor"] lo siguiente: "Lilith era el aspecto de lo femenino que nunca se dejaba atrapar. Era la naturaleza femenina y salvaje que incluso a través de los siglos no podría ser domada. **Ese aspecto femenino es el que reinaba en el trasfondo, a pesar de todos los intentos de domarlo, y provocaba desgracia allí donde no se le concedía el derecho a vivir."**

Todas las fuerzas vitales que se reprimen se transforman en algún momento en fuerzas del Mal cuando no se liberan a tiempo. Incluso el amor más profundo se transforma en sentimientos de odio y de venganza cuando se le humilla durante mucho tiempo. Es una ley natural que el ser humano ha obedecido disciplinadamente.

Ya es hora de que nos liberemos de los cuentos del Mal que siguen relatándose de religión en religión; de cultura en cultura, de generación en generación. Los "bajos instintos" no son poderes del Mal, sino que son movimientos de expresión de fuerzas divinas en tanto se encuentren en el organismo corporal de una persona. Son, si las obedecemos con libertad, la oración y la celebración del cuerpo. El deseo sexual que puede actuar libremente, sin miedo ni represión, es una manifestación y evidencia de lo divino. El deseo es un principio de la creación. Pertenece a los asuntos más profundos de la creación que se unen en su órgano del deseo y funcionalidad (ver capítulo 1, Tomo II). Lo divino produce deseo cuando abarca el cuerpo por completo. A la diosa le gusta manifestarse como una cerda revolcándose. Y le gustaría poder manifestarse otra vez en el deseo de los sexos revolcándose. Le gusta tan libre, alegre y a menudo como sea posible.

En nuestros grupos hemos llevado a cabo trances profundos para experimentar más sobre la procedencia y la naturaleza del Mal y sobre las posibilidades del cambio. Actualmente llegamos al resultado siguiente en el resumen de todas las señales: el Mal es un producto de la división, producido por la división de las personas, de los órdenes, de la creación y del amor universal. El Mal no tiene ninguna sustancia propia, pero posee la característica de extenderse e imponerse muy rápidamente bajo las circunstancias de una sociedad enemiga de la vida. Nace entonces la imagen de una superioridad sin curación, como se ha descrito en todos los escritos históricos del patriarcado. El Mal tiende a materializarse muy rápidamente en la figura de la técnica armamentística de los sistemas de poder y las guerras, y sugiere con ello una existencia inevitable, como si formara parte de una sociedad sana. Sin embargo es en realidad dependiente de nuestras proyecciones y del prejuicio metafísico de que forma parte de la vida. Si pudiéramos quitarle al Mal todas las proyecciones, se volvería loco y se desmoronaría como un asesino cuya víctima de repente ya no muestra ningún miedo y ya no le dirige más proyecciones. El Mal sigue viviendo de la demonización y del ocultamiento ideológico. Se siente bien cuando es demonizado por la superstición oculta de las personas, y se ríe maliciosamente cuando se le conceden consagraciones metafísicas. Pero incluso el demonio más curado de espantos empieza a sudar cuando se encuentra con alguien que ve por donde va y que sale a su encuentro con alegría sincera. El infierno en la tierra tendría un fin si los seres humanos volvieran a retomar para sí mismos el poder que le han dado a las proyecciones del Mal. También tendrán el poder de construir el mundo en el que el Mal ya no tiene más ventajas de evolucionar y que por ello se apaga por sí mismo.

Aún quedan incógnitas. De hecho hay cosas en la creación que nos hacen reflexionar. ¿Para qué necesitaban los animales en la evolución sus herramientas asesinas y sus armas de defensa? ¿Por qué hay plantas de aspecto dulce con espinas duras como acero? ¿Por qué hay a veces ganchos en esas espinas? ¿Había ya aspectos del Mal en la evolución antes de los seres humanos? ¿Había ya aspectos del Mal antes de las revoluciones patriarcales? ¿Hay algo en la naturaleza que esté apuntando básicamente a la violencia? ¿A la violencia en el sentido de crueldad? Quizá aquí tendríamos que hacer el intento de determinar el ámbito de significado del concepto del Mal de manera más precisa. ¿Es la violencia ya el Mal? ¿Son los perros esteparios malos cuando, empezando por el abdomen, devoran a un ñu aún vivo? Algo se muestra contrario a denominar esto "malo". Quizá deberíamos hablar sólo del Mal cuando hay libertad de elección y se elige a pesar de la crueldad (o de la mentira etc.). Sólo el ser humano es sin embargo realmente capaz de ello. Pero sea como sea que definamos al Mal, debe desaparecer de la tierra en cuanto sea posible. "El miedo debe desaparecer de la tierra", dijo Michael Gorbatschow. Y nosotros tenemos que hacer todo lo posible para que también desaparezca el Mal. Si en algún momento hubiera existido un plan de creación divina, debemos hacer lo posible para que se corrija ese plan. En nuestro mundo holístico, nosotros siempre formamos parte de Dios, no por arrogancia, sino porque es así. Nosotros no estamos fuera de la creación, sino que somos uno de sus órganos conductores. Por ello depende de nosotros si el Mal va a seguir o si podemos esbozar un concepto más inteligente para la vida en la tierra.

El punto arquimédico

La búsqueda de una posición clave para el cambio.

¿Dónde está el tránsito de la matriz de la violencia a la matriz de la vida? ¿Dónde está el agujero por el que podemos pasar? ¿Dónde está el punto a partir de cuya transformación cambiamos toda la matriz?

La matriz de la violencia se ha impuesto históricamente. Hasta ahora todos los intentos de contraponerle algo de igual valor por el lado de la paz y de la curación han fracasado. Las revoluciones y los movimientos por la paz han fracasado, y también los que apoyaban las terapias. Han fracasado todos los intentos de mejorar al ser humano por la moral o la religión. ¿Tiene el ser humano un defecto cerebral? Temo que sí. Pero no uno fisiológico, sino uno mental. Vivimos evidentemente bajo el hechizo de una enfermedad mental histórica. Nuestra cuestión por ello es: ¿Hay un punto arquimédico desde el que podamos vencer nuestra enfermedad mental de modo efectivo y completo? Toda esa historia de masacres y toda la historia paralela de intentos de redención podrían girar esencialmente alrededor de unas pocas cuestiones básicas, que tendrían que ser resueltas para poder comenzar con una nueva historia. Quizá es lo que todos los grandes santos buscaban. También Karl Marx hizo esta pregunta. Él encontró el punto clave en la liberación de la propiedad privada y en la socialización de los medios de producción. Wilhelm Reich lo halló en la revolución sexual, Buda en el vacío interior. Seguramente todas las respuestas no eran completamente correctas o suficientes, pero giran alrededor de un tema del cual no podemos sustraernos. Actualmente sabemos, con la ayuda de los conocimientos de las matemáticas, de la holografía y de la investigación del caos, como se puede cambiar todo un sistema cuando cambio un parámetro en el mismo.

Cada vez puedo resistir menos el pensamiento de que debe haber una posibilidad elemental y sorprendente de liberación para los sufrimientos en la tierra y para la antigua matriz en nosotros mismos. Quizá tendríamos que divulgar una idea, una información, un factor que actúe de modo contagioso y que por auto reforzamiento de todo el desarrollo, diera una dirección completamente distinta. A un proceso semejante en la investigación del caos se le llama "bifurcación". ¿Hay un punto en la caja de cambios de la humanidad y en nosotros mismos desde el que se pudiera iniciar un desarrollo sin violencia para todos?

Arquímedes de Siracusa, el gran matemático y físico de la Grecia antigua, descubrió en el siglo III a. C. la ley de la palanca. Su pregunta fue: ¿Cómo puedo desarrollar desde un solo punto una fuerza ilimitada? En su entusiasmo por los descubrimientos sobre la palanca dijo aproximadamente: "Denme un punto de apoyo y moveré el mundo". Aquí se vislumbraba un principio técnico de multiplicación de la fuerza que hasta la actualidad nos ha guiado a resultados cada vez más fantásticos. De una fuerza inicial pequeña se origina por procesos físicos de multiplicación, iteración (reforzamiento) y resonancia, una gran fuerza final. Una vez estaba en la plataforma más elevada de una alta torre de vigilancia (34m) y empecé a hacer oscilar la barandilla. Tras pocos movimientos toda la torre tenía una vibración tal, que una fuerza cien veces mayor que mis brazos no habría podido ser capaz de parar. He visitado esa torre de vigilancia muchas veces y siempre he podido sorprenderme con el mismo fenómeno. ¿Qué o quién multiplica la fuerza? Es la resonancia con el número de vibraciones propias de la torre. La resonancia con el conjunto. Era misterioso, pero conducía a una pista interesante: "solo" se tiene que entrar en resonancia con un conjunto más amplio para multiplicar la fuerza propia. Esto es también válido para la ley de resonancia espiritual: "solo" se necesita entrar en resonancia con las fuerzas y frecuencias más elevadas del universo para recibir energías e información mucho mayores de lo que de otra manera sería posible.

Ese hecho de la experiencia es al que nos referimos cuando en vistas a la solución de las tareas que tenemos ante nosotros, decimos: "No por fuerza propia". Resonancia con el conjunto, esto se convirtió en una palabra clave para nuestro trabajo posterior. Le da al conjunto el impulso y el resto lo procurará por sí mismo. Ese conjunto puede ser el universo, puede ser la humanidad, puede ser la comunidad, puede ser también uno mismo: resonancia con mi forma más elevada y mi entelequia. Es la resonancia que da la fuerza al famoso germen de hierba para traspasar la capa de asfalto. La tecnología del futuro será una tecnología de la resonancia. Aquí se encuentra uno en la cercanía más inmediata a uno de los puntos más candentes. Cuando yo mismo por medio de una acción adecuada o de un pensamiento adecuado entro en resonancia con la Matriz Sagrada, entonces entro también en resonancia con el poder de esa matriz. Gano en fuerzas de asistente. En la resonancia se ponen de mi parte fuerzas de transformación y consiguen cosas que yo sólo no podría hacer. Es un tipo de ley natural espiritual en la que podemos confiar. También es válida para la respuesta de nuestra cuestión sobre la posición clave del posible cambio. Tengo que dar un buen empujón a todo el conjunto planteando la cuestión tan precisa e intensamente como sea posible. Entonces puedo ser un órgano de acogida para la respuesta que va a llegar. Pongámonos pues en el camino de la respuesta.

Si logramos disolver totalmente la cadena global de la violencia y el miedo en un sólo sitio, entonces esa nueva información de la disolución, permanecerá en toda la cadena. La cadena ya no será tan estable como antes. Ahora podrá romperse más fácilmente en otros sitios. También en otros sitios podrán emerger más fácilmente los impulsos de alegría, deseo y libertad sepultados, y producir nueva vida. Este es el "efecto de campo" de un solo proceso ejemplar, cuando hace realidad una posibilidad también existente en los otros eslabones de la cadena.

Cuando el círculo informativo de violencia y miedo se interrumpe en un sitio importante, no puede seguir fluyendo esa información de un modo tan fuerte y rectilíneo. Cuando en el sitio de la interrupción ocurre algo más que la mera interrupción, porque justo allí se introduce una nueva información, y cuando esa información es lo suficientemente poderosa, entonces todo el sistema puede tambalearse o incluso "volcarse". Intentemos entonces encontrar un sitio parecido e introducirle la correspondiente información.

A este propósito algunas advertencias preliminares. Debemos regresar todo el tiempo a la imagen holística del mundo, para reconocer nuestro emplazamiento en el mismo y nuestras posibilidades. Sólo existe un Ser. Nosotros los humanos somos una parte del todo. El holon ser humano es una partícula del superholon mundo. Como tal forma parte de las fuerzas y las leyes del Todo. Más aún: el todo se repite en todas sus partes; el macrocosmos se repite en el microcosmos; el superholon mundo se repite en el holon ser humano. Traducido a nuestro tema: la violencia y el miedo, que vemos en el mundo también está dentro de nosotros. En cada uno de nosotros, en tanto sea cierto que somos una parte de ese mundo holístico. También el poder de sanación y la belleza de la totalidad están en cada uno de nosotros (como realidad latente, como matriz, como fuerza germinadora y figura de destino). Para impulsar la fuerza de sanación a su desarrollo en el exterior tenemos que impulsar el desarrollo en nosotros mismos. Para romper en el exterior la cadena de violencia y de miedo, tenemos que romperla en nosotros mismos. Si encuentras el punto de Arquímedes en tí mismo, también lo encuentras en el mundo, si lo encuentras en el mundo, entonces el punto arquimédico del exterior también lo es del interior. Y allí es más fácil de trabajar. El camino de la acción política bajo las circunstancias de la concepción actual del universo empieza con un camino de conocimiento propio.

¿Podría ser que pudiéramos disolver en nosotros mismos todo el ciclo de miedo y violencia si lo dejamos sin efecto en una posición decisiva de nuestra vida? Y además: ¿Podría ser que de esta manera hayamos encontrado el punto en el que el ciclo exterior universal de miedo y violencia pueda ser dejado sin efecto? Desde el punto de vista tanto holístico como espiritual la respuesta en ambos casos, al menos teóricamente, es sí.

¿Dónde está ese punto? ¿Dónde podemos y dónde debemos intervenir en nuestra cadena de acciones para que de la antigua cadena de miedo se pueda producir una nueva cadena de creatividad y de alegría? ¿Dónde está el punto arquimédico para la transformación del antigua matriz de miedo y violencia en la nueva matriz de la vida? ¿Dónde está en nuestro interior el cambiavía decisorio para colocarlo de nuevo?

Querría explicar una pequeña experiencia nocturna con la que se puede ilustrar el significado de nuestro tema. Durante un paseo nocturno en Oberteuringen, un lugar en el paisaje del Lago de Constanza, llegué a una granja desconocida en la que un pastor alemán acostado delante de su cabaña me miraba atentamente sin ladrar. Tengo una relación de intimidad con los perros y enseguida noté que sentía una tensión parecida a la mía y que ahora todo dependía de mí. Mientras que intentaba seguir manteniéndolo tranquilo con pensamientos amistosos, sentí como iba creciendo en mí un miedo latente y que apenas era capaz de pararlo. Entonces el perro empezó a ladrar. Por ambas partes empezó el círculo vicioso. La amistad que potencialmente había sido colocada dentro de nosotros dos, se transformó sin inconteniblemente en un universo de peligro. Me dí cuenta de que iba a despertar a todo el valle si no desaparecía rápidamente. Por una pequeña irritación comenzó un cambio brusco de confianza en miedo. Me convertí en mí propio testigo de un proceso paranoico típico que ocurría de manera parecida en todas las partes del mundo. Podría haberse producido alegría y reconciliación, pero en vez de eso se impuso en esa situación la estructura global de miedo y de violencia (potencial). Un pequeño giro puede decidir sobre la guerra y la paz.

En este ejemplo se trataba de la cuestión de la confianza o el miedo entre un ser humano y un perro. Pero ¿no hay otros sitios en nosotros en los que en este giro lo que importe sea mucho, mucho más, quizá toda nuestra relación con la vida, con nosotros mismos, con el amor, con el mundo? ¿O nuestra relación con una familia vecina, con otra comunidad, con un movimiento político, con otro pueblo? A menudo, enemistades que duraron años o incluso toda la vida, se produjeron porque en un momento de la relación no se consiguió el pequeño giro. No podía conseguirse porque los afectados estaban presos en las antiguas estructuras y no podían liberarse interiormente de ellas. Tampoco había una verdadera religión de paz que hubiera ofrecido a los seres humanos una ayuda concreta para la discusión en casos de conflictos, y tampoco había una ética de paz (con excepción de las palabras de Jesús, Mani y otros profesores de la paz) que hubiera estado cimentada en un conocimiento real de las correlaciones.

Si estuviéramos en condiciones de efectuar de forma soberana en todos sitios ese pequeño giro que conduce de la guerra (latente) a la paz, en el trabajo diario, en las discusiones con los adversarios políticos, en las riñas de una relación amorosa, en los enfrentamientos con la policía y las autoridades, en el encuentro con una persona violenta, etc., entonces seríamos verdaderos maestros del trabajo por la paz, nos encontraríamos en la raíz más profunda de la paz y la curación. Un grupo de diez personas decididas, que son capaces de lograr en todas partes ese giro, podría mover el mundo porque no hay nada más contagioso que la fuerza verdadera de la paz cuando se muestra libre de miedo. Quien tampoco pierde de vista a la Matriz Sagrada de cara al peligro, está protegida del peligro. Esto lo sabía Jesús y lo decía también Laotse en el Tao te King. Evidentemente tenemos que aprender a cambiar de una matriz a la de la paz. Más a menudo de lo que pensamos tenemos en la mano el interruptor. ¿Cómo nos comportamos, por ejemplo, en relación a las difamaciones públicas? ¿Tengo la voluntad y la sabiduría sobre la paz conmigo para no reaccionar a ella en el sentido de la antigua matriz con miedo, odio o venganza? De estos asuntos podrían depender muchas cosas; quizá deberíamos contemplar esta cuestión no moral, sino científicamente. Tomemos un microscopio mental y sostengámoslo un momento sobre esos momentos de decisión: nos damos cuenta de que allí está todo lo que le serviría a la violencia, pero también todo lo que la que podría acabar con ella. Nos encontramos evidentemente cerca del o de un punto arquimédico. ¿Pero cómo logramos ese giro? ¿Cómo conseguimos que sea duradero y sin falsa moral? Una respuesta podría ser, uniéndonos de forma más fuerte y segura con lo más elevado. La respuesta no es un cliché porque a lo que nos referimos con lo más elevado se describe en este libro claramente. Sin embargo no es suficiente. Las preguntas y las respuestas podrían proseguir una y otra vez hasta el infinito. Es evidente que el punto arquimédico aparece de nuevo una y otra vez en cuanto cambiamos de plano. No es ni siquiera un punto, sino una línea que se extiende por todos los ámbitos y que marca en todos el mismo tipo de cambio. Unamos todas esas señalizaciones y así conseguiremos el modelo global de la Matriz Sagrada. Si conseguimos llevar a cabo el cambio en un ámbito esencial de la vida, entonces actualizaremos toda la matriz. Si nos quedamos en el cambio, entonces nos daremos cuenta de que los componentes de nuestra vida se van formando de nuevo poco a poco, como en un cambio brusco caleidoscópico que se efectúa a cámara lenta. Es la misma matriz la que produce el cambio en cuanto lo hayamos ejecutado en una posición esencial de nuestra vida. En cuanto entramos en resonancia en un lugar esencial de nuestra vida con la Matriz Sagrada, nos vienen a ayudar las fuerzas de transformación que tienen como efecto el tránsito de la antigua matriz a la nueva. No hay sólo magnetismo hacia atrás, también lo hay hacia delante. La matriz es una creación autónoma, viva y espiritual. Desarrolla una dinámica propia y tiene por sí sola la fuerza de realizarse porque en ella está contenida la matriz de toda la creación. No existe el punto arquimédico, sino que hay una línea geométrica determinada en la que están situados los puntos: la "línea arquimédica". En todos los puntos de esa línea lo importante es una misma decisión y una misma posibilidad de trasladarse a una vida en conexión con la globalidad. Los Biotopos de Curación están orientados a cambiar la situación global de la vida de modo que el trasbordo de la vieja a la nueva matriz lo puedan encontrar fácil los participantes.

En esta unión está el poder de dejar el antiguo camino del miedo y de ir por el nuevo camino de la confianza. Aquí está nuestro tema decisivo del que depende si tendremos un futuro con o sin violencia. La cuestión decisiva es ¿en qué medida somos capaces de permanecer en la gran unión aun en situaciones de miedo, obstinación, rabia o celos, de hostilidad y guerra, y de este modo de cambiar las situaciones? ¿En qué medida, aún en situaciones de consternación emocional o de abatimiento, somos capaces de vernos a nosotros mismos y al mundo a nuestro alrededor con los ojos de Dios? ¿También a nuestros rivales? ¿En qué medida somos capaces de, también en situaciones difíciles, reaccionar con el gran alma en vez de con el miedo? ¿Hemos aprendido a pensar así y podemos cambiar de canal nuestra computadora interior? ¿Hemos aprendido a practicar esto? ¿Tenemos una imagen de la paz que sea más hermosa y poderosa que las maneras de reaccionar de nuestro antiguo cuerpo emocional? ¿Tenemos una voluntad para paz y la confianza que sea más fuerte que nuestro miedo, nuestra rabia, nuestro deseo de venganza? Aquí se encuentra el punto arquimédico. Los plenos poderes para la paz empiezan ahí donde nos hemos vuelto capaces de no reaccionar más con nuestra emoción privada en las antiguas situaciones de rabia, de miedo, vulnerabilidad y venganza, de obstinación u hostilidad, sino que somos capaces de mantener la unión con la gran matriz. Si veo una persona como la ve Dios o la Diosa, ¿puedo seguir teniendo miedo de él/ella? ¿Lo puedo seguir maldiciendo? ¿Le puedo seguir deseando el naufragio? ¿Y si no lo hago, pierdo mi poder sobre él o gano más bien un poder que viene de otra fuente completamente diferente?

Aquí es donde se escribe completamente nuevo el libro del poder. Aquí ya no son válidos Maquiavelo y su príncipe Cesare Borgia, sino Jesús, Nelson Mandela, Jacques Lusseyran, Martin Luther King, Albert Schweizer, Dhyani Ywahoo, Ruth Pfau y Sabine Lichtenfels. Donde conseguimos abandonar nuestras reacciones personales, ganamos poder espiritual que está por encima de nuestra persona privada y que por eso es aceptada y comprendida por cualquier criatura. Aún el animal más salvaje acepta ese poder y se somete a su magia. Ya no proyectamos a los representantes de la antigua matriz y con ello nos liberamos del antiguo poder que tenía sobre nosotros. Y justo con este proceso sienten su propia duda. Sus patrones de conducta acostumbrados ya no tienen ahora ni contenido ni electricidad. Jacques Lusseyran, el funcionario ciego de la juventud en la Résistance (la resistencia francesa contra los nazis en la Segunda Guerra Mundial), escribió un libro inolvidable sobre esto, "Y la luz se hizo". Era más fuerte que sus enemigos porque ya no podía permitirse ni miedo ni odio. Él mismo lo ha descrito así. Aquí se ha comenzado un proceso de paz real. De este proceso se trata en todo el mundo. El que lo ha efectuado en sí mismo, entiende el principio y quizá reconozca el punto más profundo, del que hoy se está hablando aquí, cuando hablamos de verdad de trabajo para la paz.

Capítulo 3
La herencia de la historia

Advertencia preliminar: la historia patriarcal no es toda la historia.

El ser humano que se describe en este capítulo no es el ser humano por antonomasia, sino el de la época patriarcal, es decir la persona tras la gran separación. Esa época ocupó un espacio de cinco a siete mil años y es con ello sólo una parte relativamente pequeña de la historia total de las personas. Antes de esa época había muchas culturas más primitivas, pero también había culturas en la Tierra de un tipo muy distinto y mucho más desarrolladas. El que sean relativamente poco conocidas en la investigación de la historia y la arqueología actuales es debido a que han dejado pocos restos materiales. Disponían de tecnología intelectual que les ahorraba el esfuerzo material de nuestro tiempo. Vivían en comunión completa con el mundo cósmico divino y disponían en consecuencia de fuerza y de posibilidades que en los tiempos posteriores se fueron perdiendo y que tuvieron que ser sustituidos por herramientas, máquinas, edificios, ordenanzas, leyes y técnicas de comunicación. Deberíamos cuidarnos de identificarnos con la imagen del ser humano en la era patriarcal. Deberíamos dejar la costumbre de remitir a la historia del último par de centurias o siglos y de decir: "¡Mirad! ¡El ser humano siempre ha sido así!". Porque lo que vemos aquí no es en realidad el ser humano, sino una variante muy específica del mismo. **Entre las muchas posibilidades de la existencia humana en la tierra sólo se realizaron las que bajo las condiciones de la violencia poseían las mejores ventajas evolutivas.** Se puede entender inmediatamente que en este caso no podía nacer la mejor especie de ser humano y de cultura humana. Y junto a todas las heridas y daños que hemos padecido en esta era, aún vive en nosotros un alma y entelequia divina no herida, la Matriz eterna del ser humano. Somos seres cósmicos y no vivimos sólo en esta vida. Disponemos en nuestro interior, cuando volvemos a nuestra comunión cósmica de todas aquellas fuentes de conocimiento y de fuerza que se conocían antes de la era patriarcal y que ahora vuelven a ser descubiertas en un plano nuevo. Hoy, pocas décadas antes del final del patriarcado, nos podemos distanciar de esa época y contemplar con calma lo que ocurrió en esta etapa y al mismo tiempo lo que ocurrió con nosotros mismos. Podemos decir la verdad, no necesitamos usar palabras que le quiten importancia porque nos estamos equipando para un tiempo completamente nuevo. Tenemos que hablar claramente porque estamos en un viaje cósmico y tenemos que aprender a entender lo que pasó en Kosovo, en Auschwitz, en Vietnam, en las Cruzadas y en los procesos contra las brujas y porqué han pasado. Tenemos que comprenderlo y construir después un mundo en el que no ocurran cosas así. Tampoco necesitamos proteger la vida que hemos llevado hasta ahora porque ya no se trata de condenar. Hemos participado en todo ello, no podíamos actuar de forma diferente y por ello llevamos las huellas y las cicatrices de esa época en el cuerpo y en el alma. Pero también tenemos a Dios en nosotros que nos da la capacidad de reconocer las cicatrices y de curarlas.

La gran separación

El escritor Walter Schubart desapareció en 1941 bajo el dominio de los nazis. Escribió uno de los libros más maravillosos sobre el Eros, se llama "Eros und Religión" y describe entre otras cosas la conexión entre el dolor de la separación y la religión de la salvación. Todo dolor del alma es según Schubart, al fin y al cabo, dolor de separación. Al comienzo de la historia del sufrimiento humano figura un suceso primitivo de separación y de abandono. Este suceso primigenio ocurrió hace aproximadamente 7000 años. Está conectado con el hecho de que el ser humano se desprendió de las religiones y de los órdenes sociales originales al surgir la revolución patriarcal. Schubart escribe sobre esto una frase sencilla: "La perdición del ser humano es el hombre".

La separación se hizo más profunda a lo largo de miles de años. Se produjo el desprendimiento de los seres humanos de la relación de amor original, el desprendimiento de cada ser individual de la relaciones originales con su tribu. En la tierra se extendió el proceso que después se calificó como "El alejamiento de los seres humanos de Dios", como "La caída del ser humano fuera de la Creación" o como "La época del gran destierro" (Weinreb). Entre las personas se desarrolló una nueva forma de existencia. Se basaba en el poder y el dominio sobre los otros, la subyugación de otros pueblos, la sustitución del sacerdocio femenino y de las divinidades maternas por dioses masculinos, la fundación de leyes muy duras, la lucha contra toda clase de resistencia, destrucción de la naturaleza, explotación despiadada de sus criaturas. El miedo y la desconfianza se difundieron entre todas las criaturas. Empezaron a protegerse los unos de los otros. La confianza original recíproca y en la creación se rompió. El conocimiento antiguo que provenía de la unión, se perdió, a menudo se destruyó violentamente. A cambió surgieron nuevos conocimientos, la técnica armamentística, el arte de ingeniería y las máquinas poderosas para romper la resistencia. Surgió la era cultural del dominio masculino. Surgieron los parámetros de la vida social y humana, que han crecido con el ser humano actual como si fuera una segunda piel. Lo que muchas personas contemplan hoy en día como natural es en realidad la consecuencia de la separación. Las leyes de la sociedad burguesa, el concepto de amor y matrimonio, las formas de religión y arte, incluso los paradigmas de las ciencias de la naturaleza y los conceptos de la construcción del universo vienen de la situación de la separación. No son una constante de la naturaleza válida eternamente, sino que están unidas a una fase muy determinada de la historia humana, en la que la percepción humana y el pensamiento y la acción humanas procedían de la separación. Hoy en día estamos ante una gigantesca muda de la piel, porque esta segunda piel, que nos creció durante la época de la separación ya no encaja bien con las fuerzas crecientes en nuestro interior. Tampoco puede ser transformada, es demasiado pequeña, demasiado falsa. Tenemos que quitárnosla para que la criatura que estaba oculta debajo de ella, pueda salir a la luz.

Tenemos que superar la gran separación, si queremos superar el dolor original en el amor.

Capítulo 3 La herencia de la historia

El conocimiento perdido

Antiguamente estuvieron unidos los seres humanos y la naturaleza de una manera diferente. Un animal o un árbol era un ser cósmico cuya alma se sentía para entrar en contacto con ella. La tierra era santa para los humanos. No sabemos nada preciso de esa época, pero presentimos la sabiduría que había en ella. Lo presentimos casi como si fuera un recuerdo. ¿Y en el ciclo de los tiempos no es todo el conocimiento "recuerdo", como decía Platón?

Hay un conocimiento original de la paz del ser humano. Ésta proviene de una época en la que las personas aún no usaban escritos para anotar su conocimiento y para propagarlo. Las tribus y las culturas que cuidan de ese saber hace mucho tiempo que han desaparecido. Lo que han permanecido son algunas tradiciones y las ruinas de algunos monumentos decorativos, por ejemplo las ruinas de templos en Malta y Gozo, el Hipogeo en Malta, el círculo de piedra de Évora en Portugal y algunos otros monumentos del neolítico (alta Edad de Piedra). Lo que ha permanecido es sobre todo los almacenamientos en la memoria colectiva, pero normalmente inconsciente de la humanidad y la posibilidad de recordar de nuevo vías espirituales-mentales interiores.

Las sacerdotisas antiguas y sus tribus estaban unidas con los secretos de la creación y conocían el gran tejido que los unía con toda la vida en la tierra y en el universo. Se conocían como parte de la gran vida y de la gran conciencia. Era el estado anterior a la gran separación, al destierro, como decía Friedrich Weinreb.

Saber es poder, como sabían los grandes sistemas de poder patriarcales, que desde la construcción de las pirámides egipcias se consolidaron y se difundieron en la tierra. Han puesto todo su empeño en erradicar el saber original o en integrarlo a su sistema. De los trances de regresión que llevo a cabo en seminarios en Tamera, recibimos informaciones sobre un proceso parecido en el antiguo Egipto. Sacerdotisas de otras culturas, por ejemplo de Malta y después de Creta, que habían sido iniciadas en el saber primigenio, fueron forzadas bajo hipnosis a revelar sus conocimientos. Por medio de esa "traición de los misterios" se pudo perfeccionar tanto la cosmología masculina que fue posible establecer sistemas de poder de una especie completamente nueva. Uno de sus resultados lo vemos actualmente en las pirámides de Egipto. Los nuevos bloques de poder se originaron en un cinturón de poder alrededor de la tierra: en Mesopotamia (Sumeria), en el Nilo, en Perú, en China y en el

Indo en India. La noosfera de la tierra (el campo global espiritual-mental) cayó bajo el poder de una cosmología masculina orientada al poder y finalmente, con la victoria de Roma, completamente bajo el imperio de puros intereses de poder imperial.

Las culturas del saber primigenio que permanecieron, tuvieron que retirarse, ante los ataques de los nuevos contrapoderes, a zonas de la tierra inaccesibles, inhóspitas y ocultas para poder sobrevivir. Aún los encontramos actualmente en grupos residuales pequeños o en individuos distribuidos por toda la tierra. Siempre ocurren en algunos lugares de la tierra algunas cosas por medio de las cuales un trozo de ese saber primigenio puede ser sacado a la luz. El saber está situado profundamente en la llamada "crónica acásica" (memoria universal) del mundo y en los depósitos de nuestra conciencia colectiva. Podemos traerlos mediante preguntas por un médium, por el trance y la hipnosis y recibimos por esa vía una imagen de la historia que se diferencia considerablemente, con razón, del conocimiento escolar actual. Reconocemos claramente que la evolución de las personas no tenía lugar, como en un árbol genealógico de abajo a arriba, sino que desde el principio hubo seres de gran espiritualidad que llevaron en cierto modo "de arriba a abajo" la cultura del saber a la tierra. No necesitamos adherirnos en todas las materias a la antroposofía para reconocer que las afirmaciones de Rudolf Steiner sobre los seres espirituales, constructores de la historia, son esencialmente reales y que la formación de las culturas, inclusive las lenguas, se originaron en parte de la forma espiritual en que se describe por el filósofo de la historia y antropósofo Sigismund v. Gleich en su libro "Marksteine der Kulturgeschichte" ("Hitos de la Historia de la Cultura"). Hay una evolución de abajo a arriba, pero también hay otra en el sentido contrario. En la actualidad vivimos manifiestamente una época en la que, a través de muchas grietas, vuelven a hacerse visibles las antiguas conexiones.

Durante bastante tiempo, hasta bien entrada nuestra época histórica, se conservaba el saber original en antiguos lugares sagrados y secretos. En algunos puntos fueron utilizados por escuelas mistéricas y se siguieron transmitiendo. También siguió actuando el antiguo conocimiento en las órdenes masónicas de la Edad Media, que lograron la maravilla de las catedrales góticas. La catedral de Chartres, esa maravilla de maravillas, aún esconde en la actualidad en la construcción, la estática y la composición algunos secretos, que proceden de otros tiempos. Está en una colina; bajo el suelo eclesial yacen cuatro capas históricas que se remontan hasta el neolítico más profundo. Los humanos precedentes construyeron aquí un lugar sagrado. Aquí, supuestamente, había una fuente del saber prehistórico. Tales santuarios de piedra estaban evidentemente distribuidos por toda la tierra según un sistema geomántico de líneas energéticas y nudos de comunicación por entonces conocidos, y formaban hasta en las postrimerías del Neolítico, el campo de fuerza de una cosmología y cultura globales.

Los romanos temían las fuentes sagradas de los pueblos por ellos reprimidos y las destruían. Esa destrucción la continuó la Iglesia Católica, que inmediatamente después de su toma de poder bajo el emperador Constantino empezó a apagar todos los fuegos sagrados del mundo antiguo que quedaban, a destruir los cultos y lugares "paganos" y a convertir a los fieles de la fe precedente o a exterminarlos. También los tesoros del conocimiento de la antigüedad griega fueron víctimas en gran parte de esa tormenta. Justiniano, emperador de Constantinopla, cerró en el año 529 la academia platónica en Atenas. Carlomagno, el dirigente de la cristianización occidental venció en el año 777 a la última población germana en Sajonia, destruyó su lugar de culto, el "Irminsul", y obligó después a su líder a que se bautizara. Los escritos que no encajaban con el canon de la Iglesia fueron eliminados, entre ellos también textos tan centrales como el "Timeo" de Platón y otros testimonios del saber antiguo que estaban muy por encima de la concepción del mundo de la Iglesia. Por medio de la movilización global de la Iglesia contra el espíritu se destruyó para Occidente la herencia de la Antigüedad, como dijo con razón Nietsche. Aristarco, un astrónomo griego, ya sabía en el año 280 a.C. que la Tierra era una esfera que giraba alrededor del sol. Cuando, 1800 años más tarde, dijeron lo mismo Copérnico y Galileo, casi fueron quemados, porque la Santa Sede en Roma se había establecido según la concepción del mundo ptoloméico según el cual la tierra es una superficie plana y a toda otra afirmación la llamó brujería. La prohibición de pensar hecha por la Iglesia se impuso en todos los niveles, la verdad se penalizó con la muerte. Cuando el físico y astrónomo Giordano Bruno, uno de los mayores pensadores de todas las épocas, no se retractó de su teoría del universo infinito y animado en el que los soles giran unos alrededor de los otros en sistemas cada vez mayores, fue quemado vivo el 17 de febrero de 1600 en el Campo di Fiori en Roma. Así tenían que ser suprimidos los herejes y sus obras de la faz de la tierra. Bruno aún tenía conexión con el gran saber de los tiempos antiguos. Todavía hoy sería considerado un hereje con su teoría de entonces en el ámbito de la ciencia, porque creía en un universo animado infinitamente y que poseía un alma animada por cuerpos celestes vivos.

En la Edad Media había mujeres que aún estaban unidas a los antiguos conocimientos de curación, y que por ello disponían de fuerzas sanadoras especiales que según la Iglesia no le correspondían. Se las llamaba "brujas" y se quemaba su cuerpo viviente. Con ello comenzó la época de la Inquisición en la que durante quinientos años enviaron a la hoguera a todos (incluyendo niños) los que cayeran bajo la sospecha de seguir falsas doctrinas, de practicar cultos paganos y de estar aliado con el diablo. Millones de personas, en su mayor parte mujeres, fueron víctimas de esa bestial acción eclesiástica. Aquí se creó de una vez por todas, un recuerdo para el cuerpo. Nunca más, fue la intención eclesiástica, se le pasaría por la cabeza a alguien un pensamiento de buscar su propio camino y comprometerse con su propia ética. Esa fue la pretensión de poder más fuerte y carente de escrúpulos que se formulara hasta ese momento desde una instancia humana. El saber antiguo fue eliminado de esta manera, la prohibición de pensar aún sigue teniendo efecto; por supuesto con otros pronósticos Hoy en día no son ya las doctrinas eclesiásticas, sino las científicas las que deben ser cumplidas cuando alguien quiere mantener su buena reputación y no quiere poner en peligro su posición social. Pero actualmente comienzan a desmoronarse los sistemas ideológicos que se resumieron con el nombre de ciencia, porque casi todas las ciencias se toparon con límites que no pueden superar con sus axiomas y suposiciones actuales. Lentamente va filtrándose que hay un principio superior que mantiene a este mundo unido en lo más íntimo. Lentamente se va difundiendo el hecho de que los fenómenos paranormales y las manifestaciones religiosas no tienen su origen en el mundo fantástico de cerebros enfermos. Poco a poco sabe cada vez más gente que además de la medicina oficial hay otras posibilidades de curación y que las conexiones más profundas de la vida residen más allá de las leyes físicas. Lentamente podría empezar un verdadero renacimiento en el verdadero sentido de la palabra: como un nuevo nacimiento de un saber original, más grande, más poderoso. Quizá nos encontremos en este momento en el cambio de paradigma más grande que se haya producido en la historia de la espiritualidad humana.

(Entre paréntesis quiero añadir que ese cambio de paradigma tiene lugar en todos los ámbitos. Por ejemplo tendremos nuevas ideas sobre la dimensión del universo, sobre los espacios temporales de la evolución, sobre la datación de las épocas y los acontecimientos históricos. Los métodos usados hasta ahora no se pueden mantener porque se basan en premisas que tampoco pueden mantenerse, por ejemplo determinar la edad por el método del carbono 14 bajo la premisa de que la duración media de la desintegración de la radiación es constante en todas las épocas y bajo todas las circunstancias. Porque estas, y parecidas suposiciones son falsas, pronto estaremos ante nuevas concepciones del mundo, y no será la última de las razones el que a causa de que Erich von Däniken o el ingeniero Hans-Joachim Zillmer ("Darwins Irrtum"[Traducción literal : "El Error de Darwin".]) hayan desvelado sorprendentes resultados arqueológicos, la ciencia será forzada a desarrollar nuevos planes de la evolución y de la historia, y abandonar la idea de un desarrollo lineal muy sofisticado.)

La lucha sagrada contra la mujer

Toda maldad es pequeña comparada con la maldad de la mujer.
Mejor es el ateísmo del hombre
que una mujer bienhechora.
   Sínodo de Tyrnau, 1611

La mujer se relaciona con el hombre
como lo imperfecto y defectuoso con la perfección.
   Tomás de Aquino

Mulier non est facta ad imaginem Dei.
(La mujer no está hecha a imagen de Dios.)
   Agustín

Pero, al igual que los fieles son súbditos de Cristo,
también lo son las mujeres de sus hombres en todas las cosas.
   Nuevo Testamento (Éfesos 5, 24)

Reichenau es una isla productora de verduras en el lago de Constanza. En ella se erigió un importante centro monasterial en el siglo VIII d. C. por encargo de Carlos Martel, el abuelo de Carlomagno. Actualmente hay allí aún tres iglesias románicas de aquella época, pertenecen a las iglesias románicas más antiguas de Alemania. Hermann de Reichenau (Hermann der Lahme en alemán), un abad de Reichenau del siglo XI, escribe en su crónica sobre la fundación del monasterio:

"El santo Pirminius, abad y obispo, fue llevado por el príncipe Berthold y Nebi a Karl (en el año 724) y presentado por él a Reichenau. **Expulsó las serpientes de allí** y fundó la vida conventual durante los tres años de su estancia allí".

Entonces, el santo Pirminius expulsó las serpientes antes de fundar el monasterio. Esta frase parece importante, si no, no estaría en una crónica tan corta y lapidaria. ¿Qué significa la expulsión de las serpientes? ¿Estaba Reichenau especialmente poblado por muchas serpientes? Eso es más bien improbable. El verdadero significado se aclara cuando se sabe lo que "serpiente" significaba en esta época para un monje cristiano. Era la serpiente la que sedujo a Eva para que le diera la manzana a Adán. Es decir que la serpiente era la culpable del pecado sexual de los humanos, es la seductora del mal por antonomasia, porque inducía a infringir las prohibiciones sexuales. Más tarde se equiparó "serpiente" y "mujer". La mujer, esa "serpiente", se declaró encarnación del pecado. Y por entonces había, además de los muchos pecados veniales, algunos pecados capitales como "el pecado de la carne", la "lujuria". Era más grave que la traición o el asesinato. Frases monstruosas sobre ese tema las dejaron escapar los honorables Padres de la Iglesia, desde San Agustín, pasando por Santo Tomás de Aquino, hasta los Papas de la época moderna; un odio indescriptible contra la sexualidad y contra todo lo femenino, y contra su propio instinto tuvo que haber llenado a estos hombres. Por esta razón se produjo a causa de la acción eclesial ese desarrollo cruel que desembocaría finalmente en la era de la Inquisición, en un aniquilamiento parcial del género femenino planeado sistemáticamente. Fueron dos monjes dominicanos los que en el siglo XV osaron expresar este pensamiento y lo publicaron en 1489 en el famoso manuscrito "El martillo de las brujas". Este libro fue el que más se leyó después de la Biblia en el mundo cristiano occidental. Como ya sabemos del transcurso posterior de la historia de la Iglesia, se llevaron a la práctica los pensamientos allí desarrollados con una consecuencia tan bestial que no son suficientes las palabras para describir lo inconcebible.

No es comprensible, cierto, pero era la consecuencia lógica de un desarrollo espiritual-mental que recorre desde el principio de la historia de la creación a través del Antiguo Testamento y de todos los escritos sucesivos. Es incomprensible lo que allí en los Cinco Libros de Moises, en el Antiguo Testamento, se recomienda para el trato a los pueblos pecadores. Así habla Yavé a su pueblo: "Derribad sus altares, romped sus imágenes, quemad sus bosques y demoled sus ídolos en trozos pequeños".
(5. Moisés 12, 2 y siguientes). Era una estructura anímica bárbara la que allí se proyecto y se adoró en el Diós Yavé. El pecado de la idolatría y de la lujuria debía ser aniquilado y quemado hasta los cimientos. Las frases crueles que allí encontramos son para los fieles a la Biblia un texto sagrado aún hoy porque están en el Antiguo Testamento de la Biblia cristiana. ¿Cómo podría imponerse nunca la palabra de Jesús "no matarás", cuando con anterioridad el mandato del más alto Dios puso los cambiavía en una dirección muy distinta? El mismo Dios ordenó matar, los creyentes hicieron lo que pudieron para obedecerle.

Es difícil informar sobre la historia de la Iglesia y mantener al mismo tiempo la mente clara. Karlheinz Deschner lo hizo en su libro "Das Kreuz mit der Kirche" ["La Cruz con la Iglesia"]. Actualmente queremos saltarnos esta barbarie como también queremos saltarnos la del fascismo o la actual en Chechenia, porque duele pensar en ello. Pero tenemos que tomar nota de la historia anterior en toda su diversidad para poder empezar con una completamente nueva. La lucha histórica contra la mujer tiene que ser vista en toda su extensión si queremos entender a partir de la historia lo que aún ocurre entre los sexos. Era a las fuerzas instintivas sexuales, representadas por la mujer y por la serpiente, y era a mujeres atractivas e inteligentes, a las que se declaró la guerra. En el siglo V antes de Cristo vivía en Alejandría una mujer bella e inteligente que se llamaba Hipatia y enseñaba filosofía neoplatónica. Tenía una gran influencia en la vida intelectual de la ciudad. Pero allí mismo también vivía el obispo cristiano Cirilo. Cuando Hipatia no quiso dejar sus enseñanzas, el obispo Cirilo azuzó a una banda de monjes contra ella. La arrastraron a una iglesia, le arrancaron la ropa del cuerpo y despedazaron su cuerpo con conchas de ostra y cascos de cristal. A Cirilo se le hizo santo y actualmente se le considera uno de los Padres de la Iglesia católica. Quien crea que esta historia es exagerada o que es una excepción, que lea los libros de Karlheinz Deschner sobre la historia criminal del cristianismo ("Kriminalgeschichte des Christentums").

Muchos conocen una de las historias de amor más emocionantes de la Edad Media: la historia de Abelardo y Eloísa. La sensualidad apasionada de ambos fue acabada con la intervención de la Iglesia: castraron en la cama a Abelardo en un asalto nocturno. A Eloisa la encerraron el resto de su vida en un monasterio en el que vegetaba en soledad y desesperación sexual.

Para poder medir la profundidad de esa lucha tenemos que saber algo sobre el significado de la serpiente. En tiempos precedentes era el símbolo de la sexualidad y la curación. En el patrón vibratorio del universo se encontraba en una posición en la que la fuerza sexual y sanadora coincidían. Es la encarnación de un saber mayor de curación. A través de la observación de serpientes heridas podemos aprender mucho de los procesos internos de curación. La manera cómo se enrollan, cómo descansan y cambian su posición es inmediatamente comprensible: nos muestra cómo mantener la energía corporal en calma para poder realizar su curación sin tener problemas.

Es un estado de meditación corporal muy profundo el que representa aquí la diosa en forma de una serpiente. También el proceso sexual conduce a un estado de meditación corporal cuando puede ser realizado en calma. La unión de sexualidad y de curación significa que en el caso de

Capítulo 3 La herencia de la historia

la energía sexual se trata de una energía curativa muy especial. Cuando la energía sexual se puede difundir por todo el cuerpo con los movimientos kundalini de la serpiente, entonces surge la curación en todo el cuerpo.

La serpiente es un símbolo de concentración –una condensación holográfica- de las fuerzas curativas que actúan en la creación. Su adoración era tan grande en las culturas precedentes que se la veía como una diosa, en algunas culturas incluso como a la misma Gran Diosa. Al mismo tiempo eran conscientes de su evidente significado sexual. En Oriente era Kundalini, el alma interna femenina del ser humano, que encontramos enrollada en sí misma como una serpiente en la pelvis y que con la práctica correcta del yoga la hace desenrollarse, escalar por los chakras a la cabeza y nos conduce a la iluminación. ¡Qué conexión entre sexualidad y conocimiento, entre erotismo y religión! La serpiente habitaba le famoso templo Khmer de Angkor Wat en Camboya, en el que cada noche abrazaba al rey (informaciones de Barbara Walter: "Das geheime Wissen der Frau" [Se ha traducido al castellano, pero no tenemos referencias del título en este idioma.]). Tiene algo de la misteriosa Lilit, como veremos después.

El que la historia bíblica de la creación identifique la serpiente con el Mal no es algo natural o lógico, porque mucho tiempo antes del culto judío a Yavé había en Palestina una deidad-serpiente masculina; los miembros del linaje sacerdotal de los Levitas se llamaban a sí mismos "hijos de la gran serpiente Leviatán". La Biblia muestra que Yavé era un rival de la serpiente Leviatán porque los dos dioses luchaban entre sí (Salmos 74, 14, 89, 10; Isaías 51,9 – informaciones según B. Walker). Necesitamos ese trasfondo para poder comprender la dimensión ideológica de la historia de la creación bíblica. Desde el principio se trata, en el mito de Adán, Eva y la serpiente, de una lucha sin piedad de dos mundos religiosos. El mundo antiguo de Baal (que ya tenía algunos rasgos de degeneración masculina), el mundo de la fuerza sexual, de la adoración de la serpiente y de los cultos de éxtasis, debe ser aniquilado por los profetas del nuevo mundo de Israel. La Creación-Revelación que se encuentra en los frutos del "árbol del conocimiento", la revelación de la sexualidad, debe ser impedida para siempre. El relato bíblico de la Creación es un ejemplo sin igual del miedo del hombre a la verdad sexual y a la mujer. Con ello comenzó en la historia humana una lucha sin igual del espíritu (masculino) contra la carne. Continuó en la tradición de la Iglesia cristiana y encuentra hoy su expresión en los mataderos del mundo. En la Biblia se dice que ambos adversarios, Leviatán y Yavé, se enfrentarán en el Último Juicio en una lucha final (Isaías 27, 1; Apocalipsis 12). ¡Ojala resulte de ello, quedándonos con el mito, la gran síntesis divina de ambos! : la síntesis del cuerpo y el alma, la religión y el Eros. Pero esta sólo se producirá, y esto es seguro, cuando Eva tenga poder de decisión.

Las serpientes no son seres que por si mismos tengan intenciones agresivas. Si viven en un biotopo en el que pueden confiar en las personas de nuevo, buscan contacto con nosotros. En el terreno de Tamera en Portugal, en el que el medio ambiente de los animales nos procura continuas sorpresas, vienen hacia nosotros, toman el sol en los umbrales de nuestras puertas, se enrollan en las piernas o se posan en la barriga de una mujer desnuda que toma el sol en la terraza. Por nuestra parte ya no hay sustos. Demasiado a menudo nos han demostrado los animales de este lugar su amistad para que aún desconfiemos de ellos. También construimos aquí una especie de centro monasterial y cultural. También nosotros servimos tal como los monjes de Reichenau a una fuerza divina. Pero hoy en día ya no expulsamos a las serpientes, expulsamos la superstición y el miedo que como consecuencia de la ignorancia humana ha estado unida durante tanto tiempo a esos seres divinos. Acabamos con la hostilidad histórica entre humano y serpiente porque acabamos con la guerra de los sexos. No era contra la perversión y la pornografía, era contra la fuerza elemental de la sexualidad contra la que luchaba el hombre porque no estaba a su altura. La combatía en la mujer grabando en su cuerpo con fuego los castigos más crueles. Con este trasfondo histórico podemos apreciar lo que significa hoy en día la "sexualidad libre".¡Lo que un día fue perseguido, castigado y aniquilado, debe ser hoy liberado, aceptado, saludado y celebrado! No hay una vuelta atrás más profunda que esa. No hay una revolución más emocionante que esa. Sabemos la confusión que se origina en un alma actualmente presente en la tierra como mujer, y que se encuentra con la fuerza elemental de la sexualidad, por la que fue castigada durante siglos. ¿Ahora de repente ya no tiene que esconder su anhelo sexual sino que puede revelarlo? Sólo podrá aceptar el regalo cuando viva en un espacio de confianza absoluta que la proteja y la aliente. Quizá se halle aquí el tema más profundo de todos los Biotopos de Curación, la superación más profunda de la historia y de la cultura patriarcal.

La historia escrita en el cuerpo

El ser humano es un ser histórico. Venimos de la historia, somos una parte de la historia y llevamos la historia como información y recuerdo dentro de nosotros. Está almacenada en todas nuestras células. Pertenece a nuestras posibilidades el conocer lo almacenado y usarlo.

En la historia de los seres humanos se simularon muchas formas de existencia. Todas ellas existen como posibilidades dentro de nosotros. También muchas formas de existencia nuevas, que históricamente aún no se han hecho realidad, están disponibles como posibilidad. Las sucesivas formas de existencia de la historia se han sedimentado capa a capa en nuestro almacén de información interno. De esta manera volvemos a encontrar la historia en las diferentes capas de nuestra alma y de nuestra conciencia o inconsciencia. De repente nos resuena un suceso del presente con un suceso de una época muy distinta, entramos en trance y revivimos esta historia de nuevo. Elisabeth Haich, la autora del libro "Iniciación", parece que revivió de esa manera el contenido de su libro, es decir la iniciación en una escuela mistérica del Antiguo Egipto. Una forma parecida de revivir algo la experimentamos en los trances de regresión. Por medio de muchas reencarnaciones estuvimos de viaje con determinados temas, hasta que los resolvimos. Si no se resuelven, reaparecen en nuestra vida presente de una u otra manera. Muchos puntos dolorosos y conflictos que no pudimos solventar por las condiciones culturales de los últimos tres mil años vuelven a aparecer – a menudo en la infancia- y sacuden nuestra alma hasta que somos conscientes de los temas que se ocultan detrás y los trabajamos conscientemente. Desde ese momento ese tema se convierte en una tarea para toda la vida. Todos o casi todos nosotros hemos venido a la Tierra con uno de esos temas. **Es parte de un trabajo de curación el encontrar ese tema detrás de nuestros asuntos cotidianos.** Entonces aparece una actitud completamente distinta ante nuestras llamadas dificultades. No nos avergonzamos de ellas, tampoco nos marcan como neuróticos o fracasados, no vamos a un terapeuta, sino que conocemos una parte de nuestra tarea en la vida y damos a nuestra vida por fin un sentido sensato.

Los traumas y los dolores antiguos están a menudo inscritos muy profundamente en nuestro organismo. Labios leporinos, lunares, manchas y cicatrices bajo la piel, a veces también malformaciones de las extremidades, son testimonio de heridas que recibimos en reencarnaciones anteriores. En un trance de regresión, una mujer experimentó cómo la alcanzaba un rayo y la mataba. Encontramos en su cuerpo las zonas de entrada y de salida en forma de cicatrices que desde un punto de vista determinado se podían ver claramente. También aquí tenemos que cambiar de forma de pensar porque no venimos al mundo como una página en blanco, sino como un libro repleto de experiencias escritas.

A la historia de la época patriarcal la sostenía una lucha sin piedad contra lo femenino primigenio y las fuentes religiosas de la cultura humana, contra las necesidades orgánicas y las alegrías de los sentidos corporales, principalmente en el ámbito de la sexualidad, contra la verdad de los sentimientos y contra el pensamiento auténtico que se desviaba de los dogmas prescritos. La historia se convirtió, como ya lo formuló Karlheinz Deschner, en una "Historia criminal". Bajo esas condiciones había pocas posibilidades de vivir la historia como historia sagrada. Todos nosotros llevamos cicatrices de la historia en nuestra alma y en nuestro cuerpo. Una hermosa mujer de cuarenta años muestra una deformación llamativa de su pelvis. A ambos lados de la misma aparecen los huesos de sus caderas como rotos. La regresión da como resultado que vivía en una de las primeras comunidades cristianas de Tiro y cómo soldados romanos destrozan la comunidad y a ella la torturan. Le tuvieron que poner tornillos en su pelvis. Otra mujer muestra una deformación en el pie. En una anterior reencarnación en India le habían cortado el pie a hachazos. Problemas con el lenguaje, como por ejemplo el ceceo tienen a menudo un trasfondo kármico, en muchos países existía por ejemplo la costumbre de cortar la lengua a los delatores o a los fieles de otras creencias. Coloraciones u ondulaciones del cráneo como en el caso de Michail Gorbatschow indican mayoritariamente una herida kármica. Apenas hay una zona del cuerpo que no haya sido afectada de una u otra forma por anotaciones de nuestra historia kármica.

Pero no es sólo la historia criminal la que está almacenada en nuestras células. También lo está la Matriz original y la entelequia del ser humano en la cual no está prevista ninguna represión de la vida por la violencia. Está almacenada toda la historia de la humanidad **antes** de la gran separación. También está almacenada la experiencia cultural de una vida sin violencia y de una sexualidad sin violencia como ocurrió en los centros de las civilizaciones arcaicas. En nosotros está muy profundo el recuerdo de un tiempo en el que aún estábamos seguros en el universo, en el que entre las personas no había persecución ni violencia, en el que los sexos vivían aún en confianza mutua y en donde el amor sensual y el religioso no estaban aún separados. En cuanto se cree un campo colectivo para ese recuerdo, serán muchas personas las que comiencen a recordar de nuevo.

El tubérculo del miedo

Como resultado de la represión de la vida y como consecuencia de los métodos que se usaron se produjo en la tierra un miedo del que todos sin excepción formamos parte. Es el miedo fundamental detrás de los bastidores el que marca y dirige nuestros procesos vitales, desde los procesos fisiológicos hasta nuestra conducta sexual y nuestro sistema de creencias. Se ha convertido de tal manera en nuestra segunda naturaleza que apenas la percibimos, especialmente porque todos los demás están marcados por el mismo miedo, es decir que el comportamiento social derivado de ello se contempla como socialmente normal. El miedo que vino de la violencia de la historia y que se alimenta diariamente por medio de las prácticas del sistema de poder actual, se ha convertido hace tiempo en una parte de nuestra cultura. Una persona libre de miedo de verdad rompería todas las normas de nuestra civilización en todas partes y con ello se convertiría en víctima de la psiquiatría, de la justicia o sería objeto de un asesinato. Aunque el sistema interno del miedo impide a las personas la satisfacción de los deseos vitales elementales, también lo protege al mismo tiempo del aislamiento de la sociedad. El miedo es la condición para la gran proporción de adaptación y oportunismo que actualmente se exige de los miembros de la sociedad burguesa para que estén dispuestos a tolerar la injusticia establecida. Por medio de la estructura del miedo general los seres humanos son gobernables y dominables hasta en las dimensiones que Orwell describió en su legendaria novela futurista "1984". Aún más perfecto lo describió Aldous Huxley en su novela futurista "Un mundo feliz". La visión de futuro descrita allí muestra un escenario que ya ha sido sobrepasado por la realidad. El poder que es capaz de convertir a una persona en una oveja es el miedo al castigo y al aislamiento social. Se ha fomentado en los sistemas de castigo de una historia de domesticación de cinco mil años. Sin ese miedo fundamental no habría dictaduras ni súbditos, ni clase dominante ni dominados, ni leyes no naturales ni adaptación contra la voluntad, ni niños trastornados, ni estudiantes que obedecen a programas didácticos absurdos, ni adultos que se esconden tras las rejas del matrimonio y del trabajo, ni dioses castigadores ni Antiguo Testamento.

El miedo se les ha grabado a las personas por medios indecibles. Se pusieron en práctica siempre que un grupo económico, político, religioso o étnico quiso forzar a otro bajo su dominio. Muchos de nosotros fuimos en una encarnación anterior víctimas de estos excesos y experimentamos en el propio cuerpo lo que actualmente viven otros millones. En el centro del miedo hay a menudo un trauma de un tipo tan grave que aquellos que lo han vivido, harían todo lo posible para no entrar más en contacto con él. A menudo encontramos ese trauma en el ámbito sexual. Por ello hemos escrito con tanto énfasis en nuestros textos: una cultura nueva se enraíza en un nuevo comportamiento entre los sexos.

Para no entrar en contacto con el trauma, nuestra alma ha construido un sistema interno de protección alrededor de nuestro centro del miedo, consistente en sistemas de defensa como amnesia, ausencias, ofuscamiento, mecanismos de cierre y armas de defensa de todo tipo. A menudo cuando se acerca el miedo, y la vieja herida amenaza con abrirse, se transforma la defensa en ataque con la rapidez de un rayo. Nos protegemos por nuestra parte, atacando al pretendido agresor, aunque este sea nuestro compañero y amante, para adelantarnos a su ataque. La psicología habla aquí de "identificación con el agresor original". A toda nuestra civilización la recorre esa estructura de agresión latente, pertenece a nuestro sistema de protección y a sus estrategias defensivas de miedo. La agresividad de los debates ideológicos no tiene su origen en la mayoría de los casos en un compromiso racional, sino en el miedo histórico que hay detrás y que amenaza estallar por parte del supuesto adversario, y por ello tiene que ser rechazada del modo más rotundo. Las convicciones políticas, religiosas o morales sirven a menudo para que nos las arreglemos de alguna forma con un conflicto en el ámbito del amor y la sexualidad. Cuando entonces se confrontan dos pretendidas convicciones diversas, no podrá haber acuerdo, porque ambas partes silencian el tema principal. Ese tipo de discusión y de cultura "de apariencia" era unas de las razones para el colapso de la cultura espiritual-mental en nuestro tiempo. Los seres humanos son niños marcados a fuego, se protegen para que no se vuelvan a abrir sus heridas, y se dan cuenta cuando miran en el mundo a su alrededor de lo importante que son esas medidas de protección. Muchas mujeres, y sobre todo hombres, dejaron crecer un cinturón acorazado alrededor del chakra corazón para no entrar de nuevo en contacto con los dolores del amor. En Tamera hablamos en nuestro trabajo de curación de un "tablón de hormigón en el pecho". A todo este sistema de protección lo llamo tubérculo del miedo. Impide una comunicación sensata y la auto percepción, pero protege el alma de la repetición de lo insoportable. Estos sistemas defensivos del miedo son neuróticos, pero necesarios mientras una sociedad se base en la violencia. Y la catástrofe de la psicoterapia consiste justo en eso. No tiene ningún sentido quitarle la neurosis a una persona sin darle una sociedad nueva. Defenderán su neurosis con uñas y dientes, está demostrado por la experiencia, antes de estar preparados para un verdadero cambio de vida. Conservarán sus anteriores ideas del amor, sus antiguas creencias de fidelidad, celos y miedo a la pérdida, aunque nunca lleguen a cumplirse, antes de estar preparados para abrir completamente otra vez su cuerpo y su alma. Calcularán y tomarán medidas antes de estar listos para la entrega. Y es justo de esa manera como impedirán la entrega a la que aspira su alma. Ellos, todos nosotros, nos encontramos en complicados círculos viciosos de miedo y prudencia que dejan pocas posibilidades de una vida amorosa satisfecha y duradera.

Lo que llamo tubérculo del miedo, lo llama Wilhelm Reich el "carácter acorazado". El carácter acorazado consiste en todas aquellas medidas morales, religiosas, ideológicas y emocionales a las que las personas echan mano para protegerse de una nueva desnudez de sus heridas. Aunque los seres humanos, a causa de la construcción colectiva de su acorazamiento de carácter, no lleguen al amor y al conocimiento, sin embargo tienen éxito a pesar de sus heridas, en ciertas formas de vida comunitaria convencionales, y en mayor o menor medida reguladas. Al mismo tiempo tienen que prestar atención a que nadie se salga del camino trazado, porque si no, podría poner en peligro todo su sistema de defensa. Por ello reaccionan con miedo y rabia ante todos los que buscan la verdad y ante los marginados. Como en la parábola de la cueva de Platón, de la que algunos se escapan y descubren la luz y el sol: son atrapados y aniquilados. O como con la "gaviota Jonathan" en el famoso libro de Richard Bach, en el que la joven gaviota paga sus geniales vuelos de exploración con la expulsión.

El acorazamiento caracterológico está siempre unido a la coraza corporal. La coraza corporal resulta del conjunto de aquellos movimientos de rectificación que el cuerpo reprimido emprende automáticamente para atrapar y rechazar los impulsos emocionales del propio interior. En una cultura en la que sus participantes han sido forzados durante siglos con una de cal y otra de arena a la auto represión de los movimientos energéticos más elementales, la coraza corporal se convierte en un componente fijo de la biología colectiva.

Por medio de la formación de la coraza corporal, la energía biológica de las personas consiste en dos partes: una original que está unida a movimientos originales, orgánicos, vigorosos, y una contraria que reprime justo esos movimientos. Por ello en la civilización humana ha surgido una situación absurda porque ambas corrientes de energía se paralizan mutuamente. Entonces las personas se quejan de dolor de cabeza, cansancio y falta de energía mientras que en realidad padecen un excedente de energía que se bloquea a si misma. A la energía original se le cierran todos los caminos. Casi todas las enfermedades y padecimientos crónicos, nuestras animosidades, alergias, nuestros malos humores y depresiones vienen de un excedente original de energía que no puede encontrar ninguna salida en el sistema de normas de una sociedad hostil a la vida. Esta es una advertencia importante para la concepción de la curación y para una visión realista del ser humano sano. Cuando la coraza de nuestro cuerpo ha desaparecido, disponemos de una multiplicación de nuestras fuerzas "normales", y podemos movilizarlas sin sentirnos cansados. Es bueno saber la cantidad de energía que hay en nosotros. Las personas que viven sin coraza corporal se encuentran en un equilibrio dinámico en el que de la reserva energética siempre entra tanta energía como se ha gastado. Y la reserva cósmica de energía, esto sí lo sabemos, es prácticamente infinita. Y todo buen corredor de fondo lo sabe, corre y respira de manera que de su tipo de movimiento al correr le pueda entrar nueva energía a raudales. Este es el secreto de todos los grandes rendimientos corporales.

La coraza de carácter y corporal forman juntos un sistema defensivo contra el miedo que funciona automáticamente y nos aleja de las fuentes de fuerza de vida centrales porque era justo en los alrededores de esas fuentes de fuerza en las que tuvieron lugar las heridas traumáticas. Especialmente la fuente de fuerza sexual que reside en la zona del bajo vientre ya no debe tocarse de modo profundo para que no se movilicen ni antiguos anhelos ni deseo que pueden resultar dolorosos. Por ello la sexualidad tiene que ser a pesar de todos los teatros de pasión gimiente, tan superficial y trivial como sea posible, comprable, negociable, calculable e integrable. La zona del bajo vientre debe ser preservada de pulsaciones profundas, a lo que sirve la moda del vientre metido, los acorazamientos musculares del diafragma, en la pared abdominal y debajo en la pelvis. Con esos acorazamientos se interrumpe además la conexión energética entre los genitales y el corazón, el chakra sexual y del corazón. La sexualidad y el amor ya no pueden dirigirse el uno hacia el otro correctamente. La consecuencia es el sexo reducido al transcurso fisiológico y la separación definitiva del amor sensual y religioso, de eros y religión. En esa separación reside nuestra enfermedad más grave. Si queremos encontrar la curación, tenemos que salir del gueto del acorazamiento. Y si debe surgir una cultura de curación completa tenemos que abandonar la historia, resolviendo sus traumas internos y poniéndonos nosotros mismos al servicio de una vida completamente nueva. Por consiguiente, el trabajo por la paz de nuestro tiempo tiene ante sí dos temas que hacen época: disolver los nudos del miedo históricos y disolver los sistemas de protección neuróticos que hemos construido los unos ante los otros para no ser rozados en la zona dolorosa de nuestras almas. Ambas tareas no pueden ser resueltas por la psicoterapia en tanto mantenga las estructuras de la sociedad. Exigen la construcción de nuevos espacios de experiencia social y cultural en los que no se alimente más el miedo y que por ello no tengan más sentido los viejos sistemas de defensa. Con ambos pensamientos se construyó el proyecto por la paz que se describe en el capítulo 6, Tomo I.

El corazón cerrado

La forma más central y quizá más extendida de rechazo del dolor es el corazón cerrado. Cerramos el corazón para que ya no se nos pueda herir más psíquicamente. Millones (¿o miles de millones?) de personas van por la vida con los corazones cerrados porque tuvieron que vivir cosas horribles cuando su corazón aún se encontraba abierto. Las personas con el corazón cerrado no dejan acercarse el amor ni la compasión ni ningún mensaje de curación, por miedo de ser de nuevo engañados y revivir de nuevo las cosas terribles que los movieron a cerrar su corazón. Tienen el cerrojo de su corazón cerrado incluso cuando ocurren las cosas más bonitas y emocionantes. No quieren ser nunca más timados, engañados, desilusionados y heridos, sobre todo en el amor. Esta decisión reside tan profundamente en sus células que prefieren morir a abandonarla. Es una locura interna absoluta, pero, viendo las circunstancias, completamente comprensible. Por esta locura no sólo se arruina el ser humano, sino también la naturaleza, porque una humanidad que ha sido infectada por esta locura, no tiene ninguna comprensión por el alma de la naturaleza y sus criaturas. En el centro de la catástrofe ecológica de nuestro tiempo se halla el corazón cerrado de los seres humanos. Después de todo lo que el ser humano, alejado del amor y hostil a la sexualidad ha hecho a su corazón, no se puede esperar una curación duradera del planeta sin una curación profunda del corazón humano. Curación significa: apertura, ¡pero esta vez sin nuevas experiencias dolorosas! Sobre todo apertura en el amor.

Una mujer de 45 años experimentó en un trance de regresión una encarnación en el siglo XVII en Rusia, donde llevaba una vida solitaria y cerrada en una mansión. En sus años de juventud tenía un trato muy cariñoso con los niños y los animales, entonces, como joven mujer vivió cosas horribles en su ciudad, se salvó en su casa noble y llevaba allí una vida solitaria, dominante y meticulosa con el corazón cerrado. Desarrolló una filosofía de la vida fría como el hielo. En su casa cuidaba de un orden y una limpieza rigurosas. En la sexualidad le gustaban las prácticas perversas sin relación emocional. Ya no podía soportar abrir su corazón. Incluso fuera, en la naturaleza, en donde los árboles florecían, la hierba desprendía su perfume y los recuerdos de juventud se le aparecían, no podía permanecer mucho tiempo sin sentir el gran dolor. Sólo con los animales podía ser aún cariñosa.

Esta mujer luchaba contra todo lo que quiso alguna vez. Lo necesitaba para protegerse psíquicamente. Actuaba justo como muchas otras.

Luchaban contra lo que antes habían amado. Luchaban contra el amor, la sexualidad, la vida natural, la religión, contra Jesús o Dios, contra su nostalgia, su recuerdo, contra su mejor conocimiento y su conciencia, luchaban también contra sus sentimientos, sus arrepentimientos, su compasión. Casi todas las personas de nuestro tiempo viven -algunos más que otros- en esa estructura básica del rechazo de lo que en realidad aman.

Bajo estas condiciones se empieza a comprender porqué proyectos nuevos que hacen realmente el nuevo intento de curar a las personas y de mejorar la vida en la tierra, son tan fuertemente rechazados y calumniados. Los difamadores tienen algo que rechazar, que de lo contrario rozaría su corazón. Tienen que protegerse de sus propios deseos reprimidos que les surgen cuando se comprometen con los objetivos de tales proyectos. ¿Cómo reaccionará una persona que sólo ha vivido la sexualidad en forma de humillación y abuso ante la palabra clave "sexualidad libre"? ¿Cómo reaccionará una persona que no ha experimentado nunca el amor cuando oiga que hay personas que trabajan para divulgar el amor? ¿Qué hará alguien, que se ha acostumbrado a la mentira por razones de supervivencia, con un mensaje que está relacionado con la verdad de una forma tan central? Ya no nos extrañamos que un odio antiguo les sacuda cuando se hable de estas cosas. Los niños marcados a fuego huyen del fuego. Aquí ha tenido el sistema un éxito macabro: a los súbditos no sólo se les roba una de sus posibilidades de vida más bellas, sino que incluso se defienden contra todos aquellos que aluden a esa posibilidad. Los "libertadores" no son combatidos por los represores, sino por los reprimidos. Wilhelm Reich ha descrito en su libro "El Asesinato de Cristo" esas conexiones y también Platón había aludido ya a ellas en su famosa "parábola de la caverna". Uno intuye la cautela con la que se tiene que actuar hoy en día en el trabajo global por la paz en cuanto roza los temas internos de las personas. La superación de "la coraza del carácter" y de la "coraza del cuerpo" ya no es actualmente un tema de la terapia individual, sino que es sobre todo un tema social e histórico de toda nuestra civilización. La Matriz Sagrada sólo puede actuar de modo efectivo allí donde las personas son capaces de nuevo de abrir su corazón porque el amor es la base de la nueva cultura.

Capítulo 3 La herencia de la historia

¿Cuál fue "el pecado original" de la historia?

¿Cómo se produjo la gran separación? ¿Qué ha llevado al ser humano a salir del orden de la creación, a desprenderse de las diosas madre originales y a construir los sistemas de poder violentos? Riane Eisler habla en su libro "El cáliz y la espada" de un dramático cambio de poder: antiguamente el poder consistía en dar la vida y en cuidar, después del cambio al patriarcado consistió en aniquilar a la vida. ¿Qué ha producido este cambio? ¿Cómo pudo ocurrir que una especie en la tierra, los seres humanos, adoptara medidas de tal magnitud para destruir a sus iguales y a todas las criaturas? ¿Cómo empezó la guerra de los sexos? ¿Fue, como algunos suponen, un defecto cerebral aparecido por una mutación colectiva?

Sabemos la respuesta que la Biblia da en su mito de la creación de Adán y Eva: ¡Era Eva! Obedeció a la serpiente e indujo a Adán a la sexualidad. Este es el relato histórico del pecado original. Fue escrito por hombres y es uno de los documentos históricos más directos para la lucha ya en vigor del mundo masculino contra la mujer, la sexualidad y contra la sabiduría unida a ella (en el texto hebreo original se usa la misma palabra para "coito" y "conocimiento"). Adán "conoció" a su mujer, significa que se unieron físicamente. Esta unión es para ambos, como para todos los amantes, una auténtica revelación. Con ello hicieron Adán y Eva que los echara del paraíso un dios hombre y la próxima generación de personas estaba condenada en lo sucesivo a llevar una vida dura, a trabajar "con penas y fatigas" y a parir hijos con dolor. Este relato de la creación no es una explicación del pecado original histórico, sino que es en sí mismo un pecado original, porque escribió en los libros sagrados la satanización de la mujer y del cuerpo de una vez por todas. Los monjes dominicanos, que habían escrito a finales del siglo XV "El Martillo de las Brujas", pudieron fácilmente referirse al relato bíblico para la extinción del sexo femenino.

Por muy cruel e insidioso que sea este mito bíblico, no deja por ello de tener profundidad y de ser verdad, porque muestra claramente dónde se debe buscar la causa: sin duda en el ámbito sexual. Al menos los antiguos progenitores que descubrieron el mito estaban aún tan familiarizados con la vida que sabían que sólo un poder como la sexualidad sería capaz de ignorar las órdenes del Señor. Sabían instintivamente que las personas sólo serían gobernables y manipulables cuando se les robara esa hermosa fuerza de la vida y fuera declarada pecado. En este sentido, el relato bíblico de la creación es una parte de la guerra de aniquilación contra el amor entre ambos sexos y una parte de la muerte que el hombre llevó a cabo contra el ser humano. La respetable "Génesis" del Antiguo Testamento es una Génesis de la barbarie y de la aniquilación. Desde que el dios masculino hebreo arrojó del paraíso a la primera pareja de amantes ya no hubo más salvación para el amor. ¿Pero cómo se pudo llegar a tales deformaciones horrendas de la vida? ¿Quién pudo inventar asuntos de tal hostilidad y por qué?

Para el proceso de transición a la revolución patriarcal en el Neolítico se dieron muchas razones. Friedrich Engels y otros teóricos marxistas hacen responsable del mismo a los motivos económicos. Wilhelm Reich lo aclara de forma gráfica en su escrito "Einbruch der Sexualmoral" [Traducción literal: "La Derrota de la Moral sexual"] en el cual demuestra cómo se originó entre los trobriandeses en el océano pacífico un nuevo orden sexual represivo a partir del cambio de la estructura económica. Robert Lawlor, especialista de historia de los aborígenes en Australia, explica en su libro "Am Anfang war der Traum" [Traducción literal: "Al Comienzo fue el Sueño"; En inglés el original: "Voices of the First Day. Awaking in the Aboriginal Dreamtime".] cómo fue la tierra de cultivo del origen del mal. Ernest Bornemann opina en su gran obra sobre "El Patriarcado" lo mismo de la cría de ganado. Otras reflexiones se refieren a los cambios climáticos repentinos, por ejemplo por el impacto de un gran meteorito sobre la tierra. Por otro lado otros suponen que el poder masculino de la muerte en la época del bronce se hizo independiente porque por medio del nuevo metal se podían forjar armas más eficaces.

Todas estas explicaciones parecen razonables y probablemente todas son verdad. Pero todas estas explicaciones parecen insuficientes. Tiene que haber algo más profundo, tiene que haber tenido lugar un acontecimiento más profundo en el interior de las personas que fuera capaz de poner patas arriba de tal manera el orden anterior, y de proceder con tanto deseo de exterminar la vida. Cuando se sabe el significado clave que tiene la sexualidad en la vida humana y social, entonces cabe suponer que ese acontecimiento profundo tuvo que ver con la sexualidad. Con esta perspectiva se nos abre una puerta a través de la cual podemos divisar otro panorama de la naturaleza y la historia humana. La historia humana es también siempre una historia de la sexualidad y una parte importante de las informaciones que necesitamos para la curación de nuestra Tierra procede de la historia sexual de las personas. Fue también un cambio en la misma sexualidad, algo nuevo en la percepción de la sexualidad y en el deseo de los sexos, el que condujo a las personas a abandonar poco a poco los reglamentos tribales matriarcales y a establecer nuevas relaciones. Probablemente al principio no fue un proceso violento, sino que se desarrolló lenta pero cada vez más intensamente, que captaba a cada vez más regiones de la tierra hasta que condujo a la introducción de una nueva cultura: la cultura de la conquista masculina. Comenzó con la conquista de la mujer por el hombre. El hombre que en la cultura matriarcal era un servidor de la diosa y un servidor del amor de las mujeres, se convirtió ahora en su conquistador. Y las mujeres, que al principio se habían defendido, permitieron al final ese juego porque respondía a una añoranza oculta en ellas. Porque también las mujeres habían pasado el estadio histórico en el que se satisfacían sus anhelos con servidores del amor y hombres-hijos. También en ellas se había desarrollado algo parecido al anhelo de un compañero, de un hombre fuerte y de igual valor, de seguridad en el hombre y de amor personal. Estos son procesos del alma humana que se van creando lentamente a través de los siglos y que conducen a un cambio de la vida real. En realidad, la era matriarcal de la humanidad que hasta entonces había existido probablemente durante siglos, había expirado. Realmente se necesitaba una nueva estructura religiosa y social entre los sexos para hacer justicia a las nuevas fuerzas productivas del alma. También aquí es válida la teoría marxista de la revolución según la cual se produce una revolución cuando el desarrollo de las fuerzas productivas ya no coincide con las circunstancias de producción. Marx sólo consideraba con ello las fuerzas productivas y las circunstancias de producción materiales. Pero podemos ampliar su teoría sin esfuerzo a las fuerzas de producciones inmateriales, espirituales y sexuales. En el ámbito del amor entre sexos residen fuerzas de producción enormemente energéticas, porque es la fuente de todo el género humano. No hay ningún individuo, ninguna tribu, ningún pueblo que no proceda de la relación sexual. Un cambio en la relación psicosexual entre los sexos tiene que conducir -incluso sin otros cambios de fuera- a medio o largo plazo, a un cambio de la estructura social. En lo más profundo es una cuestión sexual el discernir si el poder reside en las mujeres o en los hombres y cómo está repartido entre ambos sexos. También es en lo más profundo una cuestión sexual si las personas se dirigen mejor a un dios masculino o a una deidad femenina. Y es ciertamente también una cuestión sexual si acogemos lo vivo en el sentido de su cuidado o en el sentido de la violencia. Por supuesto, las mujeres no querían al final de la era matriarcal la violencia, solo querían un nuevo tipo de relación sexual con el hombre en proceso de crecimiento. El que el resultado de ello fuera la violencia, residía en un desarrollo interno del hombre que se desencadenó por su nuevo deseo de conquista sexual y de capacidad de conquista.

Sabine Lichtenfels ha reconstruído en su libro "Traumsteine" [Sin traducción al español. Traducción literal: "Piedras de sueños"] este proceso de manera tan sensible y expresiva que no hay nada más que añadirle. Fue un deseo sexual el que condujo primero a la revolución sexual y luego a la social. El hombre que aún no había madurado interiormente hasta convertirse en compañero personal, había ganado el poder de conquistar a las mujeres por el camino de la sexualidad. De esa manera renegó de Nammu, de la gran diosa. De todos modos ya no necesitaba obedecer sus leyes. Podía cogerse sus novias de otra tribu cuando sus fuerzas o sus armas eran suficientes para ello. Era un sentimiento elevado y feliz de fuerza y poder el que lo poseía y lo guiaba. Ahora también le beneficiaban los progresos de la técnica armamentística. De cobre y de estaño se fundían espadas de bronce que eran superiores a las armas de piedras y a las flechas. El poder masculino creció proporcionalmente al poder de sus armas. Los herreros se convirtieron en el grupo revolucionario. De su arte dependía el poder de su pueblo. Comenzó la era de la historia de la humanidad en la que el poder se medía según cuanta vida se era capaz de aniquilar. Y en la que el hombre no necesitaba pedir el consentimiento de la mujer que deseaba. Esta era la revolución patriarcal con la que comenzó la gran separación. Iniciaba la historia de una catástrofe global como no podía haber sido inventada otra más cruel. Probablemente empezó con los pueblos de la cultura de los Kurganes que penetraban en masa desde Asia central hacia los valles fluviales del sur, que en diferentes intervalos de tiempo desde hace unos seis mil años antes de Cristo, los cuales exterminaban las culturas allí residentes y que se asentaron con la construcción de grandes bloques de poder en el Nilo, en el Éufrates, el Tigris, el Indo, el río Yangts (China) y en Perú. Tiene su fase última y presente en los excesos del fundamentalismo islámico y del capitalismo global, después acabará esa historia y comenzará una nueva. Sin embargo tenemos que tomar nota del hecho de que esta no era la historia, sino una calle sin salida de la historia del que nuestro planeta se recuperará si conseguimos acabar rápidamente con la locura.

La historia de la esperanza de curación y de las utopías sociales

El mañana vive en el hoy,
Siempre se pregunta por él.
Los rostros que se giraron en la dirección de la utopía,
eran sin embargo distintos en cada época,
igual que lo que pensaban que ahí verían con todo detalle.
Pero la dirección es aquí afín en todas partes,
E incluso es la misma en su objetivo, aún oculto;
Se manifiesta como lo único permanente en la historia:
la felicidad, la libertad, la no alienación, la Edad de Oro.

    Ernst Bloch

En la época de las revueltas estudiantiles al final de los años sesenta del siglo veinte, teníamos un gran sueño: un mundo libre sin abuso y sin represión, sin dominación de clase y sin falsa autoridad, sin coerción y sin estar determinado por fuerzas ajenas. El sueño no se cumplió. Esto es con toda certeza una de las causas del proceso de profunda despolitización que comenzó en los años setenta y que ha alcanzado hoy su punto culminante. Los objetivos sociales se redujeron a objetivos personales; la revolución se transformaba en terapia y la conciencia de clase se convirtió en deseo de consumir. Los camaradas de entonces llevan hoy las mismas corbatas que los que fueron sus adversarios. Es peligroso cuando nunca se cumple un gran deseo; se tiende a no querer tener más sueños. Con ello queda sellada la vida tal como es. Porque el que no tiene más sueños y no conoce más visiones, ha cesado de creer en un cambio y de abogar por algo nuevo. Sin embargo este es justo el estado que los grupos de poder de este mundo quieren que se genere para poder jugar su juego hasta el final.

La humanidad ha soñado muchos grandes sueños y ha creído que se acercaba una curación que al final no ocurría. Toda la historia de las esperanzas de inminencia de la venida de Cristo (Parusía) y de los movimientos análogos como el milenarismo, que crecieron justo antes del prometido Reino de Cristo están marcados por un entusiasmo y un desconsuelo que hoy en día sólo podemos imaginarnos en situaciones de gran enamoramiento y de un posterior abandono. Ahí fluía una corriente de vida de alta tensión que no se podía superar. Igualmente grande era la desesperación cuando en vez de la salvación esperada, caía sobre los seres humanos el Infierno en estado puro, como ocurrió en el caso de la comunidad de los primeros cristianos en Tyros. Ésta, vivía en la esperanza de la inminente venida del Reino de Dios a la Tierra prometida por Jesús. Hay testigos de la belleza y la alegría de su vida completamente orientada al futuro; era la esencia misma de la comunidad cristiana primigenia. Pero en vez del anunciado Reino de Dios vinieron los romanos avisados por San Pablo y los aniquilaron. Algo similar les ocurrió a los cátaros cuando tras una larga época de crecimiento, fueron combatidos y erradicados en las Cruzadas Albigenses. Su idea de la pureza no estaba a la altura de las fuerzas del mal porque del origen y existencia del mal apenas sabían nada dentro de sí mismos. También los anabaptistas pudieron haber vivido la misma experiencia en Münster, cuando en el año 1536, al principio de la comunidad religiosa fueron aniquilados por el ejército imperial y del obispado que irrumpieron en la ciudad. También aquí debía tener origen el Reino de Dios en la tierra; el joven cabecilla, Johann van Leiden, ya se había hecho proclamar "rey de Sión", de tan cerca que se veía la meta. Una y otra vez, a través de toda la Edad Media, aparecía una certeza del Reino de Dios y una fe en Dios, que se mantuvo hasta el amargo final, tan grande era la decisión del ser humano de tener esperanza. Cuando en 1525 Thomas Münzer se vio cercado junto con sus labradores, pobremente armados, por los enemigos en la Batalla de los Labradores en Frankenhausen en 1525, señaló la tormenta vecina y la interpretó como símbolo de la salvación que ahora vendría por medio de Dios. Entonces lo hicieron prisionero y lo torturaron lentamente hasta la muerte.

La historia de la era patriarcal no es sólo una historia de sufrimiento, sino también, lo cual es casi peor, una historia de una salvación a menudo esperada, pero que nunca tuvo lugar. ¿Qué ocurre en el alma humana cuando las grandes esperanzas son decepcionadas una y otra vez, cuando no se consiguen los grandes objetivos, cuando las grandes promesas no se cumplen y los sueños se pierden? Que se resigna. En lo que respecta a las grandes esperanzas y objetivos de la humanidad, vivimos en la actualidad en un tiempo de resignación global.

Pero el alma sólo se resigna por un tiempo. No se puede resignar para toda la eternidad, porque la eternidad está escrita con un texto diferente, con el texto de la vida eterna, y no de la muerte eterna, y este texto está para siempre -consciente o inconscientemente- en el corazón de las personas. Tras cada dolor germina una nueva esperanza, pues algo en nosotros sabe en lo más profundo, que la vida no puede ser así. En algún sitio, existe en cada uno de nosotros, la conexión con el núcleo sagrado del mundo que nos susurra, seguir adelante, probar nuevos caminos y seguir buscando hasta que hayamos encontrado nuestro objetivo. Cómo ese objetivo se ve, cómo es descrito y transmitido depende de las circunstancias temporales y culturales. Desde la antigüedad griega tenemos una cantidad considerable de apuntes de utopías sociales, en las que se constata la idea de entonces de un mundo feliz o de una sociedad deseable. Desde el gobierno de los filósofos de Platón (Politeia) hasta la sociedad sin clases de Marx, el cerebro masculino intenta poner por escrito un sueño realizable de un mundo más bello, más libre y más justo. Esos sueños se enraizaban en su mayor parte más en un distante paraíso de ideas que en la realidad espiritual de las personas, por ello pasaron por alto la realidad. A veces, como es el caso de Jesús, de Robert Owen o del anarquista noble Kropotkin aún no había llegado su momento. Quizá llegue ahora.

Ernst Bloch es, como ningún otro, el filósofo de las utopías sociales y de sus fundamentos intelectuales. Si actualmente hubiera aún tiempo para grandes lecturas, aconsejaría con deleite su opus magnum: "El Principio Esperanza". Creó como destino principal, pero aún encubierto, de la historia, un vocabulario propio: el "nondum" (lat.: el aún-no) de la historia, el aún-no rescatado, que está como fondo esperanzador y como diana detrás de todas las utopías. Es una matriz que va más allá de la historia, que está en la base de nuestra existencia histórica; la llamamos en nuestro grupo de investigación en Tamera la "utopía prehistórica".

En pocas personas se pone de manifiesto este contenido utópico de la persona y la historia como en el creador del cristianismo, Jesús de Nazaret. Jesús tuvo una gran visión. El hablaba del cada vez más cercano "Reino de Dios en la Tierra". En virtud de su cercanía personal a Dios, estaba poseído de un amor que creía que pronto arrastraría a toda la humanidad. El tiempo le pareció maduro para una transformación fundamental de la comunidad humana en el sentido de un amor universal que lo perdonaba todo. Aún estando en la cruz se dice que pronunció la frase: "Señor, perdónalos, porque no saben lo que hacen". Jesús fue –a pesar de las dudas de Rudolf Augstein- una figura histórica. Él sólo era demasiado poco para liberar a la humanidad, pero con su propia vida mostró una nueva posibilidad de existencia, que aún hoy tiene efecto en muchas personas. Es sorprendente cuántas personas aman aún realmente a Jesús, también revolucionarios y ateos. Wolf Biermann hizo una canción sobre el Che Guevara en la que se canta al revolucionario cubano como "Jesús con el fusil". No siguieron el mensaje de Jesús, sino que la Iglesia lo convirtió en su más extremo contrario. Pero el impulso de Cristo, que él encarna, sigue teniendo efecto en el alma de muchas personas. A través de él ha surgido una nueva imagen del ser humano. La palabra el "Reino de Dios en la Tierra" aún tiene hoy validez si lo traducimos de otro modo. Con esta palabra cambió el rumbo de la religión: felicidad, amor y redención no se celebrarían en el más allá, sino en el mundo terrenal. El cielo vendría a la tierra, la vida terrena se fundiría de nuevo con la celestial. El orden cósmico y el social se volverían a unir. Este es todavía hoy nuestro objetivo supremo (En el próximo capítulo me refiero una y otra vez a estos pensamientos.)

Enlazando con estos pensamientos de Jesús se desarrolló en el Cristianismo temprano el sueño de "la Jerusalén Celestial". El Padre de la Iglesia Agustín, creó a partir de éste la utopía del "Reino de los Mil Años" en un "Estado de Dios" (en su escrito "De Civitate Dei" del año 425), que sería edificado por la Iglesia. Aquí ya se había independizado tanto el pensamiento sacerdotal típico, una unión de poder y ascetismo, que del contenido cristiano original no le quedaba mucho. Un pensamiento parecido, pero mucho más blando y cariñoso, apareció de nuevo ochocientos años después, cuando un abad de Florencia, Joachim di Fiore, esbozó a partir de la Biblia su visión histórica de los tres Reinos sucesivos. El tercer Reino era la "societas amicorum" (Sociedad de los Amigos), un estado monacal en amor fraternal, también con los judíos y los paganos. Cristo aparece aquí en una ardiente percepción del Mesías en una nueva Tierra. Era una visión profunda, pero por desgracia faltaban las mujeres. Los escritos de Joachim atizaron el fuego de la parusia en Italia, pues calculó para el año 1260 el esperado comienzo del Reino de Dios. Antes El Anticristo debería ser vencido. El Anticristo era el emperador gibelino Federico II. Es difícil valorar lo que excitó más a las masas italianas: si la esperada batalla final contra el Anticristo o la proximidad de la llegada del Reino de Dios. Sin embargo el emperador gibelino contrarió a los creyentes: murió en el año 1250 sin haberlo avisado y por ello ya no se le pudo combatir. La esperanza en el paraíso venidero se perdió después en un tumulto monstruoso de desengaño, esperanza y rabia. Los joaquinitas empezaron a luchar los unos contra los otros. La típica imagen del desarrollo de las esperanzas defraudadas.

Otras grandes utopías sociales se produjeron en el Renacimiento, es decir en aquella época confusa del desarrollo occidental en el que luchaba la más oscura Edad Media con la ilustración humanística y en la que se celebraba un "renacimiento" de la antigüedad griega, mientras que al mismo tiempo los excesos de la Inquisición sofocaban la vida. En este caos aparecieron sobre todo tres grandes escritos utópicos: inicialmente la "utopía" de Tomas Moro (1516), una democracia comunista sin propiedad privada. Aquí había pensamientos auténticos de profunda humanidad. Los seres humanos sólo se vuelven malos por la miseria, ¿por qué entonces se les tiene que castigar duramente? La diversión, la alegría de la vida apareció como una meta autorizada de las acciones humanas; la humanidad tomó completamente una forma terrenal. ¡Pero los adúlteros tenían que ser castigados duramente! Aún no estaban los tiempos maduros para incluir la libertad de la felicidad sexual en el escenario utópico. Ese pensamiento sólo se pudo expresar 270 años después con los primeros socialistas.

Un siglo después de Tomás Moro aparecieron dos visiones de futuro más: "La Nueva Atlántida" de Francis Bacon (1623) y la "Ciudad del Sol" de Campanella (también de 1623). Francis Bacon inventó una isla, basada en la leyenda de la Atlántida, con los conocimientos técnicos de los antiguos atlantes. Los habitantes poseían teléfono y barcos de vapor, submarinos y aviones, poseían poderes psíquicos y podían generar lluvia artificial. ¡Una visión del año 1623! En el estado solar de Campanella dominaba un orden astrológico estricto, todo ocurría en precisión cósmica en el lugar y en el tiempo apropiado. Los seres humanos vivían al modo comunista, con una sexualidad relativamente tolerante pero comprimida en una dictadura estelar que dejaba poca libertad de movimientos. Recuerda un poco a aquél estado extraño que fundaron los Jesuitas en un arrebato de gran celo misionero en el siglo XVII en Paraguay. Campanella vivió 27 años en las mazmorras españolas pero no lo pudieron disuadir de su convicción. Saludó el nacimiento del rey francés Luis XIV, al que no se le llamó por casualidad "el Rey Sol".

Un gran nombre entre los visionarios humanos es Robert Owen, un industrial inglés de la época de los primeros socialistas (alrededor de 1800). Se preocupaba con una energía poco corriente, de una humanización de las condiciones de vida del proletariado inglés. Intuía la conexión entre la forma comunista de vida y la liberación sexual y fundó en el Misisipí la comunidad "New Harmony". No se sabe lo que fue de ella, probablemente se la tragó la jungla. Robert Owen fue en un sentido muy profundo un ser humano noble. Fue venerado pertinentemente por un hombre que era parecido a él en más de un aspecto: por Friedrich Engels, el amigo y mecenas de Karl Marx.

Antes de que Friedrich Engels redactara con Karl Marx el Manifiesto Comunista, escribió con 22 años algunas frases que quiero anotar para mostrar el espíritu exaltado de aquellos tiempos de resurgimiento:

la conciencia de la humanidad, el nuevo Grial, alrededor de cuyo trono se reúnen los pueblos con gritos de júbilo...Esta es nuestra vocación, el que... por él pongamos nuestra espada al cinto y empleemos alegremente nuestra vida en la última Guerra Santa a la que seguirá el milenario Reino de la Libertad.

Así de profundamente residía, el milenarismo, la fe en el Reino venidero, en el ánimo de los jóvenes revolucionarios. Así de profundamente se había conservado el movimiento milenarista (orientado a la inminencia de la llegada del anhelado Reino de Dios) en el corazón de las personas, atravesando todas las tinieblas. También el joven Marx habló –por ejemplo en "los manuscritos de Paris", pero también en el Manifiesto Comunista- con esa misma pasión a favor de la liberación definitiva de las personas de la esclavitud milenaria. Se adivina lo que algún día significó la esperanza. Querían mejorar de verdad el mundo. ¿Y en la actualidad? "Salvador del mundo" se ha convertido en una palabrota con el sentido de "locos poco realistas".

Forma parte de la tragedia de las utopías históricas, el que las diferentes líneas de pensamiento de los pioneros intelectuales no se puedan encontrar y unir. Por ello, por ejemplo, nunca se unieron realmente la cuestión social y la sexual. Marx y Engels no podían acoger los pensamientos de aquel hombre que trabajó como ningún otro por la liberación de la sexualidad: Charles Fourier. Él fue el que esbozó el proyecto de los "falansterios": una visión del amor libre intercalada en empresas agrarias, artesanía y amor al prójimo. Todos los días de 12 a 13 h esperaba al mecenas que le ayudaría a financiar el proyecto. Pero el mecenas no venía. Hoy nos reímos al leer lo esquemática que se había imaginado Charles Fourier la liberación sexual. Era un hombre filosófico y no poseía el arte seductor con el que siglos antes una mujer, o sea Eleonore de Aquitania, la madre de Ricardo Corazón de León, había perseguido un propósito similar en la corte borgoñesa. Pero Fourier había llegado hasta el meollo del tema. No obtuvo aún ningún éxito empírico, pero la historia de la revolución sexual estará ligada para siempre a su nombre.

Si Marx hubiera comprendido el pensamiento de Fourier y lo hubiese acogido en su plan, habría surgido otro tipo de comunismo. A los pensamientos básicos del comunismo pertenecía el de la abolición de la propiedad privada. De ahí surgió un nuevo modelo de economía, pero aún no surgió un nuevo modelo de relaciones interiores de las personas. Sobre todo no surgió ningún modelo para los dominios del amor y la sexualidad. Seguía estando permitido que consideraran como propiedad privada los hombres a sus mujeres, los padres de familia a sus familias, los padres a sus hijos, y que los pudieran tratar de la manera equivalente. Seguía poniéndose una valla alrededor de cada relación amorosa, privatizándose al amante y desterrándose la sexualidad de la vida pública. Tras la revolución rusa de 1917 hubo algunas tendencias en Rusia a favor de educación infantil antiautoritaria y – por ejemplo bajo intercesión de Alejandra Kollontai- a favor de la liberación de las antiguas ideas de amor y sexualidad. Pero estas tendencias se anularon pronto en nombre de la disciplina de partido. Un soviet formal no se comportaba en materia sexual de forma diferente a como lo haría un burócrata formal en el imperio de los zares. La estructura psíquica de un funcionario comunista no se diferenciaba apenas de la de un funcionario en otros sistemas autoritarios, capitalistas y fascistas. Era el tipo de personalidad autoritaria descrita por Adorno, con su represión sexual, su fe en las autoridades y su combate contra los que pensaban de modo diferente. El sistema económico se convirtió en un sistema revolucionario, pero el sistema sexual siguió siendo feudal, cristiano, burgués o capitalista como en todas partes. Aquí es donde residía la contradicción interna del marxismo y de los movimientos comunistas que surgieron de aquél. Pensó que se podía separar uno del otro, pero pasó por alto la unidad interna en las que los diferentes ámbitos de la vida de la sociedad humana están conectados unos con otros. El que quiera construir un nuevo orden económico tendrá que crear otro orden sexual. Pues, como Marx decía correctamente, la existencia social del ser humano determina su conciencia, y el ser sexual forma parte de la existencia de modo fundamental. Una causa fundamental para el fracaso universal del comunismo residía en que la liberación de la sociedad de clases no estaba unida a la liberación de su concepto de sexualidad, que se había ampliado con el paso de la historia. El sueño comunista no había sido soñado aún hasta sus últimas consecuencias, por ello no podía ser tampoco realizado. Resucitará con una apariencia distinta cuando los seres humanos hayan aprendido a llevar una vida comunitaria en la que no tengan que mentir en el amor. El sueño comunista es el sueño más antiguo de la comunidad humana.

Un sueño sólo tiene una fuerza de crear realidad cuando se sueñe de modo realista, es decir cuando lo soñado corresponda a una posibilidad real de la vida. La Neue Linke ["Nueva Izquierda", movimiento político], que se formó en los años sesenta del siglo XX en Alemania, localizó pronto los textos de teoría sexual de Wilhelm Reich y los imprimió en gran número en edición pirata y los puso en circulación. Sabía instintivamente que no podía haber ninguna sociedad libre sin sexualidad libre. Los grupos y comunas se habían esforzado por comprender la esencia de la sexualidad libre, pero no se había avanzado. Aún no teníamos una visión concreta de una vida nueva. Aún no se sabía lo que la sexualidad libre supondría realmente en cuanto al contenido, aún no se la podía ver con el corazón. Demasiados malentendidos, choques humanos, pretensiones de propiedad, de poder, rivalidades, miedos a la separación y torturas a causa de los celos estaban emparejados al tema sexual para que se pudieran disolver de la noche a mañana. Como siempre, al primer fracaso le siguió el repliegue al extremo contrario: los camaradas empezaron a casarse de forma masiva y a construir su existencia privada. Con ello se acabó el movimiento. Pero ¿Qué son cinco años de movimiento contra una historia de la represión de cinco mil? Visto históricamente, los intentos de caminar de la sexualidad hechos por el movimiento estudiantil eran un comienzo pequeño, casi aun infantil del movimiento global, que acababa justo de comenzar y que ni siquiera por la propaganda contraria de nuestro tiempo podía ser detenida para siempre. **Un futuro que merezca la pena ser vivido necesita otro modelo de amor sensual o no se realizará.** Una innumerable cantidad de personas aprobaría esta frase, si supieran cómo sería este nuevo modelo y si tuvieran el coraje de hablar de ello abiertamente. Es difícil decir la verdad en los temas que afectan a la sexualidad sin hacer peligrar nuestra propia relación amorosa, el matrimonio o la posición social.

Yo no podía abandonar este sueño. Cuando fracasó la "Nueva Izquierda" buscaba nuevas posibilidades para seguir buscando en los nuevos pensamientos. Atravesé de nuevo algunos años de aprendizaje y de peregrinaje, visité más de cien comunas y me asombré de los antiguos amigos políticos que ahora se habían asentado en el campo para encontrar el sentido de la vida en ordeñar a las cabras por la mañana. Ya no leían "Política Económica" de Karl Marx, sino "El Libro tibetano de la vida y la muerte", el Bhagawadgita y antiquísimos libros de hierbas. La visión política se había hundido. ¿Surgió entonces, tan pronto después, otra visión nueva? ¿Podía ser relevado el pensamiento político tan rápidamente por un nuevo pensamiento espiritual y ecológico? ¿Había sido antes un verdadero pensamiento político? ¿O eran tan intercambiables las ideologías? Los objetivos de la lucha antiimperialista que habían sido proclamados muy poco antes por millones de personas jóvenes en todo el mundo, de repente ya no existían, y no quedaban apenas huellas de los movimientos de liberación sexual. Cuanto más se hundía el antiguo sueño, más largas se volvían las conversaciones de tipo psicológico durante el desayuno, la comida del mediodía y la cena, y en las sentadas nocturnas. En esta situación visité por primera vez en octubre de 1975 el "Friedrichshof" en el Burgenland austriaco. Fue construido y lo llevaba el pintor y artista para subastas austriaco, Otto Mühl.

El "Friedrichshof" era un experimento revolucionario. Debía surgir una comunidad con sexualidad libre y relaciones humanas sin mentiras. Aquí había un plan y una visión: bioenergética, trasladada a la vida grupal y a la organización social. Ningún proyecto había intentado hasta entonces poner los pensamientos de la liberación sexual en práctica de manera tan radical como este. El proyecto tenía mala reputación, a mí mismo me disgustaban algunos de sus puntos de vista y de sus métodos, pero era el único que tenía más o menos acceso verídico al "tema número uno". Sólo esto ya me bastaba para pasar por encima de aversiones personales y estudiar con emoción las circunstancias del lugar. Sesenta personas vivían allí bajo el liderazgo de un artista estimable en un sistema totalmente desacostumbrado de sexualidad libre, de falta total de propiedad y de una grotesca carencia de comodidad. No había radio ni televisión ni periódicos. No había ni sillones ni sofás. No había ni alcohol ni ningún otro tipo de drogas y casi ningún cigarrillo. Era el paisaje habitable más pobre que había visitado. Solo por medio de vivacidad emocional, de creatividad y de contactos sexuales podía aguantarse. Ante el "Schüttkasten", el edificio de los invitados, un reconvertido almacén de grano con establo de cerdos, había algunas acacias medio muertas de hambre. Aquí no había distracciones, ni siquiera por parte de la naturaleza. Aquí todo tenía que ser hecho por las personas. Si había en algún sitio algo fundamental que aprender sobre la formación de comunidades era aquí. Pues casi todas las otras comunidades ya se habían roto y a lo lejos tampoco había ya perspectivas visibles.

Aquí se encontraba una de las utopías sociales más radicales que se soñaron en la historia de los movimientos comunales desde los americanos huteritas hasta la actualidad, en el camino de su realización real. Y a pesar de todo también falló este experimento por los conflictos más comunes, por el sexo, el poder y el dinero. Aún no sabían todo lo que tiene que hacerse en una comunidad para poder resolver conflictos. Sabían algo del significado de la sexualidad, pero no sabían nada de las condiciones universales y espirituales de nuestra existencia, que tienen que ser consideradas e integradas para que pueda tener lugar en el sentido humano una comunidad con sexualidad verdaderamente libre, sin abusos de poder y sin hipocresía. La emocionalidad desarrollada allí no era libre, si no, no se habrían producido algunos años después arrebatos de odio y denuncias públicas que dividieron a la comunidad y que al final la destruyeron. También ese proyecto fracasó como anteriormente el comunista, por su dogmática estrechez de miras. Pero no estamos ahí para juzgar, sino para aprender de los fallos.

No podemos acabar la corta historia de las utopías sociales sin echar al menos un vistazo al movimiento Sannyasin fundado por Osho (Shree Raijneesh Bhagwan). En él tuvo éxito por poco tiempo un experimento sorprendente del siglo XX: la construcción del Raijneeshpooram, una ciudad New Age de algunos miles de habitantes en el estado norteamericano de Oregón. En el proyecto había una síntesis sorprendente de sexualidad, espiritualidad y liberación emocional que durante un largo tiempo estuvo unida a una visión totalmente global por una humanidad futura. De todos modos hubo casi medio millón de Sannyasin en el mundo. Anunciaban con sus vestidos rojos que estaban dispuestos a muchas cosas. Pero en realidad aún no había planes lo suficientemente maduros para esa gran disponibilidad colectiva. La mente amplia de Bagwan conocía los trasfondos de la religión y del espíritu, pero sabía poco del trabajo que se tenía que hacer para eliminar las estructuras internalizadas de poder, dominación, competitividad y miedo. En esto se fiaba de los terapeutas occidentales que ofrecían grupos en Poona y que no llegaban al meollo de la cuestión. De manera que bajo la superficie de todos los éxitos externos podían seguir dándose la gran vida, clandestinamente, los viejos conflictos a causa del sexo, del poder y del amor hasta que los llevaron al desastre en Oregón, en el que se deleitó la prensa burguesa. Para mí este movimiento era tan interesante e importante como el de Otto Mühl, también en éste había un comienzo en una nueva dirección que hoy podemos retomar y continuar desde una base más sólida. Cuando hoy buscamos textos auténticos sobre temas espirituales y sexuales de nuestra época, siempre hay entre ellos algunos del revolucionario y filósofo indio Osho. Para la localización histórica e intelectual del trabajo para la paz actual no es importante cuantificar la coincidencia con los representantes de una utopía social y un movimiento o con sus declaraciones. Es mucho más importante el reconocer y ver detrás de las insuficiencias y los fallos de un movimiento, el patrón que se tiene como meta, y si está en armonía con aquel proceso superior de nuestra evolución humana que nos une de nuevo con las fuerzas de la creación y con la matriz que está por encima de la historia de una vida universal sin violencia. Llevamos ese proceso como poste indicador entelequial dentro de nosotros, estamos en condiciones de reconocerlo y estamos definitivamente ante la decisión de seguirlo o de hundirnos.

El paraíso perdido.
Recuerdos de una alta civilización arcaica

¿Conoces el país donde florecen los limones?
En el oscuro follaje brillan las naranjas doradas.
Un viento suave sopla del alto cielo,
El mirto silencioso y el laurel alto,…
¡Allí! Allí
Quiero ir contigo, amada mía.
  Goethe: La Canción Nostálgica de Mignon

Hay cuentos que son más verdad que los hechos del presente, porque iluminan un fondo más profundo. Contienen un recuerdo de algo que ya existía o que está por venir. Iluminan en el proyecto de construcción de la creación una posibilidad real para una vida humana más profunda. De estos cuentos forma parte la historia del Paraíso Perdido. Es una historia desacostumbradamente profunda, la podemos seguir cuando recogemos sus vibraciones y entramos al mismo tiempo en un sueño diurno. De ese tipo de sueños eran las visiones de los tiempos anteriores. Desde aquí se convirtieron las sacerdotisas y sus discípulas en videntes, veían en el horizonte espiritual-mental cosas que se hundían en el pasado y cosas nuevas que salían a la superficie. Podían dejar que se acercaran, podían mirar a través de, y dentro de, lo que siempre existe, más allá del pasado y del futuro. Veían la conexión del ser humano con la divinidad, veían el espejo de la creación en el orden de la tribu, el amor de los sexos, en su cuidado común de la vida. Veían la conexión entre los centros de la tierra como las líneas de luz en un cristal. La visión por medio de los sueños era el método de su conocimiento. Para ello construían espacios propios. Uno de ellos fue el Hipogeo subterráneo en Malta.

  El Paraíso Perdido es la vida antes y después de la gran separación. Es la visión más allá de la historia de una sociedad humana que vive en armonía con la creación. Desarrolla en la Tierra aquello que nos habíamos imaginado antes bajo el "cielo". ¿Qué queríamos decir de niños, cuando hablábamos de cielo? El cielo era la esencia para todo lo bueno. Era el paraíso. Cuando una visión tal del paraíso se mantiene durante todos los siglos, algo de verdad tiene que tener. Ningún niño creería en un cielo así, si no existiera en alguna forma real, si no lo hubiera vivido en algún momento de alguna manera. No se trata sólo de imágenes consoladoras frente a una realidad difícil, sino que son imágenes de la realidad misma que de forma latente residen en nosotros – como recuerdo o sueño- y espera que se realice.

Conocemos el Paraíso Perdido. Los seres humanos estaban libres del miedo. Por ello podían tomar contacto con todos los seres y comunicarse con ellos. Podían observar durante mucho tiempo sin que la corriente de su percepción se viese interrumpida por el miedo o los sobresaltos. Podían seguir el rastro de un animal con creciente curiosidad, podían comprender lo que hace el animal, podían comprender un poco de su alma y unirse a ella. Vivían en un presente continuo y se dejaban llevar por lo que les traía ese presente. Por su estar en el presente, llegaron a altos niveles, casi sobrenaturales, de percepción sensual. Podían reconocer en el olor del paisaje el cambio del tiempo metereológico. Podían desplazarse al interior de cuevas y de aguas y experimentar algo profundo sobre el origen de la vida. Sabían, por su apertura hacia los elementos, porqué venía del agua toda la vida. Era una aventura y una delicia el poder descubrir y saber todo eso. Lo divino estaba muy cerca de ellos, lo descubrían en todas las cosas, pues ellas eran el medio en el cual se movían. Tenían el recuerdo del otro mundo, del que venían, totalmente dentro de sí. Cuando se adaptaban al fluir de las cosas podían desarrollar fuerzas que actualmente nos son incomprensibles. Así, construyeron sus templos y levantaron sus dólmenes y sus círculos de piedra. No era un esfuerzo físico, como lo es para nosotros, era una conexión completa con una energía torrencial. Conocían el secreto del trabajo sin esfuerzo. En una sensualidad sobrenatural podían escuchar durante mucho tiempo los sonidos de la naturaleza y cantar con ellos. Se daban cuenta de cómo todo un mundo se agitaba con ellos, conocían mucho antes de Pitágoras y de Johannes Kepler la música de las esferas. Captaron las imágenes de las estrellas y vieron lo que significaban. Así desarrollaron una astronomía que era el resultado de una unión muy íntima con el universo.

Sabine Lichtenfels ha descrito en sus libros sobre los círculos de piedra cerca de Évora, en Portugal, ("Traumsteine") y sobre los templos de Malta ("Tempel der Liebe") un viaje de exploración histórico, en el que se encontró con una cultura prehistórica por medio de investigaciones arqueológicas en ese lugar y por medio de un camino poco corriente de guía espiritual a través de trances y de la visión medial, y que tenia rasgos de un paraíso altamente desarrollado. La autora viaja en 1994 a Portugal y visita allí el círculo de piedra cerca de la ciudad de Évora en el Alentejo. Ese círculo de piedras es uno de los documentos mejor conservados del neolítico. Es bastante más antiguo que el de Stonehenge y otros lugares de culto de los misterios de las culturas del megalítico. En el círculo de piedras la autora entra por medio de inspiraciones mediales en una red de información de tiempos prehistóricos, recibe mensajes e imágenes de aquella cultura tribal que creó el círculo de piedra. Recibe conocimientos insólitos de la memoria mundial, de la llamada "crónica acásica" de la evolución, y de la historia humana. Empieza un viaje de exploración, que lleva más allá del significado local del círculo de piedra. Por medio de una larga cadena de "casualidades" y de coincidencias, de advertencias, sueños, trances y encuentros surge la imagen casi completa de una civilización arcaica que al menos durante 2000 años, probablemente aún más, tuvo que haber existido en muchas partes de la Tierra y sólo con la invasión de los llamados "pueblos del Kurgan" en el siglo V a. C. tuvo que hacer sitio a una civilización masculina mucho menos desarrollada, pero que actuaba con una violencia hasta ese momento desconocida.

Parece que en las civilizaciones pacíficas de Évora y Malta no existía el miedo, tampoco de los animales salvajes, ni del frio o el mal tiempo,ni de los hermanos de tribu o de los vecinos hostiles. El reglamento tribal guiaba desde el principio a los niños y los jóvenes a la conexión con todas las criaturas. La comunicación con los animales y las plantas era tan natural como la alimentación vegetariana. La videncia, el amor libre, la auto curación y la autarquía en todas las cosas, porque Nammu, la madre de la Tierra y del Cielo cuidaba de todos. Las sacerdotisas y las más ancianas de la tribu eran sus sirvientes orgánicas y representantes en la Tierra. No por su poder, sino por su saber, poseían una autoridad natural. Un saber muy avanzado en astronomía y geomancia, sobre poderes y lugares sagrados, sobre pueblos y continentes les ayudó, junto a Nammu, a realizar un sueño sobre la Tierra que había estado plantado ya mucho tiempo en la humanidad.

Era un gran descubrimiento. Si hubiera existido realmente un modelo así de una civilización sin violencia, si hubiera funcionado durante siglos en la Tierra, entonces sabríamos que la visión de una sociedad sin violencia es más que sólo un ideal. Entonces las atrocidades de los seres humanos que han cometido en los últimos cinco siglos en todos los lugares de la Tierra, ya no son una ley eterna. Entonces la guerra y la violencia son deformaciones surgidas históricamente y no constantes universales de la existencia humana. La posibilidad de un mundo sin violencia avanza situándose realmente tan cerca que se puede tocar. El descubrimiento de una civilización de paz matriarcal, como se describen en los libros de Marija Gimbutas, Riane Eisler, Heide Göttner-Abendroth, entre otras, contiene entonces una plenitud y una cercanía tan real, que miramos con ojos completamente nuevos nuestra época y nos asombra cómo ha podido haberse convertido en un enajenamiento y en un olvido tan cruel. La impresión más profunda reside en que aquí se nos muestra una fuente real de nuestra propia vida, una fuente que fluye a todos los tiempos porque pertenece a la naturaleza universal del ser humano. Encontramos a la matriz de un orden suprahistórico y universal de la sociedad humana. La autora habla aquí de la "utopía prehistórica". Está, en forma de realidad latente, en todas las cosas. Es la posibilidad en proceso de la historia humana aún no realizada, pero real. Es el verdadero contenido utópico, que buscó Ernst Bloch cuando en su gran obra sobre "El Principio Esperanza" habló del "nondum de la historia.

Si hacemos el viaje de exploración que Sabine Lichtenfels anotó en sus dos obras, entonces sabremos que no puede haber sido inventado. Aquí había algo más que sólo la voluntad humana de una persona que estaba interesada en transmitir y despertar una amplia verdad de nuestra historia. Ahora conocemos una fuente más para la construcción de nuevos ideales y tenemos un argumento sustancial más para nuestra fe en un futuro sin violencia. También esta herencia de la historia reside en nosotros. Doy las gracias al universo por este mensaje. Nos ha abierto más los ojos para el significado del amor sexual en el destino de la historia humana. Los procesos del anhelo sexual que se describen en el libro del círculo de piedras ("Traumsteine") y que al final conducían a la violencia, no pueden ser inventados: se siente la lógica y la consecuencia de los procesos internos. Era el poder del anhelo sexual de ambos sexos lo que conducía a romper los límites de su antiguo y religioso reglamento tribal y de contravenir las leyes sagradas de la deidad maternal. Y con ello empezó el ser humano a salirse de la Creación. Si seguimos de cerca la historia del "primer pecado original", entonces sentimos por sus agentes tanta compasión y comprensión – por no decir simpatía- que no les podemos adjudicar ninguna culpa personal. No había en juego ninguna intención malvada o cruel, y a pesar de todo entendemos de forma espontánea la lógica interna con la que la cadena de miedo y violencia posterior pudo ser el producto de este resultado y haber marcado durante muchos miles de años nuestra historia. La guerra sexual que causó estragos durante toda la era patriarcal y que llevó a las mujeres en la época de la Inquisición eclesiástica, a la frontera de su aniquilación física, sólo podrá ser superada cuando retrocedamos, con una visión clara a los lugares históricos y mitológicos en los que se originó, y desde allí recolocar el tema sexual en el orden universal de nuestra existencia. La "utopía prehistórica", que nos sale al paso como civilización tribal muy evolucionada del neolítico, muestra la visión y la dirección de esa liberación. Es la liberación de ambos sexos y la superación completa de la calle sin salida patriarcal.

Del libro "Quellen der Liebe und des Friedens" ["Fuentes de Amor y de Paz" Traducción literal del título del libro, así como del texto citado en el original es de la traductora], los oficios matinales de Sabine Lichtenfels:

imagínate que estás ante un portal del tiempo.
Ese portal es la apertura al paraíso.
Entras y miras el nuevo mundo.
Es efectivamente el Jardín del Edén.
Ya existe como realidad latente.
Vive en la conciencia de esa realidad superior.
Escucha el canto de los pájaros, de las plantas, de los animales y los seres angelicales.
Esperan a los seres humanos.
Todo un mundo quiere manifestarse a ti – dentro de ti y alrededor de ti.
Reconoce dentro de ti mismo tu propia imagen superior.
Ya existe en este mismo momento.

Capítulo 4
El tema de la sexualidad

Un futuro que merezca la pena ser vivido, no procede de los ordenadores,
Sino de una nueva relación entre los sexos.

La enfermedad global de la mente sólo podrá ser superada,
Si no se sigue conectando el amor sensual con la humillación.

Pensamientos nocturnos para una nueva amistad entre los sexos

Mis pensamientos están dedicados a todos los amantes. Vienen del corazón de muchos hombres y mujeres cuando se hallan en disposición de amar. Tenemos que encontrar juntos una solución para ese tema, una apertura para que no sufra ninguna de las partes. Una solución que provenga del amor y no de la venganza. Hemos sufrido demasiado cuando queríamos amar. Demasiadas personas, que una vez amaron, caminan ahora con el corazón cerrado, porque fueron decepcionados y hasta ahora no han podido comprender o digerir esa decepción.

La lucha moral entre los representantes de la moral antigua y los representantes de la liberación sexual debe ser levantada a un nivel nuevo, en el que el anhelo de ambas partes produzca comprensión humana y reconciliación. Pues esa lucha tiene lugar en cada uno de nosotros, por ejemplo como conflicto entre la fidelidad a uno sólo y el deseo natural de amar a otros. Ya no podemos seguir definiendo la fidelidad con el antiguo significado, porque no resistía la realidad de la vida, era demasiado restrictivo. No podemos ignorar el desarrollo histórico de los seres humanos. Lo que de ahí se desprende en el ámbito sexual, en cuanto a intentos de liberación, es sólo el comienzo de una nueva historia. Sea pornografía o anuncios de contactos, matrimonio "abierto" o sexo en grupo, intercambio de parejas o sexualidad libre: el desarrollo histórico de las personas tiende en el ámbito erótico a una disolución de las antiguas formas y de la antigua moral sexual. El ser humano ya no se siente bien en la cáscara antigua, busca instintivamente nuevas posibilidades. Procuremos que no se quede en la abolición de las antiguas formas, sino que ese proceso lleve a una nueva sustancia del amor y a la realización del sueño que tantos sueñan.

Soñamos con la pareja y quizá vivamos en pareja. ¿Se ha cumplido realmente nuestro sueño? ¿No sueño secretamente con una forma distinta, más amplia, más libre de la pareja? ¿De verdad puedo unirme en lo más íntimo, al coro de los indignados cuando se trata del denominado adulterio, de fantasías nocturnas, de "pensamientos indecentes"? ¿No sueño yo también con estas cosas u otras parecidas? Si soy mujer ¿acaso no tramo yo ocasionalmente fantasías sexuales que son contrarias a toda moral y a toda supuesta dignidad humana? ¿No entiendo rematadamente bien, porqué viajó Erica Jong por medio mundo buscando un contacto sexual espontáneo? ¿Y es distinto en los hombres? En realidad, ¿Son estos sueños sólo fantasías? ¿No son acaso más bien anhelos completamente reales que tengo que silenciar porque son considerados indecentes? ¿Pero quién ha inventado esa moral y porqué? Los representantes de la decencia y la dignidad humana, que han rodeado siempre nuestra vida ¿han tenido que erigir con la moral un muelle interno en contra de los pensamientos inmorales que ellos mismos piensan en secreto, en contra de las fantasías sexuales, que cultivan en secreto y en contra de los sueños, que ellos mismos sueñan en secreto?

Y ahora, que estoy inmerso en esta sociedad, en la que vivo en una relación de pareja o en matrimonio, que quizá tenga hijos ¿estoy de verdad obligado a jugar ese doble juego? No quiero traicionar, lo que tenía de bello y sagrado, el pensamiento originario del matrimonio. Pero quiero cambiar lo que en él hay de estrecho, de pequeño y de insincero. Es verdad que la amo o que lo amo. Pero también es verdad, que a través de ese amor, siento las ganas y la capacidad de amar a otros. En realidad, si no arrastro conmigo demasiados miedos, cuando comienzo a amar a un hombre, como mujer, amo en él a todo el sexo masculino, y como hombre, cuando he comenzado a amar y ver a una mujer, amo en ella a todo el sexo femenino. Si pudiera amar en esa creciente libertad, sin ser juzgado y sin perder a mi compañero o compañera, entonces podría empezar a reflexionar en libertad, sobre todo esto y expresar pensamientos muy distintos. Deseo tener una pareja que entienda todo esto y que me ayude a que tenga lugar. Esto sería mi ancla, mi polo, mi fidelidad. Con él o ella tendría una pareja para siempre. Invitaría, de corazón, a mi casa a todos los que quisieran unirse a esta alegría. ¿Qué o quién nos impide en realidad decirlo o hacerlo? En los momentos más bonitos me parece que el amor podría servir de modelo para todas las demás relaciones humanas y no sólo para las que existen entre dos amantes. Lo que experimento en esta relación de seguridad, de solidaridad y de deseo sensual e intelectual lo puedo llevar también afuera y compartirla con otros. Y después volver y contarlo. Creo que, la pareja real entre el hombre y la mujer es la fuente para una humanidad espiritual-mental y sensual común. Si pudiera confiar completamente en alguien no podría ni odiar ni estar celoso si él o ella amara o deseara a mi marido o a mi mujer, a mi novio o a mi novia del mismo modo que yo. Lo esperaría, y si no ocurriera, estaría sorprendido ¿Por que hay que separar a su novio o a su novia del resto del mundo?

Seguro que la pornografía, el burdel o la promiscuidad sin orden ni concierto no son una solución. Son solo el reverso de la imagen del amor demasiada estrecha, que se conectaban con las viejas formas de amor, fidelidad y pareja. Dado que esas formas eran demasiado estrictas y limitadas han anidado en ellas la desconfianza y las mentiras habituales. El amor y la fidelidad duradera no podían existir de esta manera. Las costumbres antiguas, que deberían haber protegido al amor, más bien lo han arruinado. ¿O cree alguien que las personas de nuestro tiempo que viven de la forma antigua, tienen mayoritariamente caras felices?

¿Y nosotros mismos? ¿No nos hemos convertido en maestros del camuflaje? ¿No conocemos el pensamiento que muchos piensan? ¡Si mis prójimos supieran de verdad lo que pienso y siento! Con cada fantasía sexual infrinjo la ley. Cada mañana me tengo que "normalizar". ¿Tiene que ser para siempre el que los humanos nos tengamos que acostumbrar a esta doble vida? ¿Se tiene uno que decidir para siempre por la supuesta cara normal? ¿No les sucede a todos los demás como a mí? ¿A quién obedecemos y a quién nos sometemos? ¿Son estas nuestras propias leyes? ¿Hemos pensado ya sobre esto? ¿Cuándo va a empezar el ser humano a hacerse cargo de su propia vida? ¿Cuándo va a tener el coraje de abogar y actuar por sus propios anhelos? ¿Y hacer, lo que amamos? He leído una frase hermosa: "Cuando amo, amo, y ninguna ley ajena está autorizada a ponerse ante el altar de mi amor". Como soy una mujer o un hombre, entiendo por amor la unión sensual y corporal con todos los que amo y deseo.

La pareja es de lo más hermoso que conozco. Siempre he soñado con ella. ¿Pero es realmente una ley irrevocable que establece que puedo tenerla con una sola persona? ¿No se trama esta felicidad a través de este amor para el o la única, del que Jesús ha dicho:" Sal por todo el mundo…?";No hay; una vez se halle nuestro mundo otra vez en orden, una cercanía de corazones y amor entre nosotros los humanos, en grupos pequeños, pero crecientes y a los que se agreguen cada vez más personas; y a pesar de todo se siga garantizando la intimidad? Quisiera poder salir repetidas veces, pero también poder regresar. Quisiera que esta patria humana intimísima y en la que confiamos al máximo, la que me da el valor de salir afuera, esté siempre dispuesta a abrirse cuando vuelva. Soy como un niño que ha descubierto la alegría y la investigación, pero que a pesar de todo, necesita la seguridad. ¿Somos todos nosotros niños de estos? Si lo somos, nos tendríamos que poner de acuerdo en esta base de lo más humana y no fingir más. Sin embargo, como ya somos adultos, quizá desde hace poco tiempo o ya desde hace bastante, deberíamos usar nuestra experiencia o nuestra inteligencia para que esos asuntos del corazón de nuestra vida salgan por fin a la a luz del mundo y nos ayuden a nosotros a crear una sociedad nueva, humana y feliz de hombres, mujeres y niños.

Necesitamos una nueva visión para nuestra vida en común y el valor de ponerla en práctica. Una idea que me ayude, cuando siendo mujer amo a dos hombres a la vez; una idea que me ayude cuando como hombre, deseo a muchas mujeres. Una nueva idea para el amor sensual en toda su dimensión. Estoy preparado para todos los esfuerzos. La base para un futuro nuevo es la verdad entre las personas, sobre todo entre los amantes, y esa verdad es, como dijo Nina Hagen una vez, la nueva forma de nuestra religión.

¿Qué es sexualidad?

El hombre:
la vida sexual fue un regalo para los seres humanos,
para desviarlos de su verdadero camino.
   Albert Camus

La mujer:
la identidad de una mujer es siempre sexual,
no hay otra.
   Cathérine Breillat

La sexualidad es la fuente de la vida humana. Raramente aún nos encontramos un ser humano que no sea el producto de la sexualidad. La sexualidad es la fuerza del maná fundamental del cuerpo humano. Todas las enfermedades psicosomáticas tienen su origen directo o indirecto en un trastorno del balance energético sexual. La energía sexual es una energía vital que fluye por **todas** las partes del cuerpo no sólo por los genitales y proporciona salud. La sexualidad es aquella fuerza generativa del universo que cuando circula por el alma y el cuerpo de una persona, provoca en ellos sentimientos profundos de anhelo, deseo y placer. La sexualidad pura es una sexualidad no enturbiada por el miedo, la humillación o los malos pensamientos. Es desnudez voluptuosa sin el teatro sucio de los sentimientos falsos. La sexualidad pura es una de las corrientes de alta intensidad de la vida humana más poderosas y una de las fuerzas de creación de la cultura y la historia humanas. La sexualidad es la base de todos los ámbitos de la existencia humana y por ello se extiende a toda la sociedad humana con un tejido neuronal invisible de atracción y rechazo.

La sexualidad es "el tema numero uno" porque impregna, como ningún otro, los anhelos, las adicciones y las fantasías secretas de los seres humanos. Si Camus hubiera conocido la verdadera sexualidad, no habría dicho la frase citada más arriba. La sexualidad contiene las uvas más dulces, pero a menudo se las declaró agrias porque eran inalcanzables. La sexualidad no se limita a la relación heterosexual entre hombre y mujer, pero tiene en ella su origen y su meta. La sexualidad es el regalo de amor de los sexos que nos puso a todos la naturaleza en la cuna. El mundo surgió "de una original noche de luna de miel" (Walter Schubart). Sin sexualidad no se entiende ni el mundo ni la historia humana ni a nosotros mismos.

El conocimiento sexual es un conocimiento verdadero del misterio. Si lo supiéramos todo de la sexualidad no necesitaríamos saber mucho más y sabríamos más de lo que nunca hemos sabido. Si tuviéramos una vida, en el aspecto sexual, completamente satisfecha, no necesitaríamos muchas otras cosas y tendríamos sin embargo más de lo que nunca tuvimos. Si viéramos lo divino en la sexualidad, podríamos renunciar a muchas religiones. Si tuviera una sociedad humana la fuerza sanadora de la sexualidad completamente de su lado, apenas necesitaría hospitales, correccionales o prisiones. Si amáramos la sexualidad, amaríamos todo lo concerniente al cuerpo y no destruiríamos nada físico. La sexualidad es la fuerza del alma en nuestro mundo, que mantiene unida a todo lo físico. La sexualidad es deseo puro, es pura. Lo sucio fue un invento añadido por el ser humano. La sexualidad es el deseo carnal más profundo, es el deseo de la carne. Pero también es el placer más profundo del alma, la alegría del alma, por la que nos podemos regalar y la alegría de "haber llegado". La pura sexualidad es la forma biológica del amor. Es el amor. Pero no es forzosamente amor personal, sino justamente amor sexual, a veces amor entre criaturas, amor animal y a veces amor cósmico, casi sagrado. Y a veces todo junto. La sexualidad correcta es la composición correcta de ambas partes del ser humano: hombre y mujer. Sexualidad libre y pura es el reconocimiento corporal de los sexos La comunicación profunda, la unión profunda y el conocimiento profundo a nivel físico. El conocimiento sexual es el conocimiento del cuerpo. Pero el cuerpo siempre tiene alma, por eso el conocimiento sexual es también conocimiento profundo del alma. No es psicología convencional, sino conocimiento de la vida. Si nuestra ciencia médica consistiera en conocimiento sexual, necesitaríamos menos terapias y menos instrumentos. Un solo parque para la sexualidad libre sustituiría a diez hospitales. La sexualidad es un poder mundial. Mata Hari, la primera bailarina desnuda en público, desconcertó a comienzos del siglo pasado a naciones y ejércitos enteros hasta que fue asesinada a tiros por el ejército francés en la primera guerra mundial. La sexualidad siempre ha jugado un papel en la política. Casi hace caer a Willy Brandt y casi también a Franz Josef Strauß. Si Bill Clinton no hubiera sido tan cobarde, no se habría dado por vendido tras su affaire con Monika Lewinsky, sino que habría hecho público su felicidad con esa mujer y la habría protegido de la publicidad.

La sexualidad es el ámbito de la vida en el que hoy mayormente se miente. La sexualidad es la fuerza que hasta ahora tenía que ser excluida para que pudiera funcionar la convivencia humana. Y justo por eso no podía funcionar. La sexualidad es aquel ámbito de la vida humana que se desarrolla en un 90% en la fantasía y en un 10% en la realidad. Todos reaccionan como si tuvieran alergia ante la sexualidad porque todos la quieren y casi nadie la tiene. La sexualidad es el factor en la vida humana al que se reacciona de la manera más sensible. Si oímos que alguien ha ganado a la lotería o que se ha comprado un coche bonito sentimos quizá un poco de envidia; pero si oímos que ha conseguido seducir a su vecina, entonces se nos corta la respiración. Si oímos de nuestro amante que ama a alguien, nos puede inquietar; si oímos que él o ella desea a alguien, que se acostado con él o ella y que fue estupendo, palidecemos.

La sexualidad es el reclamo de la humanidad, su escalofrío de pánico y su gran promesa. La sexualidad pura es finalmente el reencuentro físico de los sexos en libertad y alegría, en evidente igualdad y solidaridad. La sexualidad cariñosa es la fuerza que une a los padres y que lleva a sus hijos a florecer. La sexualidad es la fuerza básica de nuestra vida sin cuyo reconocimiento total, su liberación y satisfacción, nunca habrá una emancipación real ni de la mujer ni del hombre. Ernst Bloch buscaba el gran "nondum", el objetivo de la historia aún sin cumplir. Le podemos dar al menos una parte esencial de la respuesta: satisfacción sexual. El que estuviera tan alejado de este pensamiento es comprensible, pues una sociedad humana que posibilita a sus miembros la plena satisfacción sexual, aún estaba entonces fuera de todo horizonte utópico. La sexualidad es tan profunda como la religión. A su fuente llegan ambas juntas. La sexualidad es el poder de la diosa.

¿Quién es Lilith?

Para decirlo enseguida: a mí me atrapó hace tiempo y me ha cautivado. La conocí con 20 años y desde entonces no puedo liberarme de ella. Me ha acosado y torturado y me mantuvo despierto para que le fuera fiel. Es mi mayor alma femenina, mi seductora sexual, casi mi hermana gemela. Todos los que han conocido a Lilith están para siempre impregnados de ella. La maldicen o se vuelven adictos a ella. Está considerada la encarnación del mal porque representa el poder de la sexualidad.

Lilith es una figura mitológica. Es una mujer que simboliza tanto en lo bueno como en lo malo lo demoníaco de las fuerzas motrices de la sexualidad e invade por las noches a hombres como a mujeres en sus sueños. Lilith es más antigua que Eva. Ya aparece en los mitos babilónicos y rondaba por el cielo de los dioses que aún no había sido controlado completamente por el hombre. Sabine Lichtenfels escribe sobre Lilith (en su libro sobre Malta "Tempel der Liebe"):

¿Lilith? ¿Cómo se me ocurrió ese nombre en sueños? ¿No era el aspecto de lo femenino que en la Biblia se condenó como el mal por antonomasia? Eva era la que estaba desposada con Adán y que al final fue expulsada del paraíso. Sin embargo, Lilith era el aspecto de lo femenino que no se dejaba capturar. Era la naturaleza salvaje y femenina que tampoco se pudo domar a lo largo de los siglos. Ese aspecto femenino reinaba en el trasfondo a pesar de todos los intentos de domarla y les ocasionó desgracias cuando no se le concedió el derecho a vivir.

Antes de que los hebreos invadieran, hace más de 3000 años, "la tierra prometida" Canaán y destruyeran su cultura, Lilith era allí considerada por los hombre y mujeres como la "señora sagrada". Entonces comenzó, primero en el antiguo Israel y después en el cristianismo, la lucha despiadada contra Lilith y contra todos aquellos que la adoraban. Lilith y sus hijas, las "lilim", siguieron persiguiendo a los hombres. Monjes abstinentes intentaron rechazarla mientras dormían poniendo sus manos, que aferraban a un crucifijo, encima de los genitales. Se decía que Lilith se reía cada vez que un cristiano piadoso tenía un sueño húmedo (eyaculación). Cuando un joven se reía en sueños, decía la gente que Lilith lo acariciaba.

En la Edad Media se la nombró hermana del diablo. Los cristianos llamaban a las hijas de Lilith las "prostitutas de los infiernos" o las brujas de la noche. Se aparecían a las personas en sus sueños y se decía que eran muy hermosas. Como ocurría con sus hermanos "los íncubos", se suponía que eran tan expertas en el amor que un hombre después de una experiencia con una bruja de la noche, no podía quedar satisfecho con el amor de una mujer mortal. Lilith era el poder y la figura que durante los procesos contra brujas de la Edad Media habría de ser erradicada de una vez por todas del universo: el poder de una sexualidad pura no unida ni a una pareja, ni a un lugar ni a una ley. Es el poder que se inmiscuye en la vida de los seres humanos una y otra vez y que de hecho ocasiona desgracias, en tanto las personas, no se liberen de las prohibiciones medievales y en tanto no construya una nueva cultura erótica en la que haya suficiente espacio para la alegría libre y salvaje de Lilith. La alegría de la sexualidad personal y anónima. Lilith es la advertencia eterna para crear un nuevo orden sexual de la humanidad para que la reprimida mujer sea admitida de nuevo con toda plenitud.

Lilith y los esposos confusos

Lilith es difícil de aunar con ideas convencionales de amor y fidelidad. Vuelvo a citar un extracto de ("Templo del amor") "Tempel der Liebe" de Sabine Lichtenfels.

"Pensaba en la leyenda de Lilith, cuando visita a los hombres de noche en sus sueños, para celebrar la fiesta del encuentro anónimo. Cómo vigilaban las esposas celosas, que sus maridos no recibieran la visita de Lilith, porque sospechaban, que por medio de Lilith el anhelo del hombre se despertaría de una forma, que lo arrastrase al anhelo por otras mujeres. Provocado por la aparición de Lilith, el hombre se dejaría llevar por un deseo desorientado, su anhelo le empujaría a la distancia, hacia el mundo, hacia mujeres desconocidas. Las esposas intuían, que no podrían satisfacer su propio anhelo viviendo en una jaula dorada con su príncipe azul. A pesar de que bajo un cielo radiante, en la borrachera de la felicidad del primer amor, se hubieran prometido amor y felicidad eterna, aunque hubieran creído haber llegado a la meta de sus más grandes deseos y de sus más suspirados anhelos, todo era ahora completamente diferente. El deseo insatisfecho y la preocupación la trajeron algunas noches intranquilas. Cada sonrisa seductora de una mujer hermosa, cada trasero apetitoso y cada pecho rebosante se convertían en una amenaza. La espina de la envidia y resentimiento envenenaba su corazón inicialmente puro, cariñoso y amoroso. Esto también hizo huir a sus amigas y se encontraba en una situación de soledad aislada, de nuevo con su compañero tan deseado al principio, pero que ahora, entre tanto, le parece un extraño. Sentía que su propio cuerpo se quedaba hambriento. Las noches de amor ya no encontraban la satisfacción deseada. Los abrazos, al comienzo frenéticos de una profunda plenitud sensual, se habían convertido en superficiales y cotidianos. Las primeras huellas de frustración y desilusión se podían leer en su cara. Y así, poco a poco, con el peso de los años se convirtieron su carácter salvaje y su belleza original en un monstruo casero frustrado. Y de la misma manera, que ella vigilaba celosamente a su esposo, él también la vigilaba a ella. Sin duda buscaba con mucha frecuencia la huella de Lilith en la lejanía, en los bares, en los viajes de negocios, bajo la luz sofocante de los burdeles por mucho dinero, lo hacía sin embargo en secreto, a escondidas. Esa vida no debía salir a la luz del día de su vida pública. Ahí era el marido que funcionaba bien y que vigilaba a su mujer. Ella era su seguridad, su mamá comprada. La aventura que se le había otorgado a él, no se le había otorgado a ella de ninguna manera. Él estaba contento de sus celos porque le daban la seguridad de que podía dominarla.

A veces aún realizaban el deber conyugal, si no, los temas eran los coches, la televisión, el dinero, los viajes, los hijos, la buena comida. **Adoquinaban su vida para no acordarse del dolor de su amor insatisfecho y la gran promesa que se hicieron un día.**

Y mientras que sucedía esto, Lilith seguía visitando los millones de dormitorios. A millones y millones de amantes les ocurrió el mismo destino en el amor. Consideraban su desgracia como una desdicha personal y privada, y no sospechaban que detrás de las paredes de todos los vecinos se desarrollaba el mismo drama. Todos extendían el velo del silencio sobre su oscuro destino. Y mientras estaban sentados ante la ventana u organizaban su vida cotidiana y cubrían su frustración con consumo, soñaban en secreto con otro amor más grande y más satisfactorio. Ya no se daban cuenta de que afuera se hundía un mundo y de que su propio silencio y su creciente necesidad de compensación con dinero y consumo eran un tributo esencial para ello. Se habían aislado contra el mundo y sus temas.

Lilith no visitaba por las noches sólo a los maridos. Ella también venía por las mujeres. Les regalaba los sueños sexuales más salvajes, que en su mayoría estaban al margen de todo lo que se consideraba legítimo en esta sociedad, esos sueños las asustaban tanto a sí mismas que los ocultaban delante de sus amigos. Sólo a veces se rasgaba el velo y desayunando se leía el diario de la mañana: "Mujer celosa da el salto de la muerte", o "Marido celoso asesina a su mujer y a sus hijos. La causa de los hechos era el joven vecino con el que ella cometía adulterio."

En esa descripción, que todos los hombres y mujeres pueden comprender, se halla todo el motivo para la necesidad de crear otro modelo de amor sensual, que nos devuelva la libertad erótica que hemos perdido por las miradas enjuiciadoras de los otros y nos libere del engaño continuo. Verdad en el amor sexual es una de las mayores palabras claves en el concepto de curación del ser humano y la tierra. Ya no se trata de terapia, se trata, como se puede sentir, de la construcción de una nueva cultura erótica en una nueva sociedad humana.

Las palabras de Lilith.
El mensaje sanador en la sexualidad

Es la esencia de la diosa,
la que se encuentra en la mirada fugitiva de un hombre desconocido o
de una mujer desconocida.
Es el recuerdo de la fuente de la creación,
de la que venimos todos.

La Tierra no descansará
y el cielo no tendrá reposo
hasta que ese anhelo haya encontrado su verdadera satisfacción.
    Lilith

Lilith es un aspecto de la diosa de la vida Nammu, y con ello un aspecto de todas las mujeres. Todos los hombres se sienten atraídos a través de este aspecto, aunque piensen que, tienen que defenderse contra ello con todas sus fuerzas. Es el aspecto de Loreley a través del cual el sexo femenino influye en el sexo masculino con un poder fatal hasta que llegue el día en que ambos sexos se reconozcan y se unan. Entonces, así lo saben los iniciados, se produce la revelación de la mujer al hombre y al revés. Goethe, nuestro príncipe alemán de los poetas, forma parte de los testigos principales de ese poder femenino. Lo ha experimentado tan fuertemente en su propio cuerpo y en sus propias noches, lo ha descrito con tanta fuerza en el "Werther" y en el "Fausto", que el mundo literario, por veneración, apenas ha notado que lo que aquí se trata es el tema masculino más íntimo. Ha conocido a Lilith, lo "eterno femenino", ha suspirado y padecido por ella, abandonó su cargo clandestinamente en Weimar para llegar en Italia a la fuente, ha "buscado a Helena en cada mujer" y a pesar de derrotas personales se ha declarado a favor de su más profunda pulsión vital: "Lo eterno femenino nos atrae". Y al completamente irredento Fausto lo deja suspirar:

saciemos en las profundidades de la sensualidad pasiones ardientes.
En impenetrables hechizos se hallan dispuestas toda clase de maravillas...

Sabine Lichtenfels, entró en un estado trance en Hagar Quim, la ruina de un templo antiquísimo en Malta, en el cual se encontró con Lilith. Describe este encuentro en su libro y añade una trascripción de las palabras de Lilith, que me han emocionado tanto en su profundidad y su urgencia que las tengo que reproducir en este libro ya que contienen un mensaje de curación de lo más profundo. Sabine Lichtenfels dirigió a Lilith algunas preguntas básicas sobre el tema del Eros: ¿Qué se puede hacer para poder vivir completamente la corriente de alta intensidad del Eros? ¿Cómo se puede unir a esto la gran nostalgia por la pareja? ¿Cómo pueden superar las mujeres los celos cuando aman y desean al mismo hombre? ¿Y qué hay del fuerte deseo que se experimenta en el campo del Eros anónimo, por ejemplo ante un hombre apuesto de piel oscura? ¿Cómo se mantiene en este caso entonces la fuerza de "la esfera azul" en uno mismo? ¿Por qué es el miedo en este campo tan grande y cómo se puede superar?

La gran respuesta de Lilith
Ya en nuestro encuentro de Malta te di muchas respuestas a tus preguntas. Lo quiero intentar otra vez. El deseo hacia lo numinoso en el amor, el fuerte deseo que puede provocar la mirada de un extraño o la forma de un cuerpo y el gran deseo de la relación de pareja tienen su esencia en el mismo núcleo. Dos seres quieren amarse y conocerse en su belleza y en su libertad. Quieren ofrecerse un regalo. Quieren llegar a los cimientos de la comunicación en una presencia física elemental. **Es el principio primario de la diosa lo que nos llega en la mirada rápida de un hombre o de una mujer desconocida. Y es el deseo de la presencia eterna de la diosa y del hogar en ella, lo que nos roza en el deseo de una intimidad y de una pareja duradera.** *Es el recuerdo de la fuente de la creación de la que todos venimos. Es el recuerdo de que todos estamos unidos en un ser en el nivel más profundo. Queremos recuperarlo. Todas nuestras células quieres ser inundadas e iluminadas por este reconocimiento. Nada extraño debe separarnos ya. La luz del reconocimiento mutuo tiene que iluminar lo desconocido de la misma manera como lo buscamos en la presencia y en la confianza de la vida cotidiana.* **Lo uno no se entiende sin lo otro y, sobre todo, no se puede satisfacer. Ninguno obtiene satisfacción ni descanso si no se entiende el aspecto de lo sagrado en la sexualidad. Es el anhelo de la transformación, de la presencia duradera de lo divino lo que busca ser satisfecho en el anhelo de los sexos. Porque en ambos casos es a la diosa lo que el hombre brevemente ha visto en la mujer, y es a ella a quien quiere encontrar ahora.** *La mujer busca en el amante masculino la manifestación de la fuerza divina masculina. Es el Mesías sensual el que se esconde tras todos los grandes anhelos de la mujer. El anhelo de la creación se refleja en los anhelos de las personas. Ni la tierra descansará ni el cielo tendrá ningún*

reposo hasta que ese anhelo haya encontrado su verdadera satisfacción. Y con cada satisfacción se gesta un nuevo deseo. Ese es el juego de la creación que dirige todos los procesos.

Nada exige tanto la ponderación en su propio centro, nada requiere tanto la certeza en el propio interior como la satisfacción del anhelo en el amor. Encontrar en el propio centro el equilibrio, encontrar la fuerza de la tranquilidad y estar centrado en uno mismo; para ello servían los rituales y las reglas vitales de nuestros antepasados.

A fin de cuentas sólo hay una respuesta a todas tus preguntas. **El tema del amor sólo podrá encontrar su solución desde el vínculo con todo lo que es. En ese vínculo se encuentra la curación para los celos, para el miedo, para la violencia y para el dolor del miedo a la pérdida.** *Practica la unión con la creación y seguro que serás conducido al objeto de tus anhelos. Sigue la energía, pero síguela despierto y vigilante. La voz divina vive en ti. Solo el que vuelva a poseer este conocimiento la podrá encontrar también en el exterior. Ningún hombre, ni ninguna mujer podrán satisfacer vuestro anhelo sin haber reencontrado este vínculo en vuestro interior. Si aparece la impaciencia o el miedo en ti, es el testimonio de la presencia de la diosa. Son los signos de una gran energía bloqueada... Sigue tu miedo hasta el fondo y encontrarás la respuesta. Sigue a tu impaciencia e intenta comprenderla intelectualmente y encontrarás una nueva dirección para tu manera de actuar. Sigue tu rabia hasta el fondo y encontrarás que ha aumentado poderosamente la fuerza para actuar sinceramente.*

A través del pensamiento de conquistar para uno mismo lo que se ama sin que sea voluntad del universo, se comienza al mismo tiempo a matar en el otro lo que en un principio se amó. Ninguna diosa se dejará conquistar y ninguna libertad del amor se dejará encerrar jamás en una jaula. La comprensión mutua, que está en armonía con la creación, está muy cerca del deseo de la conquista, de ahí vienen los malentendidos. El deseo de una mujer de pertenecer completamente a un hombre es en un nivel más bajo e inconexo, el mismo pensamiento que el deseo que procede de la conexión con el Todo, de poder amar y reconocer a una persona completamente. Como estos deseos son parecidos se pueden confundir fácilmente, la confusión es especialmente grande cuando la energía de alta intensidad del Eros ya ha alborotado nuestras células.

Solamente se reconocerán los amantes verdaderos. Y la curación del futuro surgirá de las comunidades de los amantes verdaderos. Con independencia del camino que tome cada individuo, la curación sólo se producirá en la vinculación con Ser Uno. *Quien se una a la certeza del éxito que procede de la confianza total y de la unión con la creación,* volverá a encontrar la riqueza del mundo en sí mismo y su medio ambiente. Encontraras cada amante, cada mujer desconocida u hombre desconocido con el grado de conciencia necesario. Darás a todos tus encuentros espacio y libertad de manera que pueda iluminarlos lo que aún no se ha visto y aún no se ha reconocido de la creación.

Si te vuelves a unir con la fuente divina en ti podría ser muy posible que te tengas que situar contra las reglas y rituales de tu comunidad de vez en cuando. Todas las costumbres y reglas necesitan una y otra vez el espíritu creador de la renovación. Puede ser requerido por la creación, que lo que amas, este situado contra el espíritu de todo el grupo, e incluso al de todo un país porque en el interior esté germinando algo completamente nuevo que aún no esté siendo visto por otros. Desde el aspecto de la confianza escucharás y respetarás la voz de los otros, no te impondrás a ellos, y sin embargo, te quedarás con lo que amas. Por este medio se introducen procesos de cambio. El que ame verdaderamente procurará que los demás lo vean y también lo puedan amar. Este camino siempre conduce a la comunidad.

Puede ocurrir incluso que te rebeles contra las leyes de la creación. Cuando también aquí permaneces vinculado, y dejas ver a través de tus ojos los ojos de la creación, puede ser una contribución esencial para los procesos de cambio en la creación en si misma. También en esto no debes olvidar que es la diosa misma la que se quiere transformar a través de ti y de tu reconocimiento. En este proceso, aún no está el dolor de la separación. Sólo empieza cuando te impones sobre los otros. Sólo cuando te vuelves sordo a la voz del mundo y de tu propio corazón, sólo cuando te has perdido en el proceso de la oposición y ya no respetas las leyes de la creación de la que vienes, sólo cuando el anhelo sea capaz de arrastrarte alejándote de ti mismo, da comienzo la verdadera desgracia del olvido. Por ello se dice: el amor es ciego. Buscas en el exterior lo que has olvidado o traicionado en el interior. Tratarás a un hombre desconocido o a un amante de forma distinta si confías en que de él te vendrá una respuesta del mundo y de la diosa, que cuando vayas tras la desesperanza y la creencia en la insatisfacción de tus anhelos. Partiendo de esa creencia vas tras hombres o mujeres, y llegarás sin embargo siempre al mismo punto de dolor de tu propia alma. Partiendo de la confianza te atreverás a hacer cosas más valientes. Unido a la diosa actuarás por la certeza de tu camino como si el cumplimiento estuviera ya contigo. Incluso cuando tu cuerpo se viera atrapado por el deseo y temblara por la excitación, no abandonarás tu centro interno. Invitas a la diosa a ver con tus ojos y a sentir con tu corazón. Sólo esta decisión te da ya toda la protección que necesitas. Escucharás la voz de tu corazón y sabrás si tienes que actuar o no. No creas que esto siempre es rosa y ligero. Nadie dijo que fuera fácil hallar el camino de la satisfacción interior. Si no aprendemos a actuar desde la unión, también en las situaciones difíciles, nos destruiremos a nosotros y la tierra...

Demasiados han recorrido estas trampas. Ante nosotros se extiende el tiempo del despertar general... La conocedora desplegará todos sus dones para el bien de todos, de esa fuente procede su verdadera riqueza. Ni llamamientos morales, ni las advertencias de otros podrán haceros retroceder de esa unión. Podrán ser un estímulo para el desarrollo propio, pero al final, es siempre una decisión propia. Muchos tienen que hacer un gran recorrido de experimentación hasta que encuentran el camino de vuelta a esa comprensión. La satisfacción en la sexualidad y en el amor no se logrará de ninguna otra manera. **Sólo el que comprende que la corriente de alta intensidad, que fluye en conexión, es más amplia, más curativa, más poderosa, volverá a pisar este camino.**

Para ese proceso es necesaria una gran presencia. La fuente divina siempre se encuentra en el presente. El miedo se alza siempre de un pasado no superado y de un futuro proyectado en nuestra vida. Si estoy totalmente en el presente, entonces esto es una protección del miedo. Esto es un gran secreto, pero en realidad es un secreto evidente. Lo sientes, porque estás unido a esa fuente, porque los mensajes que recibes, cuando han llegado a ti profundamente, proporcionan alegría, seguridad y presencia. Provoca una apertura profunda en nuestro sistema celular, cuando surge el pensamiento de que nos podemos sentir seguros en este mundo. Este pensamiento te convertirá en revolucionaria del amor donde quiera que estés. Tan profundo vive la voz divina en ti. Siempre es nueva la gran revelación, la gran decisión, la gran libertad. Es tu decisión, si lo permites.

Una y otra vez te preguntarás: ¿Cómo abandonamos el miedo? ¿Y cómo recibimos el poder que puede crear paz en la tierra, en el amor y en la sexualidad? Y una y otra vez la respuesta es: es una decisión, el tomar uno mismo el camino de la confianza y el hacerlo transitable para otros. Deja el miedo. El miedo tiene que desaparecer de la tierra. Quédate con la liberación del miedo día a día, hora por hora. **Estudiando cada vez más profundamente, cómo a través de lo que se te posibilita, entenderás cada vez más profundamente, las leyes del universo.** Con un estudio amplio y existencial vienen las respuestas a ti. Por este camino se vuelve a encontrar la satisfacción en la pareja, la satisfacción en la comunidad y la satisfacción en el encuentro anónimo. Te darás cuenta, de que todos encajan y no pueden ser vividos separadamente los unos de los otros. Todos te aparecen desde el aspecto de la unión bajo una luz completamente distinta.

Cuando de verdad no sabemos cómo seguir, entonces la única respuesta del universo es: quédate quieto hasta que la fuerza en ti ha formado la repuesta. Ya no malgastas más la energía para los espacios intermedios. Espera hasta que sabes tú mismo lo que se tiene que hacer. Al final todo es un secreto de la energía: del manejo correcto de la energía. **Puedes escuchar en cada detalle del mundo y vas a encontrar siempre el Todo en ello y siempre nos trae una respuesta de vuelta.** *La concentración es en este caso un elemento importante. Ocupa un lugar preponderante en la escuela universal Aprópiate ya para tu largo camino de la fuerza de la tranquilidad. Es una fuerza sanadora gigantesca la que viene de la tranquilidad. La tranquilidad lleva consigo un poder y una magia inmensa. Aprende a tu propia velocidad a ir, a ver, a preguntar, a darte cuenta. Con este proceso el universo te está facilitando los encuentros que llevan en sí la fuerza de comprensión y la fuerza de curación. Cuando estés en este estado, todo será sencillo y claro. Reconocerás tu propia velocidad en que estás en el camino de la resonancia interior.*

Sexualidad y violencia

Violento se volverá un rió,
cuando se le fuerce a un cauce demasiado estrecho y recto.
La violencia es la erupción de energías vitales bloqueadas.

La sexualidad y la violencia son un tema fundamental de toda la época patriarcal, casi se podría decir que es su núcleo. Se debe comprender que lo hago tan corto como es posible, es demasiada verdad y demasiado duro, para quedarnos con él mucho tiempo. El tema de la sexualidad está atravesado por el tema de la violencia, sea consciente o inconscientemente, en la acción o en la fantasía, activa o pasivamente, de manera sádica o masoquista. No sé, si hay una persona adulta en la Tierra, que no tenga de alguna manera, en ocultas fantasías o en pensamientos reprimidos, una conexión con este ámbito.

Detrás del rechazo frecuente de la sexualidad siempre está de forma inconsciente su unión histórica con vileza y violencia. Nadie, ningún hombre y ninguna mujer, tendría si no la idea de rechazar esa fuente de alegría vital. No hay ningún punto de la vida en el que estemos tan trastornados y mal dirigidos como en éste. **Tiene que estar definitivamente claro, que una nueva, sociedad humana de los seres humanos, sólo es capaz de vivir cuando gana una comprensión completamente diferente de la sexualidad y hace realidad, de acuerdo con esto, un nuevo orden ético que ya no se basa en la mentira y la represión.** Este es el tema de mi libro "Der unerlöste Eros"[Aun no hay traducción del libro. Se puede traducir literalmente como "El Eros irredento".], y también fue el pensamiento básico hace 25 años para la fundación de nuestro proyecto.

La represión histórica de la sexualidad estaba y está conectada con la violencia contra las mujeres. La dimensión de esta violencia no se puede describir con palabras adecuadas. Tampoco nos lo podemos imaginar, porque nos derrumbaríamos, si lo experimentáramos con nuestros propios ojos. Sin embargo, por lo menos tengo que darlo a entender.

China: durante siglos se les ata los pies a las niñas porque los pies pequeños y tullidos aumentan el atractivo para los hombres. Afganistán: persecución de las mujeres por los talibán. Los dedos con laca de uñas roja se cortaban. Bangladés: las mujeres hermosas que rehúyen el cortejo masculino reciben ácido sulfúrico en la cara, los autores del delito no son castigados. Yugoslavia: violaciones masivas en la guerra como en todas las guerras. África: día a día se mutila a 6000 niñas o mujeres jóvenes los genitales, sin anestesia. Cuando se ha oído una vez a una de esas mujeres y aunque sólo haya sido en la tele, se sabe de lo que hablo. "Ablación" es la palabra corta para esta locura cotidiana. Se podría seguir mucho tiempo: violencia en la trata de niñas y en la prostitución, violencia en el matrimonio y en la familia, violencia de una manera sutil en la publicidad y en los medios de comunicación, violencia en las fantasías de deseo sexual de ambos sexos. Incluso los actos sexuales más crueles pueden crear deseo sexual; tan profundamente ha penetrado en nuestras células la conexión de sexualidad y violencia, como herencia cultural. El filósofo francés George Bataille lo ha descrito en su libro "Las lágrimas de Eros". La conexión consciente o inconsciente de sexualidad y violencia forma parte del "carácter social" (Erich Fromm) de nuestra sociedad. No tiene un sentido especial el castigar a delincuentes puntuales por actos que vienen de una estructura colectiva. La única posibilidad de su curación, consistiría en protegerlos de la sociedad existente y ponerlos en un espacio social completamente distinto, en el cual, la sexualidad se una a la confianza y no a la vileza. ¿Pero dónde se encuentran estos espacios en nuestro mundo? Mientras que no cambiemos la estructura colectiva se producirán estos hechos. La sociedad humana necesita una nueva base sexual.

La violencia es la erupción de energías vitales bloqueadas. Esto es válido, sobre todo, en el ámbito sexual porque aquí están bloqueadas la mayor parte de las energías. No habría criminales de guerra, ni sádicos, ni genocidas, ni hooligans si viviéramos en una sociedad humana que estuviera conectada con las energías vitales de los seres humanos. ¿No es tonto echar pestes de los hooligans y de los denominados radicales de derecha y uno mismo seguir construyendo el corsé social que produce esa violencia diaria? Sabemos por la psicología y la historia, que a menudo, los que toman parte en secreto en los excesos sexuales y en orgías de violencia, son los que hacen una llamada al castigo. ¡Cuidado cuando alguien exige castigos duros! Los apóstoles de la moral siempre tienen mucha labia, pero no está pemitido mirar bajo sus faldas. Lo que el director de cine y escritor italiano Pasolini representó en su película "Los 120 días de Sodoma", no es ninguna invención. Ocurrió realmente en el Lago de Garda al final de la Segunda Guerra Mundial. Y los acontecimientos (delitos) extraños que se conectaban con el asesino de niños Marc Dutroux, llevaban hasta los pisos del gobierno. Funcionarios del gobierno, autoridades policiales y políticos regionales formaban parte de una trata internacional de niños con la finalidad de la satisfacción sádica. ¡En nuestro tiempo y en el núcleo de nuestra sociedad!

El deseo de violencia está metido siempre en todas partes. Casi siempre, como escribe Donna Leon, "bagatelas", porque se trata casi siempre de hombres que no pueden manejar sus energías sexuales. ¿Pero quién puede? Me niego a reconocer, cualquier diferencia esencial desde el punto de vista moral, mientras la sociedad sea como es. En sus barrigas fermenta una horrible úlcera de sexo y violencia. Cuando estalla, ocurre Sodoma y Gomorra, hoy como siempre. Una sociedad que está organizada de modo inhumano en el ámbito sexual, no se puede mejorar con religión, moral, atención espiritual o psicoterapia. Necesita otra base para la convivencia sexual de los sexos. Hace poco apareció un libro con un título bonito: "Cien años de psicoterapia y al mundo le va cada vez peor". La psicoterapia no podrá resolver el tema de la sexualidad y de la violencia a pesar de los logros generales de Sigmund Freud y de Wilhelm Reich, porque no se trata de un tema individual, sino de uno social e histórico.

Trance de regresión con un ex sacerdote

En este punto quiero repetir algunos pensamientos fundamentales de nuestro trabajo: el mundo es un continuo. Las fuerzas que impregnan nuestro tiempo influyen, oculta o claramente, en todas las partes del continuo. La estructura de violencia y sexualidad descarriada está como turbulencia interna no sólo en las personas individuales, sino también en toda la civilización de nuestro tiempo. Forma un patrón latente que viene a la superficie bajo las circunstancias adecuadas y realiza las cosas más horribles. Necesitamos esa imagen científica de la holografía y la investigación del caos, para llegar a una evaluación y una consecuencia realista. La civilización actual produce día a día, por medio de su matriz errónea aquellas cadenas que después - en las explosiones de energía reprimida durante mucho tiempo - estallan con violencia. A menudo ocurren ambas cosas al mismo tiempo en la misma persona. Para ilustrarlo quiero poner el ejemplo de un hombre con el que hice un trance de regresión en uno de mis seminarios. Se trata de un hombre apuesto, de unos 45 años, amado por las mujeres, jefe de una empresa de arquitectura interior. Vino por impotencia sexual. La regresión nos condujo a una encarnación en el siglo XV. Por entonces era un alto dignatario del clero en traje talar. Antes de sus actos oficiales solía (como muchos de sus colegas) descender por una escalera que llevaba a diferentes habitaciones del sótano bajo la iglesia. Abajo se encontraban las mujeres con las que se cometían actos de violencia. Ahorro al lector los detalles. Ese trato bestial se sucedía regularmente, como un ritual. Después subía las escaleras de nuevo para empezar en la iglesia con sus actos oficiales. Sobre ello decía: "Lo necesito para limpiarme". ¿Entendemos del todo lo que se dice aquí? Necesitaba el exceso sádico para limpiar su espíritu, para liberarse con ello, al menos por un momento, de la obsesión de sus fantasías sexuales. Era cruel porque estaba dominado por un poder que era más fuerte que él mismo. Ese poder era el sexo, que había tomado las dimensiones de lo inconmensurable y lo demoníaco al intentar reprimirlo moralmente. Así se convirtió en agresor y víctima al mismo tiempo. Y no era desde luego un caso aislado, pues añadía conforme a esto: entre nosotros era tan habitual, porque lo hacíamos por una buena causa. Karlheinz Deschner escribió una crónica de las iglesias cristianas ("La cruz con la Iglesia" e "Historia criminal del Cristianismo"), en las que esa conexión diabólica de moral eclesiástica y exceso sexual, se documenta cientos de veces. En todos sitios, donde se reprimen los impulsos vitales en vez de integrarlos, vuelven a nosotros en forma de violencia incontrolable. Muchos de nosotros, han experimentado en su larga biografía kármica tanto la posición de la víctima como la del agresor. El que hoy es víctima, puede haber sido antes agresor y al revés. Nuestros amigos actuales pueden ser nuestros futuros enemigos y al revés. No tiene ningún sentido juzgar mientras el continuo y la matriz permanezcan invariables. El arquitecto de interiores, que antiguamente abusó de las mujeres siendo eclesiástico, es hoy un trabajador por la paz comprometido. Su impotencia no es sólo una enfermedad, pues tiene (como la mayor parte de las veces) un sentido más profundo: por medio de ella se ve apremiado a encontrar una nueva relación con las mujeres. Para ello sigue un rastro tan solidario y considerado, que se tiene el sentimiento de que aquí, se anuncia en realidad algo así como "el nuevo hombre". Él aceptó agradecido las revelaciones del trance de regresión como una confirmación de su anterior camino equivocado. Ahora era capaz de comprender y de transformar su tema de la impotencia mucho más profundamente.

Legiones de personas han recorrido un camino parecido, como victima y/o agresor, y lo recorren ahora, en este momento, aún en nuestro globo terráqueo. Pero en muchos se ha desencadenado una comprensión, que ahora quieren continuar de una manera nueva. Son cada vez más humanos – tanto del lado de los hombres, como de las mujeres - los que se sublevan contra el camino sin salida y miran una nueva dirección. Ojalá todos estén atentos y ayuden en la construcción de una nueva era en la que ya no haya ningún Dutroux, ni ningún sacerdote sádico.

Impotencia

¿Es que se trata al final solo de penes y de si funcionan?
¿Se trata de tamaño? Las mujeres dicen no, no, no.
Los hombres dicen no, pero quieren decir que sí.
Porque todo su comportamiento delata,
que en realidad sí es importante como funcionan sus penes.
No he conocido nunca ningún hombre, cuyo comportamiento no estuviera
dominado por el tamaño y el grado de erección de su pene.
Esto es algo que las mujeres no osan decir.
Esto es algo sobre lo que mentimos decididamente.
¿Por qué? Porque es demasiado cierto.
Un hombre que ama a su pene, se ama a sí mismo.
Y un hombre que no puede confiar en él, no puede confiar en sí mismo.
Ni en las mujeres. Ni en ningún otro hombre.
¿Es así de fácil?
Temo que la respuesta sea que sí.
Películas porno, aceite para bebés, cuero, cadenas negras.
Todo esto son compensaciones,
para penes que no funcionan o que sólo funcionan caprichosamente.
Porque si funcionan, todo lo que se necesita es música y luz de luna.

    Erica Jong en "El último blues"

El concepto de la impotencia no lo entiendo sólo como medicinal, sino que por impotencia entiendo todo tipo de incapacidad de orientarse en la vida erótica. También forma parte de esto la pregunta: ¿Cómo entrar en contacto con el otro sexo? Hay un gran número de personas a las que esto no les ha sido posible. Y más jóvenes de los que lo confesarían se atormentan con esta pregunta. Para muchos ésta es la gran cuestión de sus vidas. Muchas personas van al supermercado, a un seminario, al cine, a una feria del libro, a una discoteca, un taller de terapia con sólo esa cuestión en el trasfondo de sus pensamientos. ¡Cuánta gasolina se gasta hoy, cuántos aviones están volando, cuántos tiques al sur se venden, cuántos bares, hoteles, piscinas, se construyen para facilitar a las personas la toma de contacto erótica o para sustituirla por ofertas de consumo! Si viviéramos en una sociedad con la sexualidad satisfecha, habría un colapso económico sin igual. Si las personas fueran capaces de comunicarse mutuamente sus deseos de contacto sexual, de una forma sencilla y hermosa, nos ahorraríamos la catástrofe ecológica que está relacionada con las formas de diversión y turismo de la sociedad actual.

El apuro sexual en la generación joven apenas ha cambiado a pesar de las drogas, las fiestas y la Love Parade. Las personas que visitan nuestros centros, también vienen, evidentemente, a causa de estos temas. El éxito de los nuevos centros también dependerá en su mayor parte, de en qué medida sean capaces, de dar una respuesta constructiva a este problema. ¿Somos o no capaces de dar una respuesta a los jóvenes a sus preguntas sobre amor y sexo, miedo e impotencia? ¿Somos capaces de ayudarlos, concretamente, a encontrar una vida amorosa más exitosa? El que no avanza en su vida amorosa será bueno, sólo condicionalmente, como trabajador por la paz, porque ella o él estarán secretamente ocupados por fantasías y pensamientos. El aburrimiento demostrativo que muchos jóvenes mantienen ante los temas políticos de nuestro tiempo, depende también de su situación vital irresuelta, en el ámbito del amor. Mientras que sientan que los adultos no los pueden ayudar tampoco en esos temas, porque ellos mismos están desamparados, no tendrán interés en sus talleres y seminarios. Reiner Langhaus proclamó en la comuna 1 en Berlín: ¡Qué me interesa a mí Vietnam, si tengo problemas con el orgasmo! Si se pudiera dar una receta sencilla y manejable para la superación de los miedos y las dificultades sexuales, pronto tendríamos a todo el mundo de nuestro lado.

Ahora voy con el tema de la impotencia sexual en sentido estricto. Todos los hombres la conocen, todos la han tenido en algún momento y un cuarto de todos los hombres, está metido en ella. La viagra ha demostrado el alivio que ocasionaría en el mundo masculino, si hubiera una posibilidad real, de liberarse de forma sencilla, de los molestos problemas de la potencia. El hombre se identifica, como ha escrito Erica Jong, en gran medida con su pene. El pene es una característica de cualidad, su emblema, su carné de identidad. Apenas hay una humillación mayor que la de un pene inestable, en el que no se puede confiar; y no hay peor ofensa para un hombre que ser llamado literalmente "calzonazos" por una mujer. Por estas razones se han cometido asesinatos. Una de las causas esenciales de porqué los hombres temen más a la sexualidad libre que las mujeres, es a causa de la no fiabilidad de su pene. ¡Cuántas discusiones fuertes y debates filosóficos nos ahorraríamos si los hombres fueran capaces de amar físicamente sin temores y sin complicaciones! ¿Qué habrían dicho nuestros filósofos y escritores, qué habrían dicho Kant y Sartre del amor sexual, si lo hubieran conocido? ¿Qué habría sido del superhombre de Nietzsche, si el hombre Friedrich Nietzsche, hubiera sido capaz de entablar un contacto amoroso con las mujeres? El "superhombre" en "Zarathustra": fue su venganza por la propia impotencia. Miedo a la sexualidad e impotencia han jugado, casi siempre, el papel de viajantes ocultos en la historia del pensamiento del mundo occidental. De esta manera se produjeron las tonterías más inteligentes en el mundo. Por ello el pintor Sonneberg que pasó su vida principalmente en el psiquiátrico, podría decir con razón: "y una vez que se lo lleva dentro, la vida tiene su sentido".

A los impotentes no les ha tocado ningún número de la lotería fácil. Pero no deberían escoger la pena sino el agradecimiento. Porque la impotencia es para los que aprenden a escuchar la voz del cuerpo, un indicador del camino hacia la potencia. De esa manera, podrían nacer amantes maravillosos. En el tema de la potencia podemos aprender algunas cosas del secreto de la vida erótica, que quizá no aprenderíamos, si no fuésemos forzados a ello por la necesidad. Quisiera citar a este propósito, de forma humorística, pero con pretensión seria, algunos pensamientos del libro para mujeres "Rescatar el sexo" (editado por Sabina Kleinhammes). Este libro podría ser de ayuda para aquellos que están en el camino de la investigación.

Primero: impotencia quiere decir no poder. Pero no hay sexualidad en la que se tenga que poder hacer algo. Cuando alguien es impotente cree que tiene que poder algo, que en realidad no tiene que poder, y que si no pensara, en tener que poder, podría por sí mismo.

Segundo: la suposición, de tener que poder, lo que en realidad no tiene que poder, porque puede por si mismo (cuando no se piensa en poder), lleva en la mayoría de los casos a trastornos en el ámbito de la capacidad natural. El que realmente no puede, se ve confirmado en mayor medida por la falsa suposición del tener-que-poder. ¡Así se vuelve el sexo un deporte de competición inútil!

Tercero: cuando uno realmente no puede, y por el momento, ya no se ve ninguna solución, tampoco debe hacer como si pudiera. Todos los potentes son ocasionalmente impotentes, que aceptan su impotencia con encanto, sin matarse a trabajar innecesariamente o avergonzarse.

Cuarto: el sexo sucede por sí mismo, cómo respirar o hablar. El sexo es el arte más elevado de la meditación sensual, que consiste en no hacer nada especial y en no omitir nada especial. Este arte lo conocen todos, los que poseen los órganos para ello.

Quinto: con el sexo ocurre lo mismo que con otras cosas sensibles. No debemos adquirir una fijación, pues éstas se rebelan e impiden que se puedan poner en práctica, cuando se las persigue con demasiada obstinación. Necesitan libertad, generosidad, y, a veces, casi nuestro olvido, para que puedan

decidir ellas cuando quieren venir. Conocemos el hermoso principio de lo casual en el arte. Es también válido para el sexo.
Sexto: la impotencia es la lucha interior entre dios y la vanidad. La vanidad dice que, deberíamos presentarnos con determinadas capacidades y conocimientos. Dios no dice nada, como siempre, ni lo que debemos hacer ni lo que no debemos hacer, porque él es este principio de la alegría de vivir, que emerge por si misma, que existe fuera de los méritos personales.
Séptimo: cada Impotente conoce la experiencia de que es, en ciertas situaciones, increíblemente potente, por ejemplo, cuando uno está solo en la cama y deja vía libre a sus fantasías masturbatorias. Es decir que no es impotente, sino que piensa, que en el contacto sexual real tiene que poder ser capaz de algo, de lo que cuando está sólo consigo mismo, no cree que tiene que poder ser capaz, porque es capaz de hacerlo por sí mismo. La prueba es que ¡esta erecto!

La impotencia viene a una edad temprana (con menos de 60), a menudo no por debilidad sexual, sino por una energía sexual estancada que no encuentra ninguna salida, es decir, más bien de un exceso de energía. La energía se queda en algún sitio estancada antes de haber alcanzado realmente los genitales. A menudo se mete en un callejón sin salida ya en la cabeza, que ya no es capaz de enviar al cuerpo los impulsos libres de contradicción. Cuando el comando central esta equivocado, entonces también el cuerpo esta equivocado. Sí la cabeza envía información contradictoria, entonces tampoco forma una decisión clara el pene o la vagina. Esto, por otro lado, intranquiliza profundamente a la cabeza, por lo que en principio empieza un círculo vicioso, con el resultado de un bajo vientre que se declara en huelga definitivamente. El problema de la impotencia, se resuelve normalmente por sí mismo, cuando a causa de algún acontecimiento o comprensión, se produce un nuevo giro que trae la solución consigo mismo.

Bajo las condiciones actuales de la práctica sexual, casi es un signo saludable, cuando uno abandona el deporte de la competición general y de todas esas confusiones, que hoy en día, denominamos con la palabra "sexualidad". Tan súbitamente, como cesó su función, y de repente ya no era capaz, así de inadvertidamente, puede volver a ser capaz, cuando le llegue el momento. Quizá algunas explicaciones de este libro, son también apropiadas para encontrar la base interna, en donde no exista, el problema de la potencia y la impotencia. La potencia no es un tema médico, sino un tema de contacto libre de miedos. Cuando se ha encontrado, entonces se ha encontrado todo lo que es necesario para el amor.

La emergencia sexual de la mujer

Señor, ámame mucho, ámame a menudo y ámame durante mucho tiempo.
Te llamo con gran avidez.
Ardo sin extinción en tu amor ardiente.
Ahora soy un alma desnuda
Y tú en ella un invitado amable.
  Mechtchild von Magdeburg.

Cuando siento deseo sexual, no pido amor.
Pero cuando deseo, sin tener el ancla del amor, no siento satisfacción.
  Dolores Richter

La represión de la sexualidad femenina fue el tema central de la dominación de la era patriarcal. Los hombres-hijo sólo se podían afirmar, contra el ilimitado poder de la madre, destruyendo el poder sexual de la mujer. La mujer sólo pudo sobrevivir cuando aprendió a reprimir y ocultar su naturaleza sexual. Tuvo que practicar e interiorizar ese proceso del auto engaño sobre la sexualidad durante mucho tiempo, hasta pasar desapercibida, también para sí misma. Así podía - como consecuencia de un enorme proceso represivo - aparecer en una nueva "inocencia" y escapar a los tribunales penales de las religiones masculinas, de las morales masculinas, de las leyes masculinas, de las iglesias y de los dioses masculinos. Para ella apareció un mundo completamente falso, cuando empezó a tomar como propios, los valores masculinos que se le habían inculcado a sangre y fuego: monogamia, abstinencia fuera del matrimonio, castidad, obediencia sexual, "fidelidad" a su señor de por vida. También el matrimonio y las ideas ligadas a éste, del amor y la fidelidad, tienen su origen histórico los correccionales masculinos. La monogamia fue introducida en Europa (Grecia), a finales del siglo II a.C. por el rey Kekrops, como un medio para el dominio estatal y el orden. Las mujeres tuvieron que ser forzadas a la monogamia, por los medios más crueles, antes de que empezaran a aceptar ese destino. De todas las culturas y religiones de la era patriarcal tenemos informes sobre los métodos, que se aplicaban, para acostumbrar a la monogamia primero a las mujeres y después al resto de súbditos. Lujuria, sexualidad fuera del matrimonio e "infidelidad" se castigaban con desuello, empalamiento, muerte por lapidación, ablación de los genitales etc. Aún se aplican en muchos lugares de la tierra estos métodos. La monogamia, que hoy nos parece casi natural y que hoy es vista por la mayor parte de la gente de nuestros tiempos modernos, como un ideal amoroso, no proceden de un orden divino, sino de una exigencia de la dominación masculina. (A los gobernantes mismos apenas le importaba esta ley). Con la ley de la monogamia, la mujer fue alejada con violencia, de sus fuentes reales y obligada a una forma de vida, que al final consideró la correcta. Pero en el trasfondo hierve y se revuelve aún la naturaleza de Lilith, su otra forma, su anhelo insatisfecho. El hombre no ha vencido a la mujer, sólo la ha minimizado exteriormente. Pero él mismo ha perdido una fuente de su propia fuerza con la subordinación de la mujer; él mismo no podía seguir creciendo, porque un hombre libre necesita para su crecimiento interior el amor sexual de las mujeres libres. Con ello se produjo la situación para ambos sexos, que tan claramente describió Barry Long: el hombre no puede llegar a las mujeres en el ámbito sexual. Y la mujer, a la que se ha quitado su identidad sexual en la historia masculina, no se lo puede decir al hombre.

A menudo, no son las palabras masculinas, sino las femeninas las que describen la pena de la sexualidad insatisfecha. Emma Goldmann, Erica Jong, Dalma Heyn, Sabine Lichtenfels, Leila Dregger, Renate Daimler han descrito lo que ocurre en muchas de sus compañeras. ¿No hay en todas ellas una pieza irredenta de Josefine Mutzenbacher, que (en caso de ser auténtica la historia) describió de sí misma?: "He vivido todo lo que una mujer puede vivir, en la cama, en mesas, sillas, bancos, apoyadas en muros desnudos, acostada en la hierba, en las esquinas de los visillos oscuros, en chambres separées, en el tren, en el cuartel, en el burdel y en la prisión, pero no me arrepiento de nada de lo que hice." Ella ha dicho y ha hecho, lo que otras sentían y deseaban sólo en secreto. ¡Qué se siente y se piensa en los cuerpos femeninos, qué se siente y se piensa en los cuerpos masculinos! ¡Y qué se silencia! Lo he descrito en mi libro "El Eros irredento". Las mujeres tardaron mucho tiempo en osar reaccionar ante este libro. Párrafos como "La ninfomanía sana y el hambre de nuestras células" describen una realidad (no sólo femenina), que con sólo mencionar, se incurre en un riesgo. No porque sea pornográfica, sino por que todos saben que es verdad. En los asuntos relacionados con la sexualidad, a pesar de todo el jaleo sobre la sexualidad de los medios de comunicación, aún tenemos una cultura del silencio. Por ello se llama un libro de Sabine Lichtenfels "Der Hunger hinter dem Schweigen" [Traducción literal: "El hambre tras el silencio"]. Nos referimos al hambre sexual. De ese libro procede la cita: "A veces dudo que los hombres y las mujeres sólo quieran una cosa. Creo que las mujeres lo quieren infinitamente más."

Lo que necesitan para conseguirlo, lo que todos necesitamos para conseguirlo, es contacto, apertura espiritual, confianza. Esto no nos lo puede dar el régimen del dominio masculino.

Estaría bien si se informara al mundo masculino correctamente sobre la dimensión de la energía sexual en el mundo femenino, entonces los hombres se podrían relacionar más sencillamente y sin desprecio, con sus propias fuentes vitales, pues la energía sexual es pura energía vital para ambos sexos. La mujer es para el hombre la encarnación de la energía sexual, y el anhelo masculino por la mujer está ligado a su eterno anhelo por su reunificación con su propia fuente vital. La mujer desea esta reunificación, la desea, posiblemente, más que ninguna otra cosa. Lo desea a menudo mucho más directamente y más jugosamente, mucho más obscenamente y más carnalmente de lo que permite la decencia. A menudo, sin embargo, no tiene el coraje de confesarlo o en general de reconocerlo, pues vive en circunstancias, que no permiten ese deseo y ha aprendido de la historia, con cuanta crueldad reacciona el mundo masculino ante sus deseos sexuales. En realidad, ha aprendido a reaccionar ante acciones sexuales que le gustan, no con alegría, sino con indignación, porque su alegría original ha sufrido abusos sádicos durante décadas y siglos, en una dimensión atroz. Aquí yace un punto de una tragedia tan grande que se podría llorar a moco tendido infinitamente. Los sexos necesitan un nuevo repertorio de palabras y signos para poderse encontrar de nuevo de forma clara y nueva en el ámbito sexual. Y necesitan lugares reales en esta Tierra, en la que estos encuentros sean posibles. Los Biotopos de Curación son también siempre lugares para una liberación cuidadosa, clara y sin engaños de la sexualidad.

La emergencia sexual de la mujer procede de una historia y una sociedad, en la que la lujuria y el adulterio eran considerados como pecado mortal y aún lo siguen siendo en parte. Una cita sobre esta cuestión del libro "Die heimliche Lust. Der Mythos von der weiblichen Treue" [Traducción literal: "El deseo secreto. El mito de la fidelidad femenina"] de Dalma Heyn:

según la cultura se marca a la adúltera con un hurgón, sus piernas son taladradas con una lanza... o es asesinada, como por ejemplo en el caso de los Senufos y Bambaras en África del este. Además, según el derecho islámico, un hombre puede asesinar sin más a una mujer cuando descubra que ha tenido relaciones sexuales fuera del matrimonio. En la Arabia Saudita actual, se la mata por lapidación. En partes de Méjico, se les corta la nariz y las orejas, de pronto, antes de lapidarlas. La sexualidad femenina está ligada tan íntimamente al castigo, que el destino de las mujeres siempre está afectado por ella, da igual si se halla dentro o fuera de la sagrada institución del matrimonio. Así no se le concede a Anna, la heroína de Sue Millers "The good mother" ["La buena madre"], el tener ninguna relación amorosa tras su divorcio -a pesar de que su anterior marido se ha casado otra vez - por ser madre de una hija. Tampoco la psicóloga, encargada por el juzgado, que la califica de buena madre, pues tiene una buena relación con su hija, logra invalidar el estigma de la sexualidad y de convencer al tribunal. Una mujer activa sexualmente tiene, en otras palabras, una influencia perniciosa en su hijo y no merece quedarse con él. Una mujer sexualmente activa no es una buena madre."

¿Qué edad deben alcanzar las mujeres para comprender y confesar su propia represión sexual? Renate Daimler ha escrito un libro espectacular con el título "Die verschwiegene Lust" [Traducción literal "El deseo silenciado"]. Las mujeres allí entrevistadas, todas entre los 63 y los 83 años, reivindican sin reservas, el dolor de la sexualidad perdida en sus vidas y el deseo de recuperar aún todo lo que sea posible. Aquí tiene lugar la emancipación de la mujer en una nueva dirección: la emancipación del antiguo, falso papel de la mujer, emancipación de la imagen cursi asexual, que impone el mundo masculino a la mujer, y que esta adopta después de mala gana. Emancipación de la presión permanente de la sociedad, de tener que aparecer de manera distinta de lo que se es en realidad, emancipación también de las ideologías feministas parciales, dirigidas contra el hombre. En este mismo sentido va el libro de Dalma Heyn, del que se extrajo la cita anterior. También aquí recibimos por boca de las mujeres documentos impresionantes sobre la ética anti-femenina de nuestra cultura y sobre la dificultad de ser realmente mujer en un mundo que se basa en la monogamia, en la doble moral y en la subordinación de las mujeres.

Solo hay una razón, por la que estos libros para mujeres no se encuentren en las mesillas de noche de todas las jóvenes mujeres: porque si hicieran la misma confesión, no sabrían cómo serían acogidas por sus amigas y amigos. Todas ellas están en esa complicidad secreta del disimulo mientras no tengan la posibilidad de orientar su vida de otra manera. En la denominada "vida real" faltan las posibilidades de cumplir los deseos secretos. Esta es la razón del engaño permanente y de la doble cara moral en el ámbito de la sexualidad. Es la razón del fracaso de la revolución sexual que quiso empezar de forma vacilante en los años sesenta. Hoy ya no "está de moda", el seguir los sueños de naturaleza sexual porque se ha corrido el dicho de que ya no se cumplen. La miseria sexual es igual de fuerte en ambas partes. En el lado masculino se la ha descrito quizá de la manera más impresionante por el médico suizo Fritz Zorn, fallecido aún joven, en su libro "Mars" ["Bajo el signo de Marte"]. Justo por el destierro de la verdad en nuestro tiempo, merece la pena de nuevo, leer tales libros y hablar de ellos: son una ayuda en el camino de la verdad. Apenas ha habido una época en la que la propaganda de tipo sexual y la realidad de la sexualidad tengan una brecha abierta tan amplia como en la actualidad. Hoy en día no se resuelve nada sólo con la educación sexual y la queja; aquí se necesita ayuda concreta. Los Biotopos de Curación tienen que ofrecer ayuda concreta para el estado de emergencia sexual de nuestros tiempos.

El núcleo de la emergencia sexual

La causa de la mayor parte de las desgracias sobre la tierra
es que los hombres y las mujeres han olvidado,
cómo se ama físicamente de verdad.
Esta es la tragedia más grande de todos los tiempos.
El sufrimiento fundamental de las mujeres, su descontento continuo,
tiene su origen en que el hombre no puede llegar a ella físicamente.
  Barry Long

También los hombres aceptan ya el significado de la sexualidad. El más claro es el australiano Barry Long que actualmente viaja como profesor espiritual por el mundo. Éste tuvo experiencias sexuales que estaban ligadas a una revelación de más envergadura. Es verdad que también dijo muchas tonterías y se puede pensar de él lo que se quiera. Sin embargo, lo que escribe sobre el amor sexual no lo ha osado escribir nadie con su claridad. Tengo que citar (las palabras que me son más importantes, las digo mejor con las palabras de otros):

la causa de la mayor parte de las desgracias sobre la tierra, es que los hombres y mujeres han olvidado, cómo se ama físicamente de verdad. Ésta es la tragedia más grande de todos los tiempos. Este olvido ha empeorado de tal manera, a lo largo de muchos siglos, que se ha convertido en una tragedia para toda la humanidad.

El sufrimiento básico de las mujeres, su descontento continuo, tiene su origen en que el hombre no puede llegar a ella físicamente. Su desmesura emocional, sus depresiones, su frustración, incluso su tensión premenstrual y los estados que le llevan a la histerectomía y a otros problemas del útero, tienen su causa en el fracaso sexual del hombre, que durante el acto de amor, no es capaz de recoger o de liberar sus energías femeninas más delicadas y más profundas. Esas energías diurnas tan increíblemente bellas son intensas y exquisitas, y cuando permanecen encerradas en la mujer, como ahora es el caso, se malogran y transforman en trastornos psíquicos o emocionales y se enquistan finalmente como anomalías psíquicas. Del regazo nacen todas las cosas.

El sufrimiento básico del hombre, su intranquilidad continua, tiene su origen en que ha olvidado cómo se ama y así ha cedido su autoridad divina original y ha perdido el control sexual sobre sí mismo. Su degeneración psíquica y emocional se manifiesta en la obsesión por el sexo. Todos los hombres, sin excepción, están obsesionados por el sexo. Esto significa tener fantasías sexuales compulsivas, masturbación crónica - aún conviviendo

Capítulo 4 El tema de la sexualidad

con una pareja - represión de la sexualidad, lo cual induce a la rabia y la violencia, y a síntomas universales como el ardor por el trabajo y la caza de dinero. El ardor por el trabajo y la caza de dinero, compensan el ser un amante inepto, y son (en ambos sexos) tapaderas de la incapacidad de amar o el temor de amar. Por su descuido del amor, su descuido de la mujer, padece el hombre de eyaculación precoz, sentimiento de culpa, miedos, desconfianza de si mismo, impotencia, atrofia sexual, que se enmascara de desinterés sexual, abstinencia sexual a causa del miedo al fracaso reprimido, presunción sexual y carencia de verdadero conocimiento. Todo esto se lo exige a la mujer, y con ello empeora el descontento básico de la mujer y su propia intranquilidad interna.

Para que un hombre esté completamente "integrado", tiene que incorporar a su cuerpo, las energías femeninas divinas que la mujer sólo puede liberar en el amor físico verdadero. Pero el hombre tiene que ser lo suficientemente hombre. Tiene que ser capaz de amarla suficientemente, esto quiere decir, durante el acto de amor, amar a la manera divina, altruista,... para liberar las energías divinas del núcleo interior de la mujer. **La capacidad de amar a la mujer de esa manera, es la autoridad que ha perdido el hombre, su verdadera autoridad sobre la mujer.** *Ello exige amor puro. No depende de ninguna técnica. Un hombre puede mejorar su técnica sexual, pero para amar divinamente, no le ayuda un saber especializado. Las sensaciones excitantes y los orgasmos, son agradables y le dan una especie de autoridad, pero esto no es el amor que anhela la mujer. Quizá la satisfaga como lo haría una buena comida, pero pronto tendrá hambre y al final despreciará su apetito o a sí misma, porque sabe que no es amada.*

Para el hombre, la furia femenina de la emoción, es el infierno en la tierra. Ésta es la parte de ella que él no puede manejar ni comprender. El demonio de su propio fracaso en el amor, se despierta para desdeñarlo, menospreciarlo y atormentarlo. Le tiene mucho miedo. El fanfarronea y lo engaña. Al final si se resigna en la relación y tira la toalla en nombre de la querida paz, la furia lo dominará y obligará a abandonar los últimos restos de su masculinidad y de su autoridad. Entonces envejecen ambos al mismo tiempo y se sienten seguros, pero medio muertos, al echarse de lleno en el horrible mundo del compromiso.

Mientras que el mundo siga existiendo como hasta ahora, no dejará la furia, que el hombre olvide, su fracaso en amar de verdad a la mujer. La mujer debe ser amada. El futuro de la humanidad depende de que la mujer sea amada, porque solo cuando la mujer es amada, puede ser el hombre, él mismo, y volver a ganar su autoridad perdida. Sólo entonces, puede volver la paz a la tierra. Pero la mujer, tal como es hoy en día, tampoco puede ser amada, durante mucho tiempo o para siempre, por el hombre, tal como es hoy en día. Ambos están atrapados, juntos, en un círculo vicioso y si se les abandona a sus propias ideas sobre el amor, no hay salida.

Estas son frases verdaderas. Dichos de tanta envergadura y profundidad, los encontraremos también en Wilhelm Reich, y de otra manera, en Sabine Lichtenfels. Fueron iniciados con los descubrimientos de Sigmund Freud, pero después, se abandonaron de nuevo en la psicoterapia, porque sus consecuencias habrían hecho estallar el concepto de la vida burguesa. Hoy pueden - desde nuevas perspectivas antropológicas y espirituales - volver a retomarse, porque ahora somos capaces de sacar una consecuencia más adecuada. Se ha vuelto real, el crear una sociedad humana con satisfacción sexual real, porque la condición para ello, la reunificación de las personas con la Matriz Sagrada de todas las vidas, se ha vuelto visible. El trabajo por la paz, es también trabajo por el amor sensual. Sin amor sensual, toda paz se puede resquebrajar, pues la paz es - finalmente - paz entre los sexos. Y vuelvo a decir la frase: no puede haber paz en el mundo, mientras que haya guerra en el amor. Y porque estamos aquí, en nuestra tierra sensual, corporal, redonda, también se hace referencia con el término paz, a la paz sexual de nuestros cuerpos.

Entrega sexual- un tema político

Soy cera en tus manos,
cuando estamos juntos en la cama.

Christine, 80 años

El elemento del deseo que se halla ahí dentro,
y por ambas partes, por el lado activo y por el pasivo,
el elemento del deseo y el elemento de la necesidad,
en donde ya no se discute;
ese elemento del destino, también tiene que ser visto.
Y la sexualidad espera que incluyamos estos elementos.
Pero lo que yo digo sólo es válido en el nivel del contacto sensible.

Martina Gosler (en "Der Befehl"/ „La orden")

La entrega significa que se ama algo y que se va tras ese amor sin condiciones. Es una apertura sin seguro de vuelta atrás. La entrega es un proceso estupendo. La parte femenina dentro de nosotros, igual si somos hombre o mujer, anhela la entrega. Ser capaz de entrega es un signo de salud. Sólo un organismo, que ha absorbido profundamente dentro de sí la información de la desconfianza, rechaza la entrega.

He hecho una encuesta entre mujeres con experiencia sobre el tema: ¿Qué significa para ti la entrega? Las respuestas más frecuentes eran: placer, suavidad, tranquilidad, presencia, pasividad absoluta, delicia, lascivia, "de todos modos algo hermoso". Todas las mujeres que aún tienen una relación positiva con el amor sexual, responderían así o algo parecido. La entrega es un valor elevado en la escala femenina de valores.

¿Y cómo es para el hombre? Él es mayoritariamente la parte activa, pero también para él es importante la entrega, porque entrega y actividad no son contrarios, pues me puedo entregar totalmente a lo que hago. En el caso de la sexualidad, también es deseable, porque los hombres que no pueden entregarse a sus propios deseos, no son precisamente un gran disfrute para las mujeres. Para ambos sexos la entrega es un tema importante. La sexualidad es ya casi un sinónimo de entrega física. Pero ahora viene la dificultad. Si soy un barril de pólvora, con energía estancada, si mis fantasías están a punto de desbordarse, ¿cómo puedo entregarme? Cuando, ya a las primeras de cambio, caigo en la turbulencia de mis fantasías sádicas o masoquistas, o cuando el apetito sexual se ha vuelto demasiado grande para tomar una dirección sana, sin que haya control ¿a quién o a qué me puedo entregar? O cuando no sé cómo "se" hace correctamente, sí lo hago correctamente, lo que piensa la pareja de mí etc. ¿Cómo debería entregarme?

Se dice que es la cabeza lo que nos lo impide. Es verdad. ¿Pero es realmente sólo la cabeza? ¿Qué haríamos si no estuviera ahí? ¿No explotarían en todas partes los barriles de pólvora? ¿No se hundiría nuestro planeta por entero, en esta situación general de estancamiento de nuestras vidas, en el caos del ardor y en un grito de dolor? A veces deberíamos agradecer a nuestra cabeza el que se ponga en nuestro camino y que nos impida hacer más daño. A veces estamos el uno frente al otro, de repente no sabemos como seguir y perdemos por torpeza, nuestra alegría en la sexualidad. Entonces la cabeza empieza a causar estragos. Cuanto más lo hace, más se reduce la libido, y más se convierte la historia en una cuestión de éxito o de fracaso. ¡Oh!, ¡Y ojalá entonces sonara el teléfono o llamara alguien a la puerta de modo que pudiéramos escaparnos de esa situación sin salida! Pero la mayoría de las veces no tenemos tanta suerte, no suena ningún teléfono, tenemos que ver nosotros mismos cómo nos las apañamos. Ahora empieza verdaderamente el problema de la potencia. De la entrega no queda ni rastro. Quizá aún conseguimos, con ayuda de la activación de nuestras mejores fantasías masturbatorias, a encontrar la conexión sexual. Siempre con la esperanza secreta de que nuestro compañero o compañera no se dé cuenta de lo que nos sucede en el interior.

Cuando alguien está inmerso en una situación tan delicada y la revive una y otra vez, entonces él (o ella) siente un profundo desagrado en volver a empeñarse, pero esta vez de verdad, en reflexionar sobre el sexo y el amor, y de no retomar otra vez los patrones, que se les ha ofrecido por la cultura industrial existente. Tengo que decir que merece la pena, justo en ocasiones como esta, ir a la enseñanza cósmica y oír la voz de la vida. Porque no está tan mal, bajo las circunstancias actuales y las formas actuales de comunicación y superficialidad, el ser ocasionalmente impotente. Entonces se ve uno en la necesidad de enfrentarse al tema y de no seguir dejándose llevar por la corriente. **Cada impotencia podría ser el comienzo para desarrollarnos como un amante realmente bueno.** Sólo se tiene que encontrar el camino para pasar del estrés de la competición a la entrega. Entrega es, pues, una cuestión de confianza y contacto. **La sexualidad verdadera está ligada, tanto del lado masculino como del femenino, con la confianza y el contacto.** Cuando estos existen, el resto ocurre por sí mismo. Todas las impotencias desaparecen si existe suficiente confianza y contacto. El contacto y la confianza son también los únicos medios eficaces, para poder reconducir a las vías correctas, la energía sexual estancada y las que son de carácter algo perverso. Pero justo: en la sexualidad se trata de confianza y contacto – y esto es así tras una historia de cuatro mil años de violencia y de desconfianza. Aquí se deben crear nuevas relaciones de convivencia humana, que posibiliten un nuevo condicionamiento fundamental con dirección a la confianza. Por ello la entrega no es sólo un problema personal, sino sobre todo social y político, una cuestión de nuestra estructura general social.

En la época cultural, de la que venimos, fue y es casi todo, a lo que nos hubiéramos podido entregar, considerado como tabú, prohibición y castigo. Conocemos la triste historia de una de las parejas de amantes mas famosas de la historia del medievo: Eloisa y Abelardo, en la que el deseo de ambos de una entrega total sexual tuvo como final un castigo cruel. Muchos de nosotros han pasado por una experiencia así de cruel en algún momento ahora o en una vida anterior. Todos nosotros hemos aprendido a no mostrar nuestros anhelos de entrega abiertamente y a ocultarnos tras un muro protector. ¡Con qué entrega se celebró en Berlín el Love Parade! ¡Y qué aspecto tienen esas mismas personas con diez años más!

Voy por Berlín y me imagino que soy una mujer y contemplo a los hombres. Ya llevo dos horas caminando y apenas me he encontrado con uno al que confiaría mi entrega. Ya no tiene sentido el intentarlo una y otra vez. Lo haría encantada, si pudiera estar segura, de que después no iba a tener la consecuencia de la crueldad, del desprecio, del abandono. Pero ya no veo ninguna razón más, para creer aún en algo así. Esta es la situación de muchas mujeres y una razón para el extendido anti-sexualismo moderno. Esta es también una razón, de porqué proyectos para la liberación de la sexualidad son calificados por grupos feministas como "sexistas".

¿Entrega en el amor sexual? La meta de las metas. Pero ¡con cuánta frecuencia, han terminado enfrentados como enemigos, aquellos que se entregaron apasionadamente! Aquí se halla nuestra alma en un drama histórico, que tiene que ser resuelto, para que empiece a funcionar la curación de nuestras relaciones personales y sexuales. Necesitamos la entrega, es el proceso natural contra el estancamiento y la violencia. En el ámbito físico impide la infección de los tejidos que proceden de estancamientos de energía. La entrega es nuestra revelación natural de unos ante otros. En la entrega no se puede mentir. A todos nos gustan esos estados en los que no tenemos que mentir. Todos amamos la entrega de gatos y perros desperezándose. Estamos tocados por el gruñido del cerdo revolcándose. Es Marici, la diosa con forma de cerdo, que en ese estado goza del amor sensual. Sentimos la presencia de la vida pura, no falsificada. También nosotros querríamos gruñir de esa forma. La entrega total - que cura y limpia todas nuestras células como lágrimas de salvación. Los regalos de la curación se han instalado en las funciones naturales de nuestra alma y nuestro cuerpo. Todo el universo de la vida está lleno de remedios naturales. Todo el universo de nuestras células está completamente alegre, cuando la entrega puede ocurrir total y plenamente, sin restos de miedo y desconfianza. La entrega es un proceso básico de la Matriz Sagrada. Si la Iglesia lo hubiera comprendido, los sacerdotes no habrían cometido los delitos sádicos que he descrito en párrafos anteriores. Necesitamos espacios sociales en los que la entrega sea de nuevo posible. Como ya no la tenemos de manera sencilla, tenemos que crearla - en nombre de la ternura, para nosotros y para nuestros hijos.

Capítulo 4 El tema de la sexualidad

Libertad sexual- ¿cómo funciona esto?

La monogamia es una mentira.
　Lotti Huber, 78 años.

Hablamos de amor al prójimo, y cuando mi amigo al que amo con amor sexual, se va con otra, entonces hablamos de engaño.
¿Por qué siendo ciudadanos terrícolas libres,
seguimos aún este catecismo en el amor?
　Sabine Lichtenfels

El que quiere retener la alegría,
destruye la vida que nos da alas.
Pero el que besa a la alegría en su vuelo,
vive en el amanecer de la eternidad.
　William Blake

A una vida libre pertenece una sexualidad. Libre de miedo y humillación, libre de amenaza y violencia, pero también libre de fijación en una sola persona. En cuanto se entra en relación de pareja ya no se puede uno imaginar la libertad sexual. Piensan que entonces se romperá la relación. Una joven portuguesa que estuvo con nosotros en Tamera preguntó: libertad sexual, ¿cómo funciona esto? No tiene sentido contestar aquí con respuestas prefabricadas. No podemos responder a las cuestiones fundamentales de la vida ni con ideologías ni con recetas. No se trata de una teoría o de una confesión de fe, sino de una experiencia. Esta experiencia es inequívoca. La respuesta es: la libertad sexual se produce por sí sola, cuando no nos la coartamos, ni a nosotros mismos ni a nuestra pareja. En nuestros proyectos no hemos obligado ni al individuo ni a la pareja a la libertad sexual. Todos, sin excepción, llegaron a ella por sí mismos - por la sencilla razón de que no estaba prohibido. Las parejas necesitaban un tiempo para acostumbrarse y para aclararse mutuamente en esta nueva situación, pero después lo pusieron en práctica. A la sexualidad libre pertenece la liberación interna de presión y coacción. Sólo debes ir hacia alguien, si lo quieres realmente - no por una ideología cualquiera o por la presión de grupo. También la libertad sexual puede convertirse en un dogma falso, si se persigue en un mal momento, demasiado rápido o demasiado exigente No se debe forzar, pero está permitido dejarla entrar. Cuando se está preparado, se podrá observar que la fijación sexual en una sola persona era una ley errónea. Una ley de la vieja matriz que ya no se puede mantener, cuando los contactos sexuales con otros están permitidos o incluso son deseables. Una relación de pareja que sólo estaba basada en el sexo y que no tenía otra base común, quizá se rompa por eso. Una relación de pareja que está basada en la confianza y en el amor, aprovechará está ocasión para renovar su propia relación sexual y embellecerla. La pareja y el amor libre no se excluyen, sino que se complementan. Esto forma parte de los conocimientos importantes de la libertad de pensamiento. No hay un esto o aquello entre el amor libre y el amor de pareja, sólo lo hizo creer así el miedo antiguo. Cuando dos personas se aman realmente, no tienen ninguna razón de cerrarse en el amor sexual hacia fuera, y tampoco lo harán, para no poner en peligro su amor. Cuando la pareja está unida a la fidelidad sexual en el sentido antiguo, ambas partes se ponen en un gran peligro, porque su pasión sexual se enfriará en algún momento y entonces nace en ambos el deseo de contactos eróticos. De esta manera surgirá, en un momento u otro, de forma latente la mala conciencia, una desconfianza creciente, una vigilancia mutua no mencionada, es el paso a la mentira. Esta historia ha ocurrido millones de veces y ocurre a diario un millón de veces. Conduce a la gran resignación en el amor o a las tragedias familiares más crueles que leemos en el periódico. Yace como una enfermedad gigantesca en la base de toda nuestra sociedad. Cuando los miembros de la pareja se aburren mutuamente, cuando no tienen nada que decirse, cuando se apaga su libido, comienza entonces una larga enfermedad conjunta, que sólo puede ser camuflada con las ofertas habituales de carrera, consumo y viajes. La idea falsa de sexualidad es una de las razones para el hundimiento de nuestra civilización. La joven portuguesa que planteó la cuestión, no debe obligarse a mantener contactos sexuales fuera de la pareja, pero no se lo debe prohibir a sí misma para siempre. Se dará cuenta del momento en que el deseo se manifieste. Entonces se lo dirá a su novio, si tienen una buena relación. Él tragará un par de veces y le confesará posiblemente, que a él le ocurre lo mismo. Ambos se sorprenderán de reaccionar con sincero alivio y quizá en ese momento se tiren ambos al césped. Se comprometen conjuntamente con grupos medio ambientales, ambos trabajan en un periódico grande de temas ecológicos portugués, tienen una relación mutua sincera y no se separarán por tener relaciones sexuales fuera de la pareja. El peligro de la separación sólo existe cuando encuentran una nueva pareja que les pone ante el dilema: él o yo. Esta exigencia es cruel, tonta e innecesaria. Así se obliga a las personas a tomar una decisión que no tiene que ver con el amor, ni con la verdad ni con la fidelidad. Forma parte de la imagen del amor de la antigua matriz de la violencia. Es una razón para la continuación permanente del sufrimiento anímico entre los sexos.

Los jóvenes se dan juramentos de fidelidad por amor, pero también porque tienen miedo de perderse otra vez si no lo hacen así. Cuando se les confronta a la sexualidad libre, nace automáticamente el miedo y el rechazo. ¿Puedo salir airoso de la comparación con el otro? ¿Soy lo suficientemente atractivo? Hay muchos que son más guapos, más inteligentes y hábiles que yo. ¿No querrá mi pareja irse con ellos? Y si soy completamente sincero. ¿No me ocurre a mí lo mismo?

Estos pensamientos son comprensibles en un mundo, en el que la mayoría de las personas, han experimentado muy tempranamente el drama de la separación. Para llegar a la verdadera relación sexual libre, necesitamos un mundo nuevo en el que la estructura de la separación se haya superado totalmente. Un mundo con comunidades que funcionan, familias que funcionan y relaciones sólidas entre las personas. Los niños tienen que poder confiar en su relación con los padres y los adultos, entonces no se aferrarán más tarde a las personas. Necesitamos una base común más profunda para nuestras relaciones, una unión común en el amor a la creación y a la naturaleza, una unión común con las fuerzas sagradas del mundo, una responsabilidad común por el cuidado de la vida en la Tierra. Esta es la base de los valores de la Matriz Sagrada. Si se cumplen, ya no hay más exclusión en el sexo o en el amor. El sexo es un uso de la energía divina, para el disfrute mutuo de los amantes. Nadie que haya encontrado paz y tranquilidad en sí mismo padecerá de carencia sexual. Nadie se planteará compararse con otros, en relación a sus posibilidades sexuales, porque lo que lleva a las personas hacia otras, ya no son las características de su atractivo externo, si no el descubrimiento común de sus almas. Es atracción personal y amor personal basado en la totalmente especial individualidad de una persona. Individualidad, no ya construida exteriormente, a través de atributos impuestos, sino integrados a través de la verdad y la vida auténtica, en la unión universal con todos los seres: esta es la base de la libertad sexual real y el fundamento del amor personal. Este es el don natural de todas las mujeres y de todos los hombres, pues todos llegamos al mundo con esa gran posibilidad. Ante nosotros se alza la tarea de construir una sociedad en la que esa realidad pueda ser vivida. Todos los amantes están invitados a contribuir a ello.

Ningún sexo con niños

Cuando se habla de sexualidad libre, mucha gente piensa en la práctica salvaje de fantasías reprimidas. Parte de ello es también, según su opinión, tener sexo con niños, porque los niños, como ellos dicen, son seres sexuales. En realidad, el sexo con niños, el denominado "abuso", aparece de forma relativamente frecuente en la sociedad burguesa. El caso Dutroux en Bélgica, ha mostrado cómo una red muy bien organizada para el abuso sistemático de niños, en varios países de Europa y hasta dentro del entramado del gobierno, fue mantenida oculta a través de la policía y las autoridades.

Nosotros hemos abogado a menudo, a favor de proteger a los niños de abuso sexual, y a veces teníamos muchas dificultades en explicar a los fanáticos de la sexualidad libre porqué no forma parte de la liberación sexual el mantener relaciones sexuales con niños. Sin embargo, también hemos vivido cómo se acusaba a hombres inocentes de abusos y cómo después, al proteger a esos hombres, se dirigía ese reproche contra nosotros. En "Emma" y otras revistas, aparecieron reportajes inventados, que eran tan monstruosos, que nos espantábamos de la vida interior de las autoras. La realidad que había detrás era muy fácil. Ayudamos a un hombre, que había sido acusado injustamente de abuso, y en este caso, pudimos saber como se había procedido con los niños en las instituciones correspondientes, para inducirlos a declaraciones falsas. Lo que se descubrió así era un abismo de lucha entre los sexos, violencia psicológica, calumnia y abandono moral tal, que se erizaban los pelos. Las víctimas eran los niños. Por entonces usábamos la frase de "abuso con el abuso". Ésta era seguramente, la causa de que se nos acusara entonces a nosotros mismos de abuso. Mientras tanto, también la revista "Stern" se había puesto en la fila de los que seguían la acción calumniadora. Para nosotros toda esta historia fue otra enseñanza del drama general de la calumnia, al que casi sucumbimos en los años ochenta (ver capítulo 6, Tomo I), si no nos hubiéramos dado cuenta, de los medios con los que hoy en día se lucha en casi todos los sitios, en cuanto se trata de ahondar seriamente en el "tema número uno".

En 1990 publicamos un folleto con el título de "la academia erótica". En él se dice lo siguiente sobre la cuestión de la sexualidad infantil:

la represión de la sexualidad lleva siempre clandestinamente a la adicción al sexo y a la dependencia interior del deseo reprimido. Pero también la simple liberación de la fuerza sexual original lleva a la adicción, si no está ligada a una adecuada orientación espiritual-mental y ética...

Forma parte del amor libre en el sentido del humanismo sexual, la educación cuidadosa de los niños en este tema, ya que para ellos - a su nivel- no es menos interesante que para los adultos. La sexualidad libre no se puede ligar a una seducción sexual de los niños. El abuso sexual de los niños - como todas las demás perversiones - procede de las estancadas fantasías del reprimido y por ello incontrolable deseo. No la sexualidad libre, sino la falta de libertad sexual es la que ha traído todas las depravaciones sexuales.

Los niños son seres sexuales, pero no en el mismo sentido que los adultos. Las experiencias de Nelly Wolfheim en "Kindergarten und Psychoanalyse" [Traducción literal: "Guardería y psicoanálisis"] y las descripciones sobre la vida sexual de los niños y los jóvenes en los ghotuls de los Muria, una pequeña población en India, muestran la manera natural en que se desarrolla la curiosidad sexual y las ganas de experimentar de los niños y cómo todo se organiza por sí mismo si no les molestan los mayores. Está bien que los adultos no se entreguen demasiado abiertamente a la sexualidad si hay niños presentes. El niño no puede entender aún, la forma adulta de la sexualidad, y reacciona ante ella fácilmente con miedo de castración o con miedo inconsciente a la sexualidad, o simplemente con miedo al papá. El mejor apoyo al desarrollo de una sexualidad y sensualidad sanas, lo reciben los niños cuando pueden observar entre adultos contactos sensuales y cariñosos, que están ligados a la alegría natural y al amor. Entonces sienten que debe ser algo muy hermoso lo que tienen juntos los hombres y las mujeres.

Me gusta ser una mujer

Conferencia de Sabine Lichtenfels en Tamera.

Cuando hable a continuación en primera persona, estoy resumiendo la voz histórica de muchas de las mujeres. Veo en ella un conocimiento femenino, que se ha desarrollado durante siglos y que se combatió durante siglos y se ha vuelto a formar de nuevo en la época actual y se ha reunido en una nueva fuerza creadora de campos. Intento formular algo que he vuelto a encontrar en muchas mujeres, en sus deseos, en sus miedos, en sus carencias y en sus más profundos anhelos. Lo que aquí se dice, seguro que no afecta a todas las mujeres. Intento esbozar un arquetipo femenino, que en este momento creador de campos pudiera inducir a un proceso de curación social, pues está en conexión con los procesos de curación universal.

"Soy una mujer. Estoy agradecida porque me gusta ser una mujer". Sólo esta declaración expresada con completa sinceridad, exige un cambio básico en el concepto del mundo de la mujer y volver a considerar sus bellas y verdaderas fuentes. Exige pasos para la liberación del corsé social, en el que desde hace miles de años se me forzaron las imágenes, que no se corresponden con mi verdadera fuente de vida universal. En la historia de la religión la caída histórica, que me ha robado mi fuente femenina original de conocimiento, se expresa por medio del pecado original hereditario. Como todas las mujeres son descendientes de Eva, todo el sexo femenino tuvo que haber pecado con ella. Tertuliano, uno de los primeros Padres de la Iglesia, le dice al sexo femenino: "… por consiguiente, tu culpa también tiene que continuar viviendo. Eres tú quien ha abierto la puerta a la maldad… tu eres la primera que no ha respetado la ley divina, tú eres también, quien ha seducido, a aquel al que el mismo diablo era incapaz de acercarse. Así de fácil has derribado al hombre, que era la fiel imagen de Dios. Por tu culpa, es decir, en aras de la muerte, también tuvo que morir el hijo de Dios." Se olvidó de que había mitos de la creación en torno a Eva mucho más antiguos. Eva significaba originalmente "madre de todo lo vivo". Muchos pueblos antiguos veían a la diosa y a la serpiente como a los padres originales. Las imágenes religiosas muestran a Eva, regalándole la vida al hombre, mientras que la serpiente se enrosca en el manzano, como árbol de la vida. Con el cambio en la historia cultural se expulsó al ser humano del paraíso. Según la cábala sólo se podía lograr el paraíso terrenal por medio de la reunificación de ambos sexos. Incluso Dios debía reunirse con su pareja, la Eva celestial llamada "Shekina". El reunirse con la fuente original

femenina parece ser un paso esencial en el camino. Lo que está pendiente en la historia contemporánea lo llamo yo la cultura de igual a igual. Ese pensamiento libre lleva en su interior una imagen de la relación de pareja, que ya no está unida a condiciones, sino que se ejecuta en el camino de dos seres que se aman libremente, que en su camino del amor podían incluir a muchos otros hombres y mujeres. Ese tipo de fidelidad procede de la mirada libre y compasiva hacia el mundo y de una comprensión profunda de ello.

Mi anhelo biológico de comunidad

En la historia antigua el hogar era el nudo social y lugar sagrado de una comunidad. La mujer era el polo no sólo para un hombre y sus hijos, sino para toda la tribu. Hay un anhelo arcaico original y elemental en mí, que pide comunidad. Pide formas de vida que estén de nuevo integradas en un contexto más amplio. Parece que hay en mis células una memoria original, que me recuerda una forma antigua de la convivencia matriarcal, en el que el hogar era el centro de la comunidad, y con ello también el polo social y religioso para el florecimiento de toda la comunidad. Quiero vivir en una comunidad con hombres y mujeres, con niños, animales y plantas para no estar obligado siempre a ocultar mi imagen real ante los otros. La percepción y el contacto son fuentes de vida, tan elementales, como la respiración. Si me está permitido esto, entonces me gusta ser mujer, porque entonces lo pudo ser en toda su amplitud. Mi realización como mujer siempre tuvo lugar en una comunidad. Este anhelo básico biológico vive aún hoy en mis células. Bajo las condiciones sociales actuales me veo forzada, a comprimir en formas demasiado pequeñas ese anhelo de contacto, de duración y de fidelidad. Para que puedan desplegarse el amor y el Eros que corresponden a mi feminidad real, se necesita comunidad. Y que sea una comunidad amorosa más grande, que se base en la confianza. La nueva cultura humana de paz depende de nuestra capacidad, de construir comunidades que funcionen. Es extraño que los seres humanos puedan vivir sin comunidad. En la civilización patriarcal occidental, han sido arrancados de las relaciones naturales universales de la tribu. Las comunidades de los tiempos modernos fracasan siempre en el tema del amor. Siempre fracasan por el tema irresuelto de la competencia y de los celos.

Soy un ser sexual

En las civilizaciones anteriores estábamos todos unidos a la Madre tierra, a cuyo servicio estábamos todos. A esa unión con la creación la llamábamos amor. Todos nosotros éramos una familia coherente, todas las relaciones amorosas tenían lugar en la unión con la gran totalidad. No había relaciones amorosas privadas.

Y con esto, llego al punto esencial de mí ser mujer que fue más reprimido y negado. Es el punto de la sexualidad. "Soy una mujer. Y puesto que soy una mujer, soy un ser sexual. Y soy con gusto un ser sexual". Esta declaración, hecha por una mujer, necesita aún hoy de un coraje revolucionario, que sólo existe rudimentariamente en algunas pocas mujeres, aunque supuestamente vivamos en la época de la llamada liberación sexual.
Salgamos de la vergüenza.
Salgamos del miedo a la violencia.
Salgamos del miedo a la represión y al castigo.
Salgamos de la falsa moral.
Salgamos del miedo a la envidia de las competidoras.
Salgamos del concepto de las normas de la industria de la belleza.
Salgamos del concepto de religión de la civilización patriarcal.
Salgamos de la imagen antigua del amor.
Salgamos de la impotencia ante el hombre.
Salgamos de la comparación sexual y la presión de rendimiento.

Apenas queda nada que no se tendría que dejar atrás para poder hacer esa declaración libremente y sin una secreta mala conciencia. Hay un miedo ancestral a la sexualidad, que se halla históricamente en las células femeninas, desde el origen del patriarcado. La dimensión del miedo aumenta enseguida, si su afirmación sexual no está solo unida a un hombre. Las imágenes de la violencia, la aniquilación y la destrucción de todos los elementos femeninos, los actos cruentos sexuales de una historia torcida entre el hombre y la mujer, aún yacen hoy en día en las células de la mujer como miedo sedimentado, en cuanto se acerca el tema de la sexualidad. La crueldad y el miedo a ella no se hallan en la sexualidad misma, sino que son la consecuencia de una sexualidad reprimida que ha sido dirigida erróneamente durante miles de años.

"Soy una mujer y soy con gusto una mujer. Soy una mujer y con ello un ser sexual, y como ser sexual soy una mujer que se relaciona en unión sensualmente amorosa con varios hombres y con ellos quiere unirse espiritualmental, sensual y voluptuosamente". A veces es difícil de comprender, cuánto coraje para la verdad necesita tal declaración en nuestro tiempo actual. Se necesita la superación del miedo a las mujeres y a los hombres. Atraerá hacia sí la hostilidad de muchas mujeres y el desprecio de muchos hombres. Muchas mujeres se vuelven rabiosas, porque ven en la confesión positiva hacia la heterosexualidad una repetida dependencia del hombre.

"Ahora se requiere no sólo estar ahí para el que le toca, sino que además tiene que sacrificarse para muchos. Así surge una dependencia aún mayor". En esa declaración sienten un sabotaje a la libertad e independencia a la que aspiran. El desengaño por los hombres y el odio surgido de ello hacia los hombres ha crecido tanto, que muchas mujeres no quieren enfrentarse con la atracción erótica entre hombres y mujeres. Vengarse del hombre tiene para ellas una fuerza mayor que el deseo, de servir a la paz entre los sexos. No saben aún, que justo por el contacto sexual satisfecho las ideas de sumisión o las fantasías de violencia se transforman en imágenes de verdadera compasión y contacto. Del contacto sexual satisfecho surgen las mujeres verdaderamente libres.

Mi idea de la pareja con el hombre

Son pocas, las que pueden estar conforme a esto, en el sentido de una verdadera emancipación de la mujer. Sólo unas pocas pueden imaginarse, que una mujer – en un sentido libre e independiente – pueda desear un contacto erótico total con el hombre. Es el deseo libre de una mujer, el entrar en una pareja con el hombre, en la que ni se somete, ni evita al hombre, ni se coloca en un nivel superior a él. Tan cierto como que soy un ser heterosexual, digo como mujer: necesito al hombre. Pero no lo necesito ni como tirano, ni como calzonazos, ni como dominador, ni en su antiguo papel didáctico. Deseo que sea un amante sensual realmente potente, que conozca el amor sensual. No me voy ni a someter, ni a ponerme en un nivel superior haciendo de madre, pues ambos papeles no satisfacen mi verdadero anhelo sensual. Y no lo voy a ligar a mí por artes falsas, pues he tenido la experiencia en los últimos siglos, de que la extorsión en el amor destruye, justo aquello que al principio habíamos amado en el otro. Me ocuparé, de que el encuentro originalmente libre y voluptuoso con los hombres sea posible, como lo deseo desde hace miles de años. El Eros es libre por naturaleza y no se deja dirigir por trayectorias artificiales. La iluminación, que busco, no tiene lugar en el más allá, ocurre en mis células, es terrestre y elemental, y es de naturaleza sexual hasta el fondo. Invoco aquí un antiquísimo conocimiento místerico femenino, que vuelve poco a poco a la luz de la memoria y que en los tiempos actuales, tiene como efecto un cambio natural. Pero este cambio sólo puede ejecutarse, cuando nuestra fuente sexual natural, como fuente de conocimiento y de amor universal, se vuelve a consagrar.

Las amistades y la fidelidad, que además deseo del hombre, se producen por medio de una fuerza diferente de la de la extorsión y las falsas leyes. Por supuesto apoyaré a los hombres, mostrándoles lo que amo y deseo de ellos, y lo que no. La entrega real, también la vivida entrega sexual al hombre no me hace dependiente, sino libre. El que me haya sometido exteriormente durante tanto tiempo, fue sólo la consecuencia de mi falta de esperanza, en la existencia real del mundo erótico, que vive en mi anhelo. Entré en una relación exclusiva y demasiado íntima y en una exigencia de amor personal al hombre, por resignación. El Eros, sin embargo, exige una apertura y participación en el mundo sensual que rebasa las barreras del matrimonio. Porque las mismas leyes del erotismo tienen una fuerza anárquica, que dinamitan todas las leyes. Del reconocimiento sensual del otro sexo y del reconocimiento de la realidad erótica, surge un amor profundo y continuidad entre el hombre y la mujer, que ya no vive de la prohibición y los límites. Una revelación cada vez más extensa entre ambos, hace posible ese camino de reconocimiento, que lleva a una fidelidad más profunda de lo que era posible en el sistema del matrimonio y de la exclusión de los otros.

Conocimiento sexual original

Hay un aspecto en la sexualidad, al que hemos dado forma en antiguas civilizaciones, por medio de nuestra unión íntima con la naturaleza y la diosa. Había rituales de fertilidad, en los que hemos celebrado el Eros por si mismo, como fiesta cósmica y agradecimiento cósmico a la Madre Tierra. Se practicaban rituales de fertilidad y se representaban públicamente, en los que, las mujeres mostrábamos nuestro deseo sensual y estaba permitido manifestarlo. No era una revelación sensual ante un hombre privado. Era una fiesta del templo, en la que devolvíamos nuestra sensualidad, en forma de agradecimiento, a la Madre Tierra. De igual modo, los hombres no realizaban el acto sexual con nosotras personalmente, sino que era un servicio y agradecimiento a la diosa. Una mujer que intentara ligar a un hombre a sí misma personalmente en el templo del amor, habría fracasado en su servicio a la diosa.

Ese tipo de encuentro sexual elemental, sencillo e imponente entre hombres y mujeres, se reprimió en nuestra civilización. El amor y la sexualidad se separaron. Así surgieron históricamente por un lado el romántico y cortejador de las mujeres, el Minnesänger, que quería venerarlas convirtiéndolas al mismo tiempo en intocables. Por otro lado, surgió el delincuente sexual, que quería seguir las fuerzas originales del Eros prohibido. La prohibición del aspecto sagrado y voluptuoso al mismo tiempo condujo a las formas del sadismo y del masoquismo hasta llegar a la violencia real, que se extiende como un rastro sangriento de violencia inenarrable por toda la historia patriarcal.

La deseada realización del amor en todos sus aspectos, necesita la integración de los aspectos sagrados de la misma sexualidad. Y necesitamos de nuevo formas de comunidad naturales, en las que poder vivir esa verdad. ¿Qué cambio histórico-cultural podría ejecutarse, si invirtiéramos nuestras fuerzas curativas en la creación de comunidades, en las que la base fuera la confianza en vez del disimulo, de manera que pudiéramos vivir según la realidad erótica? ¿Cuánta gasolina se va a gastar en la búsqueda de contactos eróticos? ¿Cuánto consumo compensatorio se necesitará para poder acallar el deseo erótico?

Como mujer existe en mí tanto la realidad sexual como la realidad sagrada. ¿Cómo pudimos permitir, que la verdad y la realidad sexual mientras tanto fuera desplazada de la religión? Querría poder adorar el carácter sacro y sagrado de la vida misma, con todo el deseo en la entrega, que me es propio. Por supuesto que me gustaría amar y adorar las fuerzas masculinas. ¡Qué imagen de realización entraría en acción, si me estuviera realmente permitido entregarme con toda confianza al hombre, sabiendo que no se abusaría de esa capacidad de entrega! Mi anhelo religioso femenino no necesita ni iglesias, ni altares. Las religiones patriarcales han surgido de la represión de la realidad erótica y sexual. Era una herramienta de poder contra los plenos poderes eróticos de las culturas femeninas. Su representación simbólica son Eva y la serpiente, que fueron expulsadas del paraíso por el dios masculino y condenadas al mal. Sin embargo, existe un componente sagrado en la vida misma, que no se deja expulsar, que ha perdurado a través de los miles de años de aniquilación y represión.

Una monja escribió al comienzo del siglo XIX:

"Es suficiente, con elevar el espíritu hacia Dios, y ya no hay acción pecaminosa, sea la que fuere... Amor a Dios y al prójimo son los mandamientos superiores. Un hombre que con la ayuda de una mujer se une a Dios, obedece ambos mandamientos. Igualmente hace el que eleva su espíritu a Dios y encuentra placer con un ser humano de su mismo sexo o encuentra placer consigo mismo... En consecuencia, lo que de forma errónea se ha llamado impuro, es la verdadera, pureza dispuesta por Dios, sin la que ninguna persona puede alcanzar ningún conocimiento de él". Esta cita es la expresión, de cómo se pudo seguir conservando el conocimiento matriarcal original a través de los siglos a pesar de toda la enajenación y las persecuciones de la Iglesia y la Inquisición.

Es ese conocimiento sexual original, el que ahora de forma vehemente, quiere volver a tomar la palabra.

Como mujer me voy a desarrollar en la historia de la cultura, para ser un órgano poderoso en el cuidado de la Madre Tierra. Voy a encargarme, de que para esas relaciones pueda producirse un campo y una conciencia espiritual-mental en muchas mujeres. La tierra es tan corporal como lo somos nosotros. Se trata de un conocimiento corporal. Un conocimiento celular que, podemos volver a invocar para esta Tierra, estando vigilantes del modo correcto, con la correcta percepción y presencia mutua, y con el ingreso en la presencia sensual. Desde esta conciencia se desarrolla un concepto ecológico completamente nuevo.

Reencuentro de la confianza original

Aquí entra en acción una confianza original que habíamos perdido hace tiempo. Es la confianza original en las fuerzas elementales de la naturaleza misma. Desde esta confianza es posible ligarse a esas fuerzas que nos garantizan su protección. En la unión con estas fuerzas se esconde una gran posibilidad de realización. Me exige, ponerme al servicio de la Tierra con todas las criaturas que la habitan, y ello a pesar de todas las grandes fuentes aniquiladoras, que aumentan cada vez más en la época histórica del final del patriarcado en el siglo XX.

En este sentido me puedo unir con gusto al dicho bíblico: "Sígueme, porque estoy contigo cada día hasta el fin del mundo". En este caso no sigo a ningún gurú, sino que me doy con completa confianza a los aspectos vivos de la Tierra, de la diosa. Imaginemos, la confianza sensual que se extiende en nuestras células, cuando podemos seguir la frase, de manera que no se introduzca entremedio ningún miedo, porque somos capaces de mirar las fuerzas de crecimiento protectoras de la naturaleza animada y nos podemos unir a ellas percibiéndolas corporalmente.

De esa mirada surge un espíritu investigador, por el que me siento desafiada como mujer, a desarrollar y crear contextos vitales, que vuelvan a crear de nuevo la base de esa confianza original biológica. Esto, por supuesto, sólo puede ocurrir teniendo en cuenta y afirmando la realidad sexual. Mientras las mujeres tengan que oponerse contra esa realidad sexual por miedo, ésta se opondrá en contra de toda la realidad material, y experimentará las fuerzas elementales de la vida como una amenaza, de la que se tendrá que proteger. Sin embargo, si nos estuviera permitido seguir completamente ese rastro, llegaríamos a un conocimiento celular básico de nuestras células femeninas. Éstas, contienen las informaciones básicas en sí mismas para nuestra satisfacción. Es como el recuerdo de un sueño arcaico original, de un estado original de la historia, en la que se soñó con anterioridad con una cultura para la paz.

Desde la base de esa contemplación nueva estoy en el camino, como ser histórico mujer, de encontrar una nueva relación conmigo misma. Dejarse guiar, pero esta vez no por los caudillos, tampoco por las leyes prescritas por el patriarcado, sino por las fuerzas de crecimiento universales y las fuerzas guía, que habitan en el interior del sueño original paradisíaco de la Tierra, y de la materia misma. En este sentido, mi libertad y mi necesidad consisten en ponerme al servicio de la Madre Tierra.

Capítulo 5
El concepto de curación

Capítulo 5 El concepto de curación

Lo curado y lo sagrado

*La curación se produce por la conmutación
de la matriz del miedo y la violencia
a la sagrada matriz de la vida.*

Lo sagrado es el todo. La curación viene de la unión con el todo. En la unión vibra una energía divina incluso en las tareas más profanas.

La curación es la santificación, la santificación es la curación. En esta comparación se esconden las fuerzas auto sanadoras de la vida.

Cuanto más estemos relacionados con la matriz de la vida, en vez de en fallos momentáneos, más poder curativo puede surtir efecto en nosotros. La curación es también una cuestión de un espacio energético más elevado y más extenso. Cuanto mayor es el espacio energético, más libre serán tu cuerpo y tu alma. En la matriz de la vida, cada acontecimiento, un búho que pasa volando, al igual que la observación de una corteza de árbol, se convierte en un acontecimiento dentro de un espacio energético más grande. Por principio, uno ya no está sólo. Y esa unión, esa abolición de la separación a la que tiene como efecto la curación. Donde nos encontramos con lo sagrado, tiene lugar en el acto la curación. Donde nos encontramos con lo sagrado, tiene lugar en el acto la transformación, algo nos toca enteramente y lleva su información espontánea a cada célula. Con cada acción que acometemos en la Matriz Sagrada ponemos en movimiento poderes curativos. Esta es la receta de los verdaderos chamanes, de todos los sanadores con conocimiento y de todas las denominadas curaciones por la fe. Cada acción con la que acogemos dentro de nosotros lo sagrado y lo honramos, surte efecto la curación en nosotros y en los demás, independientemente de la enfermedad que se padece en ese momento. No debemos olvidar que con tales acciones cambiamos la matriz interior y con ello ofrecemos un "programa" completamente diferente y un "software" diferente para la transformación de las energías y las informaciones que, viniendo del universo, se reúnen en nosotros. Nuestra matriz interna decide qué energías e informaciones serán acogidas y transformadas. Siempre y en cada momento. Por medio de la matriz del miedo o de la violencia se pone en marcha un procedimiento de selección diferente que se corresponde con el estado de la separación. Por medio de la Matriz Sagrada se pone en marcha otro proceso de selección que se corresponde con el estado de unión. La conmutación que cambia la conexión de un estado a otro la ponemos en marcha nosotros en tanto que volvemos a ser conscientes de esos procesos internos. Hasta ahora los hemos dejado al humor y a las circunstancias que nos rodean o bien al destino, y con ello nos entregamos a fuerzas extranjeras de las que dependían si nuestra vida se desarrollaría bien o mal. Para lograr la curación duradera, tenemos que aprender a volver a tomar por completo las riendas del manejo del conmutador. La palabra "autonomía" recibe aquí un significado muy profundo. Es una palabra clave de la curación. Nadie diferente de nosotros mismos puede decidir qué matriz podemos seguir. Dios, la diosa y los poderes de la creación sólo pueden intervenir cuando hemos tomado la decisión correspondiente. La decisión de llevar una vida sagrada es nuestro propio acto todo el resto lo recibimos del universo.

El principio de la curación entelequial

La vida misma ejecuta la curación cuando ésta se pone en marcha correctamente. Todos los métodos que desarrollamos para el verdadero trabajo de curación, tienen la función de dar impulso a un organismo que pueda abrirse óptimamente para los poderes de autocuración de la vida. Esto es válido para el organismo de una persona, de un animal, de una planta, de un paisaje, de una comunidad, de una sociedad, de toda la humanidad y de toda la tierra. También un organismo que consiste en muchos individuos, un biotopo por ejemplo, un paisaje o una sociedad humana puede ser impulsado de tal modo que los poderes curativos de la vida puedan fluir en la totalidad del organismo. Estamos terapéutica, ecológica y políticamente siempre ante la misma tarea: el dar un impulso a todo el organismo para que puedan fluir en él los poderes del maná, los poderes de curación de la sagrada matriz de manera óptima. Trabajamos en ello siempre según el principio de la curación entelequial. La meta del trabajo global de paz es el impulsar al organismo global de la tierra, incluidos los humanos, de tal modo que el principio de la **curación entelequial** pueda entrar en vigor.

La entelequia es la meta interior de un ser viviente. Es como una especie de cianotipo del organismo y se asienta como programa interno en todas sus células y órganos. Dirige el crecimiento y el desarrollo, corrige las discrepancias y los fallos, reacciona a los trastornos con remedios apropiados y produce el equilibrio interno en todas las situaciones. La fuerza entelequial del organismo tiene el efecto de una fuerza inmanente de la autocuración.

Todos los seres, plantas, animales y humanos poseen esta fuerza de autocuración entelequial. El curandero tiene las tareas de, a través de una vibración energética, de una inspiración espiritual-mental, de una información, despertar las fuerzas autocurativas del organismo enfermo y de ponerlas completamente en acción. Este es el principio de curación en todas las denominadas "curaciones milagrosas". El principio de curación de Jesús, de los curanderos Huna en Hawai, de los curanderos espirituales en Brasil, en las curaciones por la fe en Lourdes, en las curaciones de las que nosotros pudimos ser testigos en nuestro trabajo de curación. En realidad se trata del principio de curación normal en la vida porque las fuerzas sanadoras están presentes en todas partes. Si no las hubiéramos destruido o reprimido con tanto éxito con un desarrollo de la civilización mal dirigida, no necesitaríamos ningún método ni instrumento médico alejado de la naturaleza.

Los poderes de auto curación surten efecto en el espacio libre de miedo de la confianza. Si el curandero logra crear una situación en la que la confianza es mayor que el miedo, entonces se encuentra junto con el paciente en el ámbito espiritual-mental de la curación. En ese momento se tiene la experiencia de una descarga interior, una capacidad de visión de la totalidad, de ser directo en la comunicación, de un estado de unión y de felicidad que se comunica de inmediato al paciente. A veces corren lágrimas de alivio, a veces lágrimas de entendimiento. El organismo se halla en el estado de la confianza original. Ahora puede entrar en vigor su cianotipo entelequial. Todos los procesos internos, llegando hasta los procesos celulares se organizan conjuntamente en esa dirección. Son posibles las curaciones espontáneas como las conocemos de las narraciones bíblicas. Apenas hay una enfermedad que no se pueda curar de esta manera. Todo depende de cuánta fuerza curativa pueda ser creada en esa situación y de con qué libertad pueda entrar en el organismo del paciente la información curativa.

Como se trata de un proceso sagrado, hemos penetrado en el espacio de experiencia más elemental de las religiones futuras. Es quizá la religión más antigua del mundo, la religión original de la humanidad: la experiencia de la unión interior con lo santo, con el sagrado universo y con las fuerzas del maná de la creación. De esa experiencia viene la confianza y el amor. Y ambos, la confianza y el amor, son las fuerzas curativas universales de toda la vida. Así está organizado el mundo, así debe de ser redescubierto y reconstruido por nosotros. Así debemos trabajar, rezar, amar y vivir juntos. Así deben crearse las nuevas comunidades y crecer juntos.

El trabajo de curación de la nueva Tierra que tenemos por delante depende de que construyamos espacios sociales y espirituales-mentales en los que las fuerzas curativas entelequiales que se hallan en nosotros y en el mundo puedan ser impulsadas y crecer de modo óptimo. Esos espacios deberían estar disponibles para todos los que vienen a nuestro proyecto con un sincero deseo de curarse interiormente para sí mismo y para la Tierra. Al principio es importante que las personas que lo representan sigan ellos mismos el proceso curativo y de esa manera puedan comprender lo que significa el principio de la curación entelequial. En los próximos centros ellos formarán el anillo de fuerza interna creciente.

Las fuerzas curativas de la vida

La siembra crece como desde tiempos inmemoriales, los árboles crecen y las flores florecen. El sol brilla como hace miles de años. ¿Cómo es que tras 5000 años de patriarcado, los pájaros cantan, los niños juegan y los amantes se sienten en el séptimo cielo? Algo en la vida parece que se ha seguido manteniendo intacto a través de todas las torturas y callejones sin salida de la historia. Algo sano, íntegro y sagrado, algo eterno quizá, que procede del cosmos y no de los seres humanos y que sin embargo se nos ha confiado hasta en las raíces más profundas de nuestra alma y de nuestro cuerpo. No hay, quizá, ningún ser sobre la Tierra que no lo conozca de manera inconsciente. Vivimos en el presente una masacre global contra el ser humano, los animales y la naturaleza, **pero también vivimos evidentemente en el presente de un mundo completamente diferente, intacto y sagrado.** La curación significa, conectarse con ese otro mundo diferente, que es el nuestro de manera más original y más propia, y llevarlo enteramente a la vida terrenal.

Curación en Guatemala

Norbert Muigg es un austriaco que fue iniciado en la vía de la curación de los mayas por los chamanes indios en Guatemala. Él escribió el libro "Sprache des Herzens-Begegnungen mit Weisen der Maya" ["La lengua del corazón- Encuentros con sabios mayas"]. Ahí describe de modo convincente y desacostumbradamente sobrio sus experiencias con curanderos indios. Siguen un camino de fuerza que está equipado con poderes sanadores especiales. Todos los curanderos verdaderos y todos los chamanes verdaderos de todos los pueblos de la Tierra han seguido este camino de una y otra manera, y también nosotros tenemos que aprender de nuevo a caminar por él, cuando estemos preparados para el viaje interior. Lo seguiremos con otros rituales, usaremos otros métodos y pensaremos otros pensamientos, crearemos espacios sociales diferentes y trabajaremos con otra tecnología, pero en principio haremos lo mismo que ellos: me dejaré guiar por las voces internas del mundo por medio de los secretos de la vida y así encontrar las puertas por las que podamos entrar en el misterio que llamamos la "creación". Por ese camino aprenderemos a participar de inmediato en la creación. La curación es a menudo un redescubrimiento del camino que nos vuelve a reunir con Dios, la creación y el yo más elevado de nosotros y de otros. La curación es, cuando se quiere, un tema religioso, pero no con el significado antiguo de una sumisión piadosa, sino con el significado original de una unión más profunda y más elevada con las fuentes de la vida. De este tipo de unión surgen los nuevos conceptos que necesitamos para el trabajo por la paz.

Los éxitos curativos que descubre Muigg están al borde de lo milagroso, se parece a un mundo milagroso que conocemos de los informes sobre sanadores filipinos, hawaianos o brasileños. También los conocemos de Jesús y de muchos otros que trabajaron y sanaron por la vía espiritual. Aprendemos mucho de esta manera. Por ejemplo, aprendemos que no hay casi dolor, cuando se tiene completa confianza. Las operaciones se llevan a cabo sin anestesia. Los pacientes miran y charlan con el curandero. Las incisiones, aún las profundas no producen un baño de sangre, y la herida se cura en un plazo de tiempo mínimo. A un hijo de Muigg lo operaron sin anestesia; estaba tumbado sobre la espalda y observaba el proceso con los ojos abiertos. Muigg describe el proceso de la siguiente manera:

según la diagnosis del curandero tendríamos que levantarle la vejiga. Durante años tuvo el problema de la enuresis. Don Chepe le abrió la pared abdominal y pidió a Florián que no mirara para que no le dieran náuseas. Sin embargo, el muchacho, que por entonces tenía 10 años, era muy curioso, y nos contó al final el transcurso exacto de la operación. Don Chepe habló con él mientras tenía los ojos cerrados. El mismo Florián había visto su pared abdominal abierta y sentido en su más profundo interior un ligero dolor. Cuando don Chepe hizo un corte en su cuerpo. Justo después de la operación me acompañó a un restaurante, esto se lo tuve que prometer antes. La enuresis, que había tenido durante años se había acabado para siempre.

Don Chepe es un curandero por vocación. No sintió la vocación por la formación académica, sino por los mayas iniciados y su acompañantes en el más allá. Dice de sí mismo, que sólo obedece las indicaciones internas. La presencia de los espíritus y de las fuerzas sanadoras crean una situación en la que el cuerpo humano sigue leyes distintas a las acostumbradas. Apenas creería esas narraciones, si nosotros mismos no hubiéramos tenido la experiencia en nuestro trabajo de cosas muy parecidas. Siempre que damos la posibilidad a las fuerzas curativas del mundo de entrar a nuestro mundo, realizan su trabajo de inmediato, rápidamente y sin dogmas. Para ello no están ligados a ningún libro de texto, ni a ningún ritual, ni a ninguna desinfección, ni a ninguna fe oculta o científica. Los chamanes y curanderos de todo el mundo tienen sólo la tarea de posibilitar la entrada a esas fuerzas de poder. En este sentido muchos

Capítulo 5 El concepto de curación

de nosotros pueden convertirse en chamanes y curanderos, después de haber caminado durante un tiempo por la profunda enseñanza de la vida.

¿Qué es la vida?

La sociedad de los seres humanos puede hundirse, la vida no. Deberíamos tener claro que la vida es una variable cósmica, que no está unido a ninguna condición impuesta por humanos. La vida no es la continuación de algo, sino que es un proceso original o "la materia original" del universo. Todo el universo vive. La vida no ha surgido de una complicada composición de la materia, sino justo al revés: esas moléculas proteínicas son el resultado de la vida, como las estrellas, las galaxias y otras formaciones materiales. No es la materia la que ha incubado en un largo proceso evolutivo a la vida, sino que la vida ha rezumado a la materia en un proceso de evolución (menos conocido). Esa prioridad absoluta de la vida, ante cualquier otra cosa forma, parte por el momento de los conocimientos más resplandecientes, que conmueve hasta los cimientos la representación actual de las modernas ciencias de la naturaleza. La vida no es un proceso material, sino uno universal, cósmico y espiritual: sin embargo, forma parte de sus características peculiares el aparecer continuamente en su vestimenta material. En ella parece hallarse un pensamiento de la creación especial. Y la tierra, el planeta que es nuestro hogar, parece haber sido escogida para realizar ese pensamiento.

Intuimos la dimensión a la que se alude con el concepto de "vida". Esta es la dimensión en la que se sitúa la curación. Las fuerzas o energías vitales son fuerzas curativas. En la vida misma se esconde aquél proceso del mundo que sigue teniendo efecto como el sol, más allá de todas las destrucciones. La vida es polar y contradictoria, pero en la vida misma se halla el nivel más elevado de la Matriz Sagrada, en la que las contradicciones no tienen un efecto destructor, sino creativo. La vida contiene, para ella misma y sus trillones de criaturas, la entelequia de un mundo perfecto y en sana sincronía. Esta entelequia se encuentra como información básica universal en cada grano, en cada óvulo, en cada ser. Es la Matriz Sagrada. Actúa por sí misma cuando se le da el impulso correcto. En la vida se halla la totalidad de la información, que una célula, un órgano, un organismo, una comunidad necesitan para su curación. Este pensamiento era para mí a pesar de todas las experiencias previas, tan sobrecogedor que necesité mucho tiempo para obedecerle. La vida en sí es eso. Tengo claro que esta respuesta escalofriante es de un carácter que no puede ser probado, metafísico, casi de esfinge. ¿Pero no ocurre que las cosas son más difíciles de probar hacia fuera y se vuelven más evidentes cuanto más nos acercamos a su centro? (Sé cómo se puede abusar, y cómo se ha abusado, de este tipo de argumentación para el atontamiento religioso de las personas. Sin embargo espero que con los muchos otros argumentos de este libro haya suficiente materia para mirar más profundamente el fondo de aquello a lo que se alude.) Se trata del rastro sagrado de la misma vida la que trae la curación para aquellos que saben seguirlo.

Experiencias con la autocuración

Estudiamos continuamente en nosotros mismos los procesos de curación. Las fuerzas de curación están siempre presentes. En cada momento en el que cesamos de molestar los procesos vitales autónomos, empieza el proceso de la autocuración. Esto lo logramos, por ejemplo sintonizándonos con una determinada frecuencia de tranquilidad, por ejemplo a través de rezos o trances de curación. De esta manera pueden ocurrir curaciones espontáneas sorprendentes, a las que se denomina "curaciones milagrosas", cuando no se sabe lo que ocurre en su transcurso. Nosotros vivimos en un círculo de cuarenta personas durante tres años en la Selva Negra trabajando con éxito en el método de la autocuración entelequial. Al mismo tiempo nos dimos cuenta de que para ese camino de la curación apenas existen límites objetivos. Todos los límites con los que nos topamos eran de índole subjetiva, condicionados por intranquilidad, miedos o resistencia en el terapeuta o en el paciente. Mi compañera tuvo un accidente con el que casi perdió el pulgar al meterlo en la puerta del Mercedes que se cerró de golpe. Colgaba de su dedo como un trapo. Conocía el mecanismo curativo, cambió de inmediato a la "frecuencia de curación", el pulgar se tensó y a la media hora estaba completamente sano. Sé lo difícil que es creer tales cosas cuando uno mismo no las ha vivido. Algunos de nosotros tuvimos accidentes a los que apenas hubiéramos sobrevivido si la voz interna no hubiera tomado el mando. La fuerza entelequial se anuncia a menudo por medio de la voz interna.

También en el ámbito de la curación existe un "punto arquimédico". Si lográramos producir una situación en la que, por sólo un momento, atravesara el cuerpo entero la frecuencia curativa en una dosis alta, el cuerpo sanaría en el acto. Desde el lugar de peregrinaje católico de Lourdes se describen tales acontecimientos, también de los llamados "curanderos a través de la fe o psíquicos" [*Geistheiler*] en las Filipinas o de los curanderos Huna en Hawai. Supongo que también las llamadas curaciones milagrosas de Jesús se realizaron por este camino. Al holograma de una vida sana se le puede llamar en todas partes. Los límites están sólo en las restricciones de nuestro conocimiento y conciencia. Este fallo podría corregirse porque también el espíritu-mente puede ser curado. La humanidad ha pasado algunos siglos despreciando al espíritu, reprimiendo los procesos vitales autónomos y con ello desconectando los poderes curativos naturales. Llevamos esa herencia de la historia dentro de nosotros, por ello necesitaremos un tiempo para anular las fronteras que hemos causado nosotros mismos. Pero estamos en el camino de desarrollar métodos eficientes. Esta tarea ya no la podemos evitar porque sin curación no hay paz.

Para cada situación hay una posibilidad de curación

La vida es un continuo. Nos acordamos de que la vida no tiene nunca final; ninguna situación, ninguna enfermedad, ningún accidente, ni siquiera la muerte puede poner un final a nuestra vida, porque estamos continuamente de viaje en un viaje cósmico sin fin. Todo sigue continuamente. Incluso callejones sin salida pasajeros, estancamientos, enfermedades y recaídas son sólo momentos en un proceso continuo de vida y de desarrollo. Cuando has caído profundamente puedes subir durante el proceso al escalón del que te has caído. Nada es incurable, y lo más profundo dentro de nosotros, el yo divino, está "siempre intacto" (Immanuel Kant).

La vida, como consecuencia de su retroacción interior y sus círculos de regulación, tiene siempre preparada una respuesta. Para cada herida existe una curación, para cada dirección de camino errónea una corrección, para cada pregunta una respuesta constructiva. En todas las edades. Este es uno de los mensajes de felicidad de los que nos podemos fiar porque forma parte del sistema de la vida. Nos encontramos en retroacción permanente con el todo. Todo lo que ocurre allí promueve nuevas informaciones y nuevas fuerzas curativas del almacén de la sabiduría universal. Sólo un organismo que se ha resignado definitivamente se vuelve inalcanzable para las fuerzas autocurativas de la vida. Todos nosotros llevamos la matriz de la información de nuestra curación, el "cianotipo" o "entelequia", dentro de nosotros, que en cada momento libre en el que nosotros mismos no seamos un impedimento en nuestro camino, empieza de inmediato con la autocuración. Nuestras condiciones de partida no tienen ninguna importancia. Para cada situación existe el paso siguiente correcto. Cada situación, cada accidente, cada enfermedad, cada pena amorosa puede ser la base de partida para un nuevo proceso de curación. Sólo tenemos que aprender a escuchar nuestro interior y a salirnos del camino trillado de la costumbre de nuestra existencia.

Imaginémonos que estamos, como un hámster, en una rueda de la vida. De repente cometemos un error y nos despeñamos. Aterrizamos algunos peldaños más abajo, la rueda sigue dando vueltas. En cuanto nos hemos recobrado del susto, nos volvemos a encontrar en la rueda de la vida. Cada escalón tiene su propia dirección, hacia arriba o hacia abajo, inclinado u horizontal, despacio o rápido, según el sitio en el que uno se encuentra en ese momento. Ocurre lo mismo con las distintas situaciones vitales

Capítulo 5 El concepto de curación

en las que nos encontramos como convalecientes. La vida nos indica siempre y en todas partes la dirección y la velocidad que es necesaria en cada momento para poner en movimiento el proceso de curación. No hay castigo ni condenación eterna. Sólo hay el reconocimiento y el poder clasificar los acontecimientos en un proceso de desarrollo interno de nuestra curación y nuestro perfeccionamiento. Si hemos cometido un pecado, es que era un error que tiene un sitio donde podemos corregirlo razonablemente. Quizá necesitamos valor para hacer cosas que otros no hacen. Lo que para unos es bueno, para otros no lo es, no hay ningún dogma. Mientras que una persona necesita una aceleración de su velocidad, otra necesita que la frenen, etc. No hay reglas iguales para todos, no las hay en la praxis de vida espiritual, ni en la sexualidad, ni en la alimentación. Los unos confían ciegamente en los asados abundantes, porque impulsa las fuerzas Yan, los otros ponen toda su confianza en los crudos. Lo que ayuda aquí no es en su mayor parte la dieta misma, sino la fe en ella, y que la fe sea sagrada. Pero más allá de las recetas hay una instrucción interna sin convenciones, si hemos aprendido a escuchar lo que denominamos como "voz interior". Es nuestro programa entelequial, lo llamamos también nuestro "Yo más elevado", que ahora nos habla y nos preserva de las exigencias exageradas. No se nos exige aquello para lo que no estamos preparados.

En algunos casos es necesario salirse de las circunstancias y actividades vitales acostumbradas, quizás incluso del círculo de amigos actual para ir al "examen" con todo nuestro ser y encontrar la práctica que nos ligue de nuevo al verdadero proceso vital. Mientras tanto haremos cosas que apenas podríamos hacer en presencia de otros; nos tomaremos tiempo para percepciones internas que se hunden en las frecuencias de la rutina diaria y percibiremos detalles que nos lleven a nuevas pistas. Tenemos que parar ante todo el monólogo interno y salirnos del eterno ping-pong de nuestros pensamientos y sentimientos. Las fuerzas de autocuración tienen mayor efecto en una frecuencia profunda de calma. Los trabajadores por la paz que están activos en el mundo necesitan un lugar de retiro, donde puedan recargar sus baterías internas en el generador cósmico.

Para las personas que están en el camino espiritual o que quieren seguirlo es de ayuda el saber que nunca estamos solos en nuestro camino de curación. Durante nuestra estancia en la Tierra estamos en conexión con seres espirituales y las fuerzas auxiliares, con las que nos podemos comunicar y cooperar cuando por ambas partes se halla la frecuencia correcta. Algunas veces también las encontramos sin llamarlas. Entonces soy como un investigador, que busca signos y señales en la tierra aún desconocida de la curación y que siempre puede retroalimentarse justo donde está y de lo que necesita. A menudo se trata además de informaciones precisas (ver capítulo 3, Tomo II: "La eficacia de la oración"). Cuando el investigador ya no sabe más, siempre puede pedir ayuda e instrucciones. Así dialogaban los seres humanos anteriores con el mundo espiritual, con los "antepasados" o con la diosa, y así podemos dialogar nosotros también con nuestra compañera de contacto cósmica. A ese diálogo lo llamamos "oración". El aprendizaje de ese tipo de cooperación espiritual, forma parte probablemente, de esos cambios de nuestro estilo de vida, sin el que apenas estaríamos a la altura de las dificultades y las energías negativas de nuestro tiempo. Casi nos vemos obligados a comprender, que la curación no está en nuestro propio esfuerzo, sino en el giro y apertura de nuestra vida, por el que entramos de nuevo en resonancia con las fuerzas curativas del universo. La curación no viene pues como ganancia por el trabajo realizado, sino realmente como regalo, de la misma manera en que tampoco recibimos nuestra vida a modo de ganancia, sino como regalo de la Creación.

Capítulo 5 El concepto de curación

El punto arquimédico es el amor

El amor es la finalidad última del universo
y el amén de la historia.
    Novalis

Si yo hablase lenguas humanas y angélicas,
y no tengo amor,
vengo a ser como metal que resuena, o címbalo que retiñe.
Y si tuviese profecía, y entendiese todos los misterios
y toda ciencia, y si tuviese toda la fe,
de tal manera que trasladase los montes,
y no tengo amor, nada soy.
Y si repartiese todos mis bienes para dar de comer a los pobres,
y si entregase mi cuerpo para ser quemado,
y no tengo amor,
de nada me sirve....
Ahora permanecen la fe, la esperanza y el amor, estos tres;
pero el mayor de ellos es el amor.
    Del Apóstol Pablo en Corintios 1, 13

Cuanto más inteligente eres,
antes comprendes que no te puede satisfacer ninguna relación.
¿Por qué?
Porque cada relación es sólo una flecha
que vuela hacia la última y más elevada relación amorosa.
Cada relación amorosa es un indicador de un amor más grande
que se halla ante ti.
    Osho

El amor empieza donde podemos hacer
verdaderamente algo el uno por el otro.
    Gabriele Brüggemann

Hay dos formas de existencia: una con el corazón cerrado y la otra con el corazón abierto. El amor es la apertura del corazón. La peor verdad de la era del patriarcado es que ha impedido el amor. La miseria de nuestras sociedades occidentales se basa en que no es posible ningún amor duradero porque los corazones abiertos son bombardeados tempranamente con enormes decepciones y crueldades. Los niños tienen al principio un corazón abierto, pero lo van cerrando poco a poco porque los adultos de nuestro tiempo no saben en su mayoría cómo se manejan los corazones abiertos. Las experiencias en la niñez son a menudo como unas gotas de acetona que cayeran en una ameba. Ésta cerraría sus agujeros y metería sus tentáculos. Todas sus reacciones futuras de cierre estarán pre-programadas. Los adolescentes tienen el corazón abierto durante el primer amor, pero a menudo bien pronto sienten que es mejor cerrarlo porque si no, las experiencias pueden doler demasiado. Los adultos sólo están dispuestos en principio a abrir completamente su corazón bajo condiciones calculadas con precisión. Como esas condiciones no concuerdan con el verdadero amor, el corazón se cierra de nuevo por sí mismo y permanece así más o menos para siempre.

Un mundo humano sólo puede surgir de corazones abiertos. En este sentido podemos decir: el punto arquimédico del amor para la realización de la Matriz Sagrada en la Tierra es el amor.

Pero con ello comienza también el drama pues todos hemos cerrado nuestro corazón por razones de peso, arriesgamos mucho si lo volvemos a abrir. Tenemos miedo de abrir nuestros corazones porque generación tras generación hemos tenido malas experiencias con ello. Cuanto más grande es el anhelo, más grande es el miedo. Al fin y al cabo aprenden miles de millones de personas a dominar su anhelo. Su puesto lo han ocupado los sustitutos adaptados al sistema: medios de comunicación, consumo, turismo, fútbol, y a veces también la guerra.

Mucho mal viene del amor insatisfecho. La venganza surge del amor defraudado. El aferrarse, el chantaje, los celos, el miedo a la pérdida, la desconfianza y el vigilarse mutuamente es el síndrome contemporáneo en nuestras relaciones amorosas, la consecuencia de malas experiencias en una época en que el corazón aún estaba abierto. Si algo destella, si el corazón por una milésima de segundo quiere abrirse, el enemigo interior es a menudo más rápido; en vez de amor viene rabia o miedo, pues en el inconsciente esta almacenado el dolor, que en un principio estuvo unido al amor. El destino del amor está unido desde hace siglos a la decepción y a la separación, a la traición y a la mentira, a la sospecha y a la mezquindad, al asesinato y al homicidio. De ello resulta una estructura psíquica colectiva que reacciona ante el amor con miedo a la separación, ante el miedo a la separación con falsos juramentos de fidelidad, ante los falsos juramentos de fidelidad con rabia y venganza. Esa unión fatal está en la base de las sociedades actuales, de sus representaciones del amor y de sus leyes matrimoniales, de su moral y de sus estrategias de guerra. **No puede haber paz en el mundo, mientras haya guerra en el amor.**

El amor defraudado e insatisfecho es el núcleo constitutivo de la antigua matriz. Si bajo esas condiciones se produjera una apertura del corazón, entonces también muy pronto tendrían lugar automáticamente los efectos secundarios que igualmente pertenecen a la matriz antigua: pasión desenfrenada, exigencia de propiedad, miedo a la pérdida, desconfianza, celos, comparación con otros, competencia, violencia, venganza. Todas las óperas, todas las tragedias, todas las películas y periódicos, todos los centros de asesoramiento terapéutico, todos los hospitales y psiquiátricos, toda la locura homicida y todos los cementerios están llenos de todo ello. Aquí hay un horror sin fin. Nadie soporta mirarlo mucho tiempo. Es demasiado malo. Y para la mayor parte de los que han confiado en las estructuras de este tiempo no hay ninguna salvación, ninguna perspectiva, ninguna posibilidad de amor. Ya muchos quinceañeros se suicidan porque han reconocido este hecho.

Una y otra vez han surgido grupos que han intentado el amor libre o la sexualidad libre, pero fracasaban regularmente cuando verdaderamente se trataba de amor. La sexualidad es libre cuando se lleva a cabo bajo el consentimiento de ambos, es un impulso en la dirección correcta, pero no puede sustituir al amor. La sexualidad libre puede existir también sin apertura del corazón, pero el amor necesita el corazón abierto. Exige ese riesgo. Por ello los grupos con sexualidad libre tuvieron durante mucho tiempo el conflicto de defender hacia afuera algo diferente de lo que en su más profundo interior deseaban. Junto a la vida sexual libre se incubaba, suspiraba, dolía, gritaba en muchas almas algo muy diferente: el anhelo de intimidad, de patria, de amor. Éste, sin embargo, tenía que guardarse más o menos en secreto pues aún estaba ligado a la antigua imagen de la fidelidad absoluta en pareja. Pero esta imagen, eso ya se venía intuyendo, no se correspondía con la realidad. No fueron los más tontos, los que se juntaron bajo la consigna de la sexualidad libre. Sabían que el amor no podría funcionar con las ideas antiguas, pero aún no conocían ninguna alternativa real en la que pudieran creer. La conocían para la sexualidad, pero no la conocían para el amor. Ahí veo una de las razones principales para el fracaso de esos grupos (como en la granja austriaca) y también para las dificultades que tienen que estudiar a fondo, comprender y resolver los trabajadores de un Biotopo de Curación, y que con un proceder inteligente, también pueden resolverse. En este punto se exige una movilización por el tema del amor que sobrepasa mucho las ideas del principio. Hoy en día se trata del proyecto de la salvación del amor. Ello no es ya una labor privada, es un proyecto del siglo.

Las relaciones de amistad masculina más hermosas se rompieron cuando a ambos les interesaba la misma mujer. Las relaciones de amistad femenina más hermosas se rompieron cuando a ambas les interesaba el mismo hombre. El amor era, mientras se hallara en el corsé de la antigua matriz, una fuerza destructora. En realidad, sin embargo, se trata de una fuerza sanadora que está por encima de todas las fuerzas sanadoras. Es el elixir esencial de la curación. Se podría pensar que estábamos ante una situación carente de perspectivas. Por un lado sólo se logra la curación por medio del amor, por el otro lado el amor nos conduce a todos los conflictos de los que nos queremos librar. Pero esa cuenta es errónea porque opera con un concepto falso del amor. La curación no está en la vieja, sino en la nueva matriz. Por ello debemos buscar el concepto del amor que nos lleva a la curación, no en la vieja, sino en la nueva matriz.

A las experiencias de la nueva matriz pertenece también el descubrimiento de una tarea más elevada, para la que el hombre se ha incorporado en esta encarnación, y una clasificación profesional equivalente en la nueva sociedad humana que está surgiendo. Mientras exista solo como persona privada no podré descubrir el secreto del amor. El amor es siempre, cuando aparece entre dos personas, una fuerza universal, divina y por eso sólo puede ser realizada en una existencia universal (capítulo 1, Tomo II). El amor no exige la fijación de dos pares de ojos los unos en los otros, sino que exige la mirada paralela en la meta conjunta más elevada. El amor es más que un sentimiento, es un modo de existencia. Viene del campo de la unión y no del cálculo. Casi todos los seres humanos que viven actualmente se encuentran, consciente o inconscientemente, en el campo del cálculo cuando se trata del amor. La reflexión interna es entonces: "Si me dejo llevar por el amor a esa persona…, si entonces llega alguien y también la ama…, si ama al otro más que a mí…, si ella es para mí la más importante, pero yo para ella no… nonononocsonopuedoynoquieroesobrrvbuttbrrr". Ese es el pensamiento con el que el corazón permanece cerrado. El amor libre ha fracasado una y otra vez por esa estructura interna. En la época de la lucha por las casas al principio de los años setenta había una frase hermosa en la pared de una casa ocupada en Berlín. Decía así: "Beziehungsmix, au verflix, ohne mix"[En alemán se trata de una frase de naturaleza cómica con rima y con palabras de doble sentido. Se puede traducir literalmente como: "Relaciones mezcladas, ¡maldita sea!, ¡conmigo no!"].

Capítulo 5 El concepto de curación

El trabajo por la paz interior y exterior necesita una integración del tema del amor. Los grupos no estaban a la altura del poder de este tema. El error estaba en que se buscaba la solución del tema amoroso en algún ámbito en el que no se podía encontrar. El amor libre, que no calcula, no compara y no pide un contravalor, es parte de la sagrada matriz. Por consiguiente no podemos llegar a ella con el concepto y los métodos procedentes de la antigua matriz.

No se la puede conseguir con trabajosos ejercicios de transformación interna, se realiza por sí misma en la medida en que entramos en la matriz de la vida. También fuera de una relación de pareja, con una persona determinada, existe la matriz de la vida, la realización, la enseñanza universal, la guía, el amor. También fuera de esa persona determinada existen las criaturas de la creación, con las que puedo aprender el secreto del amor, y por ello más fácilmente lo podré comprender y aceptar en las situaciones concretas con la persona amada.

El proyecto de los Biotopos de Curación comenzó hace 25 años con el pensamiento de construir un proyecto para el amor, en el que también los amantes que se separaron se podían volver a encontrar. A veces lo llamábamos sencillamente: "Proyecto para la salvación del amor". Para mí estaba claro que se debía recorrer un nuevo camino y que mientras lo recorríamos, no podíamos quedarnos parados ante el tema del amor. En último término se trataba de crear un espacio vital completamente nuevo que hará posible el cambio de la vieja a la nueva matriz. Por entonces aún, no sabía que duraría tanto tiempo, hasta que la nueva imagen del amor se pueda grabar en nuestras células. En ningún otro aspecto intentan los seres humanos con tanta obstinación aferrarse a la vieja matriz como en éste, en ninguno son tan conservadores como en el amor. Construyen estaciones en el universo y utilizan aún para el amor las mismas imágenes que sus bisabuelos: "High Tech" [alta tecnología] en la guerra, neandertal en el amor.

Hemos conocido en muchos aspectos de nuestro proyecto a la nueva matriz, hemos visto cómo se diferencia de los antiguos conceptos, y hemos visto con cuánta facilidad viene a nosotros cuando estamos preparados para ello. La hemos conocido en el trato con animales, en la comunicación con ratas y serpientes, en la influencia del tiempo meteorológico y en la curación con heridas y enfermedades. Hemos tenido la experiencia de cómo una comunidad se mantiene unida en momentos de necesidad, de cómo los peligros se dominan conjuntamente, de cómo se eliminan las dificultades económicas de repente y cómo las energías espirituales auxiliadoras vuelven a intervenir una y otra vez, cuando las propias ya no bastan. Pero duró bastante tiempo hasta que los primeros se atrevieron a ponerse de nuevo y completamente del lado del amor. Y sin embargo -visto del lado de la matriz de la vida- ¡es tan fácil! Si sientes que amas a alguien, sigue ese amor sin reservas. Lo que se hace por amor está bien hecho. Esta era una de las frases crucial de Vincent van Gogh. Ese anticipo de confianza lo tienes que traer tú. El resto "let God do", el resto lo hace la Matriz Sagrada por ti. Esto no es difícil, sino sencillo. Las dificultades se superan con facilidad. Sigue el amor y arriesga las turbulencias anímicas que posiblemente atravesarás. Sabrás que la persona que amas de verdad y sinceramente, probablemente también es amada por otros de verdad y sinceramente. Sería cómico que no fuera así. Mantén esa tensión y sé fiel al amor. Te vendrán pensamientos completamente nuevos, encontrarás una alegría y un alivio que no habrías considerado posible. Harás descubrimientos que no podrás comunicar aún a casi nadie. Aparecerás quizá meditabundo, e incluso afligido, pero es una alegría completamente nueva la que se va haciendo camino en ti y en tu vida. Exige a tus amigos tranquilamente, que te perciban por un tiempo como a un enfermo mental o algo extraño. Solicita de ellos el parágrafo 51 (incapacitación mental) y explícales porqué. Aprende a permanecer vinculado también en esas turbulencias. Ocurrirá lo correcto sin intervención nuestra si conoces a la sagrada matriz y estás cada vez más dispuesto a seguirla. Un conocimiento completamente nuevo surgirá en ti. También los celos son una cuestión conocimiento. Desde un cierto peldaño del conocimiento ya no puedes ser celoso. Ya sabes que los celos no son parte del amor, y lo sabes no sólo de modo teórico, sino que lo sabes desde las células, completamente. Las cadenas de información en tu código genético se unen ahora de una forma nueva, de modo que no haya ningún sitio para la información de los celos. Todo tu cuerpo lo sabe. Tú también sabes ahora que el amor tiene algo que ver con la entrega, el regalo, el servicio, la ayuda, y no con exigir y forzar. Los viejos patrones del chantaje mutuo ya no existen, los viejos conceptos de separación, competencia y celos se han desprendido de ti, la vieja matriz ha desaparecido por si sola. He vivido una y otra vez lo fácil que funcionan esas cosas. No se necesita ninguna terapia, sólo se necesita una constancia inquebrantable y un conocimiento creciente. Se necesita, si se quiere así, una fidelidad absoluta al tema del amor. La Matriz Sagrada sabe que los miedos a la pérdida y las medidas de precaución no son parte del amor. En algún momento lo sabemos nosotros también. Entonces comienza un camino de curación con una profundidad nueva y con una perspectiva completamente nueva. Desde aquí comenzamos con la construcción de los biotopos de la curación. Ahora sabemos de qué se trata y para qué lo hacemos. Empezamos a comprender y a amar a los grandes seres humanos que amaron también sin escrúpulos: Vincent van Gogh, Leo Tolstoi, Selma Lagerlöff, Frère Roger, Ernesto Cardenal, Nelson Mandela, Ruth Pfau…

Finalmente, quisiera citar algunas palabras geniales sobre el amor, escritas por Elisabeth Kübler-Ross:

aprender a vivir correctamente quiere decir en sentido original aprender a amar. El amor verdadero no tiene exigencias de posesión y no pone condiciones. Lo único que cura realmente a las personas, según mi conocimiento, es el amor incondicional. Es el amor el que da sentido a la vida. La muerte no es nada que se tenga que temer. En realidad puede convertirse en la experiencia más increíble de tu vida. Depende de cómo vivas tu vida aquí y ahora. Y lo único que importa aquí y ahora es el amor.

Y porque combinan tan bien, una última palabra de Meister Eckehart:
la hora más importante es siempre la actual.
La persona más importante es siempre aquella frente a la cual estás ahora.
La acción más importante es siempre el amor.

Lágrimas de curación

Cuando se disuelven en el interior de una persona las antiguas estructuras, a veces surgen las lágrimas. Cuando un proceso de reconocimiento, de participación y de amor va hasta lo más profundo, reacciona todo nuestro organismo con una apertura completamente nueva. Una corriente de vida nueva atraviesa las células y produce lágrimas.

Quisiera decir un par de palabras sin ningún plan preconcebido sobre la curación. No provienen de ninguna teoría, sino directamente de la vida. Son la continuación del tramo anterior sobre el amor. En el amor hay una apertura, un reconocimiento, una experiencia original de encuentro que con un golpe toca tanto nuestras células que nos brotan las lágrimas de los ojos. En él ya no hay romanticismo ni sentimentalismo, sino el reconocimiento original de dos o más personas, la curación y la revelación original. El que la ha experimentado sabe lo que es el amor. Es la apertura mutua, completa, de dos almas y en esa apertura sucede la apertura a la vida, al amor universal, al gran único ser, que nos une a todos. ¿Podría un joven que ama a una muchacha de esa manera matar a un conejo? ¿Podría un hombre maduro que descubre el amor de esa manera volverse de nuevo cínico?

Clarissa Estés contó en su libro „Die Wolfsfrau"[„La mujer lobo"] un cuento inuit maravilloso sobre el destino del amor. Lleva el título de „Die Skelettfrau"
[„La mujer esqueleto"] y describe la nueva situación que surge cuando un hombre que ha estado entumecido mil años mira en el corazón de una mujer. El hombre es un pescador esquimal; la mujer es la naturaleza original adelgazada hasta el esqueleto. Quiero reproducir algunas frases del mismo:

mientras duerme el pescador le sale una lágrima del rabillo del ojo. La mujer esqueleto se arrastra torpemente a su lado y sorbe la lágrima de su mejilla como si estuviera sedienta. ¿Qué podría soñar el pescador - nos preguntamos- que le hace verter una lágrima?

Las lágrimas contienen energías creativas. En los mitos se crean mundos a través de las lágrimas derramadas, y lo que estaba separado se vuelve a unir en un plano emocional. Cuando se vierten lágrimas en los cuentos, los ríos traspasan sus orillas e inundan el campo seco. Cuando gotean sobre heridas las curan, y cuando caen sobre ojos ciegos, vuelven a obtener la vista.

Llegados a ese punto, un amante se ha desnudado tanto, y se ha abierto tanto que su compasión más profunda, su comprensión muda más profunda de sí mismo y de los otros ya no puede ser contenida y se desborda. Solo este desbordamiento mudo puede apaciguar la sed de la naturaleza original adelgazada hasta el esqueleto. Sólo en su forma inocente, desprotegida y candorosa es un pescador del amor humano capaz de apagar la sed de su compañera.

El pescador se ocupa intuitivamente de sus heridas, las toca donde duelen, aún cuando sean antiguas, de los años de infancia, de ayer y de anteayer. De este modo puede verter las lágrimas de una compasión desmedida, pues en su propio dolor reconoce un eco de los dolores del resto de las criaturas.

Este era el punto que Friedrich Nietzsche vivió una mañana del año 1889 en Turín cuando se abrazo al cuello de un caballo de un fiacre porque había sido brutalmente apaleado por el mozo conductor. Desde entonces no pronunció ninguna palabra hasta que murió en el año 1900. Al creador del gran Zaratustra le rompió el corazón la compasión por una criatura simple. ¿O quizá se lo abrió? Desde entonces fue una persona distinta.

Continúo con las palabras de Clarissa Estés:
él ve las barricadas que él ha construido dentro de sí contra el sentimiento del dolor. Ve todas las posibilidades de amar que ha desaprovechado, y reconoce que a todos los otros les ocurre lo mismo.

Esto es lo que todas las mujeres anhelan de sus hombres, esa confesión en la que todas las proyecciones en el compañero se disuelven y el hombre ve la relación herida existente con su propia naturaleza original. Esa confesión deja correr la lágrima redentora, sanadora de su ojo, porque ahora reconoce que puede curarse a sí mismo en el futuro, y ya no sigue exigiendo que sea la mujer la que apacigüe su dolor. Ya no tiene sed de su yo más profundo, lo ha encontrado dentro de sí... Ahora puede desarrollarse dentro de él, algo nuevo, algo que puede regalar a su compañera de camino: un corazón grande, con sentimientos oceánicos.

Aquí tenemos una fuente de todas las curaciones. Ocupémonos con toda la distinción, inteligencia y energía de hacer surgir una nueva sociedad en la que el corazón que acaba de abrirse, no vuelva a sobresaltarse. En el momento en que corre la lágrima del reconocimiento caen las barricadas contra el amor, fluye la energía de la nueva matriz por todas las células. Aquí y allí tiene lugar la curación. Cualquier otro tipo de curación, me parece, es más débil que ésta.

Recuperación del poder perdido

La sacudida espanta a lo largo de cien millas,
Y no hace caer ni a la cuchara de la victima ni al cáliz.
  I Ging, comentario del signo 51

Puedes ver el mundo con los ojos de una víctima o como aventurero en vías de descubrir su tesoro.
  Paolo Coelho

La curación es la recuperación del poder perdido. Con "poder" me refiero, no al poder sobre otros, sino a la presencia de las propias energías, la presencia de la percepción también en situaciones críticas, la presencia de una imagen propia más elevada sin vanidad y de un vínculo más elevado. No es el poder sobre otros, sino el poder sobre nosotros mismos, es decir, la capacidad por decisión propia de parar un movimiento emocional cuando nos arrastra hacia abajo, de pensar un pensamiento o de no pensarlo, de llevar a término una reacción o de dejarla, de salirse de las antiguas emociones del miedo y de la rabia o de la venganza y de agarrar tan fuerte lo que queremos lograr que ya no nos lo puedan quitar.

¿Qué queremos lograr? ¿Por ejemplo en el amor? ¿En el encuentro con una persona deseada? ¿En un encuentro político? ¿En una situación tensa con nuestros amigos o enemigos? ¿En nuestra vida personal o laboral? No podemos encontrar la respuesta por adelantado, tenemos que haber encontrado algo del poder perdido para comprender la cuestión y poder enfrentarnos a ella seriamente.

El movimiento por la paz depende del poder personal de sus actores. De su presencia de espíritu, de su valentía, de su generosidad frente a los propios fallos y a los de otros, de su capacidad de amar y no menos de todo, de su energía sexual. En ambos campos se trata de no descentrarse en situaciones complicadas, es decir de no seguir cediendo el poder a otros, de no subordinarse más a la perspectiva de las autoridades ajenas a nosotros y en todas las situaciones seguir manteniendo „ la bola azul de la energía". Los enemigos, tanto los humanos como los políticos tienen el poder sólo mientras los otros tienen miedo de ellos y proyectan en ellos. Todo el mundo del miedo es un mundo virtual en el que proyectamos imágenes del pasado en situaciones actuales o futuras y con ello cedemos el poder a otros. Se necesita un entrenamiento espiritual-mental bueno para darse cuenta verdaderamente de esas conexiones. Ningún miedo se basa en una realidad objetiva, cada miedo se basa en una proyección que sólo se convierte en realidad cuando la consideramos realidad y reaccionamos a ella con miedo.

Estos son reconocimientos centrales de un largo estudio de nuestros contextos vitales. Todo buen luchador samurai lo ha conocido. Son cosas que tienen que ser aprendidas y practicadas para que sean beneficiosas en el momento correcto. Hasta ahora se pierden muchas posibilidades en nuestra vida dándole la prioridad no al poder, sino a la impotencia. Nos deslizamos en las ausencias continuas de nuestra vida cotidiana. Estamos tan sumergidos que vamos a un supermercado y pensamos que las cosas que hay en las estanterías tienen una realidad que tomamos en serio. En ese caso hemos cedido el poder a las cosas. O bien, creemos tener un hambre enorme por un plato determinado. También estas ganas y necesidades aparentemente normales son las más apropiadas para alejarnos enseguida de una frecuencia más alta y de asentarnos inadvertidamente en una frecuencia en la que nos sabe bien la comida, pero no estamos bien armados para una situación imprevista de miedo. Quizá sea ya suficiente la aparición de una mujer de apariencia hermosa para recaer en la necesidad interior y de perder la bola azul de golpe. Entonces se nos queda atascado en la garganta el bocado mejor. Es normal en nosotros los humanos, pero no tiene porqué seguir siendo así.

Hay indicaciones claras para la recuperación del poder y para la victoria interna del trabajador por la paz. Inicialmente tendríamos que tener claro que el deseado poder siempre está con nosotros si no lo espantamos con maniobras falsas porque somos niños, compañeros y órganos de Dios en el universo. Entonces tendríamos que tener claro cómo ha perdido el ser humano el poder y lo que puede hacer para volver a tenerlo.

Una parte de nuestro poder se nos arrebató ya en nuestra temprana infancia. Pues nuestros padres pensaron que éramos niños pequeños muy monos con una naricita y mucha irracionalidad. En realidad somos seres cósmicos que vinimos del otro mundo y que nos tenemos que acomodar primero en la Tierra. Poseíamos para ello un enorme equipamiento de espíritu, percepción y capacidad de aprendizaje. Estábamos espiritualmente tan despiertos como nunca después. Es un estar despierto descomunal lo que se ve en los ojos de un recién nacido. En muchos aspectos sabíamos mucho más que nuestros padres porque los recuerdos de una existencia en el espacio cósmico aún estaban frescos. Sólo tras el transcurso de larga duración a través de un extraño tipo de "educación" aprendimos a volvernos tan "razonables" y tan estrechos de miras como ellos. A la minimización y el empequeñecimiento que hemos vivido, hemos reaccionado con desesperación impotente y con ataques de rabia, más no podíamos hacer, pues los adultos eran más grandes y más fuertes. Para los adultos, nuestras insubordinaciones eran más razón para adaptarnos a sus normas. Con ello se convirtieron en una autoridad más elevada y empezamos a creer que teníamos que ser como ellos. También cuando nos rebelábamos nos parecíamos a ellos. Ellos mismos eran personas que habían cedido mayoritariamente su poder, ¿Cómo habríamos podido saberlo?

El resto de la expropiación del poder sucedió por tres cosas: oprimiendo nuestro impulso de conocimiento (curiosidad), oprimiendo nuestro impulso de movimiento y oprimiendo nuestra sexualidad. Curiosidad, impulso de movimiento y sexualidad forman parte del equipo básico de la energía, con la que cada persona entra en la Tierra. Cuanta energía real puede desarrollar una persona en su vida, depende de con qué amplitud está capacitado para seguir esas tres energías básicas e integrarlas en su vida. ¿Nos acordamos todavía de con qué afán queríamos saber en otro tiempo lo que estaba escondido tras una muralla de un castillo, a dónde conducía la entrada de una cueva o lo que se encontraba en el interior de una castaña? Poseemos como niños una curiosidad casi metafísica, que está en camino, de buscar y encontrar algo sumamente interesante tras los signos exteriores de la vida, casi como Parcival en su búsqueda del Santo Grial. El que es curioso, vive en la percepción. La fuerte curiosidad supera casi cualquier miedo, es una energía sincera de la vida, de la curación, de la liberación. Era una medida diabólica de la historia cultural de la humanidad, cuando empezó, a presentar respuestas preparadas para las cuestiones más elementales de las personas con la finalidad de prohibirles las propias investigaciones. El que buscaba una respuesta diferente a la que le daba el estado y la iglesia, arriesgaba su vida. La verdad se pagaba con la pena de muerte (ver Giordano Bruno y toda la historia del movimiento herético). Quizás fue esto, junto a la expropiación sexual, el método más poderoso del derrocamiento del poder.

La curación es la recuperación del poder perdido en todos los campos. Esto puede sonar a definición heroica, sin embargo da en el centro más profundo del asunto. ¿Y por qué no tendríamos que ser un poco heroicos? Nos referimos a que tenemos que volver a encontrar un "camino de la fuerza" que nos inmuniza positivamente frente a nuestras viejas predisposiciones. Don Juan (el profesor de Carlos Castaneda) lo

Capítulo 5 El concepto de curación

llama también "el camino del corazón". Poder y amor, fuerza y corazón no son contradictorios, sino que se unen entre sí. El camino de la fuerza consiste en perseguir las energías de la vida y no las leyes exteriores o a los caprichos del humor. Cada situación contiene una cierta energía-maná que nosotros por nuestro comportamiento podemos dirigir para utilizar en nuestro provecho o contra nosotros. El que sigue el camino de la fuerza aprende paso a paso a unirse con estas energías. Con ello no se lograrán siempre éxitos externos, pero ganará poder. Jacques Lusseyran, el guerrillero ciego de la resistencia en la "Résistanse" francesa, fue durante bastante tiempo, como él mismo escribe, "vencedor de derrota en derrota". Esto es un proceso de aprendizaje muy desacostumbrado pues nos tropezamos en todas partes en sitios en los que hasta el momento en consecuencia de nuestras viejas costumbres hemos estado actuando hasta ahora sin dejarnos llevar por la fuerza, sino por la paralización. Sobre todo en los ámbitos en los que hasta ahora hemos reaccionado con miedo o rabia u obstinación, nos vienen al encuentro nuevas tareas de aprendizaje. Entramos en un aprendizaje básico de la vida que nos capacita poco a poco a reunir en nosotros mismos tanto poder que ya no tenemos que reaccionar a ningún peligro con miedo, porque estamos protegidos y seguros en una unión más elevada. Ahora ya no necesitamos dar un rodeo a las antiguas zonas de miedo de nuestra vida, porque nos ofrecen la materia de aprendizaje que necesitamos para llegar al reconocimiento último y a la tranquilidad. Todo el universo es ahora el escenario en el que se representa nuestro asombro existencial.

En nuestros ejercicios practicamos una y otra vez la observancia y el mantenimiento de la energía. Es la práctica, la que puedo recomendar a todos sin excepción. En el transcurso de un viaje al Algarve me fui por la noche con una amiga a jugar al billar. Me alegraba poder jugar de manera que la fuerza permanecía de mi lado; y en secreto me alegraba también de poder mostrar mi maestría. Empezó bien, pero después de un tiempo ya no funcionaba. De algún modo ya no podía acertar a las bolas. Un par de veces me sorprendí diciendo completamente sincero y totalmente identificado la palabra "mierda". Ni siquiera el encanto erótico de la mujer me lo pudo impedir. Estaba en total desacuerdo con alguna cosa, me sentía tratado injustamente por la vida y me entró un enfado irracional sobre el juego en especial y sobre el mundo en general. "¡Siempre ocurre así justo cuando uno se siente bien!" Pronto comprendí que me había pasado de la raya. Un par de golpes desafortunados habían bastado para sacarme de la vía de la fuerza. Prentice Mulford describió ese proceso con su intento sin éxito, de dirigir una carretilla sin moción interna por el camino del jardín (en su delicioso libro "Über den Unfug des Lebens und des Sterbens"/ "Sobre el disparate de la vida y la muerte "). Nuestra vida está llena de despilfarro de energía, ante la que caemos diariamente y automáticamente como víctimas cuando cedemos ante nuestras costumbres y diálogos. Después del billar encontré la mirada de un espectador y perdí el poder sobre mis ojos, porque me avergonzaba de mi mal juego. Es así de sencillo. Tardó un tiempo hasta poder recuperar la frecuencia de la fuerza y volver a la unión. Fue una lección. Más o menos sucede así en la vida, cuando uno se encuentra en este tipo de aprendizaje para la recuperación del poder perdido. Es sencillo de comprender en qué tipo de equivocaciones se sorprende uno a sí mismo cuando este aprendizaje se adentra en los ámbitos del sexo y del amor. En el fondo son dos procesos universales diferentes, entre los que oscilamos, un proceso del universo del ego y un proceso del universo de lo universal, y la libertad surge claramente -también en el juego de billar- del lado del universo de lo universal.

Recuperación del poder perdido. No es el propio poder el que se tiene por las propias fuerzas, sino que es el poder que se tiene de forma natural de la unión con las energías divinas y con el universo. Ese poder no conoce fronteras, ha penetrado en muchas personas y ha producido muchas "maravillas". ¿Por qué tenia Jesús el poder de curar a los enfermos? ¿Por qué tuvo Rüdiger Nehberg el poder de conducir su patín de pedales a través del Atlántico y de sobrevivir a su increíble aventura? ¿Por qué tuvo Reinhold Messner el poder de subir a los catorce ochomiles en el Himalaya? ¿Por qué tuvo Johannes Hus el poder de cantar en la pira? ¿Por qué tuvieron mujeres como Hildegard von Bingen, Elsa Brandström, Maria Theresa, Ruth Pfau y otras el poder de hacer su gigantesca obra de curación? Porque todas estaban en conexión con un poder más elevado. Todas ellas y aún más nos dan testimonio vivo de lo que pueden conseguir los seres humanos cuando están de nuevo en conexión con un poder más alto. Ghandi, un hombre sólo, logró liberar a la inmensa India del dominio colonial inglés. ¿No conseguiremos hoy en día liberarnos del dominio colonial de la antigua civilización y de su matriz errónea?

Capítulo 5 El concepto de curación

El potencial energético desperdiciado

No padecemos falta de energía,
sino de excedente de energía.
La enfermedad es energía desaprovechada, bloqueada,
que se asienta en nuestros cuerpos y no encuentran ninguna salida.

La curación es siempre un tema de abastecimiento de la energía y de conmutación de energía de un organismo. ¿En qué intercambio de energía con el medio ambiente se encuentra el organismo? ¿Está bloqueado o está abierto para las energías del mundo? La energía existe con gran abundancia, pues la reserva de energía cósmica es inagotable. Padecemos en su mayor parte no de carencia de energía, sino de superávit. Se trata de las energías vitales que no pueden ser integradas y transformadas, porque no se adaptan a los conceptos morales y sociales. Son energías enormes de la sexualidad, a menudo también energías gigantescas de la rabia, energías de la más alta vitalidad y velocidad, energías de la curiosidad, del traspaso de fronteras hasta llegar a la experiencia trascendental. Esas energías no tienen una ejecución libre, no se pueden desarrollar ni mover de su propia manera, a menudo se bloquean entre sí, lo cual lleva a la parálisis y al estancamiento. Un sí interno al mismo tiempo que un no interno - por ejemplo sobre una dirección instintiva sexual- puede dividir la corriente energética en dos direcciones diversas y con ello llegar a estancarse o paralizarse. A causa del bloqueo interno, del estancamiento, de las confusiones y equivocaciones de nuestras energías vitales surgen los típicos síntomas de nuestro tiempo: ligera irritación, insomnio, cansancio, dolor de cabeza, asma, propensión a la histeria y al ocultismo, falta de ánimo, rigidez en los huesos, tejido flácido, distonía vegetativa, demencia circular y ataques de aguda falta de sentido. Cuando la energía estancada bloquea durante mucho tiempo un tejido, se llegan a tener infecciones o quistes (cáncer), que Wilhelm Reich describió como "biopatía" y "enfermedad de estancamiento" (en sus libros "La función del orgasmo"/"Die Funktion des Orgasmus, "El cáncer"/ "Der Krebs"). La energía excedente que se encuentra en el cuerpo sin tener ninguna función y que tapona sus canales lleva a casos demasiados extremos de cambios corporales. Muchas espinas dorsales dobladas, muchas formas de cojera o de balanceo de los brazos mientras se camina, muchos tórax demasiado pequeños o traseros demasiado gordos, muchos deslizamientos de las formas corporales tienen su origen en la obstrucción energética. El cuerpo no sabe lo que debe hacer con las señales energéticas, porque es informado de modo contradictorio por el conflicto entre deseo y moral. Sobre todo las formas conocidas de extremo sobrepeso o de estar bajo de peso, los colchones en los muslos o en la barriga (que a veces no son tan carentes de atractivo) son una consecuencia de energía vital excedente, no integrada. Ahí a menudo ayudan poco las dietas porque el error está en un trastorno fundamental del equilibrio energético. Un bloqueo del flujo de energía es también a menudo la causa en la actualidad del padecimiento de enfermedades sin explicación. En el cuerpo hay demasiada energía "muerta". Un organismo sano se encuentra en un equilibrio de fluidez energética en el que las energías que entran del universo tienen acceso libre y salida libre de manera que la cantidad de energía de entrada y salida conservan el equilibrio. Cuando ese equilibrio está trastornado, se junta la energía "muerta" en el cuerpo, la cual ya no puede transformarse en movimiento, en fuerza y en acción. Casi toda la humanidad occidental padece hoy en día de una forma u otra por la energía no integrada. Pues son los ritmos del dar y del exhalar, las funciones de la expulsión de energía y de la ventilación, las que se ven trastornadas por el corsé de la civilización actual. La mayor parte de las veces no nos damos mucha cuenta de nuestro bloqueo. Lo notamos cuando por un corto tramo de tiempo entramos en un estado de alta energía que moviliza todas nuestras energías vitales. Es indescriptible la cantidad de reserva energética que de repente está a nuestra disposición: parece que no haya ningún límite. Todos los pioneros de las grandes experiencias, desde el investigador polar Fridtjof Nanse hasta el escalador de riesgo Reinhold Messner describen esa experiencia.

Prestemos atención al hecho de que nuestras dolencias, nuestras debilidades físicas y deformaciones, nuestros cansancios y depresiones no son parte de nuestra naturaleza, sino enfermedades de la civilización que nos separan de la visión de la vida. Tenemos ideas erróneas cuando creemos que el cuerpo tiene que volverse débil y marchito con avanzada edad. Pensamos erróneamente cuando creemos que las infecciones sólo se pueden curar con antibióticos y la obesidad con la dieta de ayuno. Esos pensamientos vienen de la situación del organismo ya dividido, pertenecen a la matriz del miedo y de la violencia, no a la matriz de la vida. En el caso de un sistema circulatorio sexual bloqueado necesitamos otras dietas y otros medicamentos de los que se necesitarían cuando el sistema circulatorio sexual no está bloqueado. Las recetas de los libros de salud corrientes parten del así llamado estado normal, pues del sistema de circulación energética y sexual bloqueadas. En su gran mayoría no se curan realmente, sólo hacen la situación un poco más aguantable. El que padece de sobrepeso, recobrará su figura natural, cuando logre soltar más energía constructiva para construir alrededor suyo el espacio energético más amplio que esté en resonancia con el espacio cósmico y con la propia entelequia. Total capacidad de acción, total expulsión de energía hacia afuera, ningún freno falso más por pensamientos secretos, vanidad, obstinación o avaricia - y el cuerpo encuentra de nuevo su forma natural. Se trata casi siempre del tema de la expulsión correcta de energía. El que tiene papera la puede perder hablando correctamente. Esto sin embargo no es muy fácil en el mundo existente, pues hemos aprendido por buenas razones a callarnos muchas cosas. Primero se tiene que construir un espacio humano en el que sea posible decirse la verdad también en temas complicados y profundos. Para temas que tienen que ver con la rabia o el sexo faltan casi siempre las palabras. La curación duradera exige básicamente nuevos espacios vitales en los que el organismo humano pueda unirse de nuevo libremente con el juego de la energía cósmica, porque ya no están bloqueados por el organismo de la sociedad. **Biosfera y Sociosfera, energías vitales y energías sociales tienen que estar en armonía para que el cuerpo humano pueda ser liberado para siempre de sus contradicciones internas.** Se nutre por sí mismo con la energía que hasta ahora vivía en él paralizada y desaprovechada.

Al sistema circulatorio de energía de la energía vital que fluye libremente pertenece esencialmente el gran sistema circulatorio sexual, que une el corazón con los genitales (más precisamente: el chakra corazón y el chakra sexual). Esta conexión está casi completamente rota en la matriz de la violencia. De ello resultan muchas de las enfermedades sexuales agudas habituales hasta llegar a las infecciones crónicas del útero y del bajo vientre. Muchas enfermedades sexuales de nuestro tiempo -incluidas las enfermedades secundarias que resultan de ellas- proceden de un sistema circulatorio sexual demasiado pequeño. Cuando el chakra sexual y el chakra del corazón están separados el uno del otro energética (y anímicamente), el espacio para la energía entrante es demasiado estrecho y se producen forzosamente estancamientos e infecciones, que se imputan después a cualquier "contagio". En realidad el tejido atascado produce a menudo por sí mismo los gérmenes patógenos, como ya sabemos desde las investigaciones de Lachovsky y de Reich. Muchas enfermedades sexuales desaparecen cuando el sexo y el corazón se vuelven a unir. Sobre todo para comunidades con sexualidad libre es una tarea importante, la de volver a hacer posible esta reunión.

Necesitamos energía para las tareas que tenemos por delante. La pregunta de cuánta energía tengo a disposición no depende en primer lugar de lo fuerte que sea, sino de cuanta energía se puede reunir en mí y descargar. Cuanta más energía se libere del bloqueo, tanta más puede ser centrada en una meta consciente. Los gatos obtienen su enorme energía para saltar y la precisión, de una estado de tranquilidad completamente abierto. En un organismo abierto que está unido a la Matriz Sagrada tiene libre circulación la energía cósmica. Ya no se trata entonces de una energía excedente, sino de energía de trabajo disponible libremente, que nos une siempre con las reservas energéticas cósmicas. Cura todas las partes del cuerpo porque la matriz de la curación está como entelequia en cada célula. Me reafirmo en esta declaración: la energía cósmica cura cada célula corporal cuando le abrimos el camino. No hay ninguna razón para padecer, no hay ninguna razón para la depresión, no hay razón para cavilaciones sobre el sentido de la vida, no hay ninguna razón para la enfermedad, cuando encontramos esa apertura. Los iconos del padecimiento se basan en la energía bloqueada.

Trabajo en la propia persona

Las correcciones que son necesarias para la tierra, tenemos que realizarlas en nosotros mismos.
Dieter Duhm

Sólo cuando uno no se cambia, se trabaja contra la naturaleza.
Vincent van Gogh

Nosotros tenemos que ser el cambio que queremos ver en el mundo
Mahatma Gandhi

La enfermedad no es un problema privado. Sin embargo son los afectados los que tienen que trabajar este tema, si quieren la curación. El trabajo en la enfermedad es también siempre trabajo en la propia persona. Solo se puede difundir tanta energía sanadora como la que ya se lleva en el interior. Un curandero trabaja con las energías de curación que puede movilizar en si mismo. Un trabajador por la paz trabaja con la energía de la paz que ha animado en sí mismo. Un servidor de la comunidad trabaja con energías comunitarias que lleva en sí mismo. Como dentro, también fuera. Hay en la vida de cada persona ciertas fuerzas de atracción para la paz, la salud, fuerzas como amor, confianza, bondad, ganas de regalar, alta energía corporal y una imagen positiva de si mismo. Pero hay también muchas energías de atracción procedentes de la costumbre que tienen el efecto contrario. Los llamamos "atractores de enfermedad", pues están unidos a una disposición interior, por medio de los cuales se atraen las enfermedades. Estos atractores negativos son: mala conciencia- miedo- falta de perspectiva- falta de exigencia- no ser necesitado- baja energía corporal- imagen negativa de sí mismo. Esos atractores dependen mayoritariamente unos de otros y forman un cuadro sintomático (síndrome) que marca hoy en día la vida de muchas personas. Sobre todo en el movimiento alternativo les ha resultado difícil a la mayor parte de los grupos y proyectos desarrollar metas y convicciones, tareas y profesiones que les exijan toda la motivación por el objetivo y toda la energía. Los contenidos vitales elegidos siguen permaneciendo más o menos en el marco de la preferencia personal y no alcanzan la grandeza que proporcione a los participantes una energía más elevada.

La ideología de espontaneidad y voluntariedad con la que están unidas la mayoría de las acciones es muy inapropiada para eliminar el miedo de los participantes y darles una imagen más elevada del valor de su trabajo. El levantamiento de cada uno se orienta al tema con el que se ve confrontado. Cuando el tema es menor, el levantamiento también lo es. Cuando el tema es grande se tiene un levantamiento que supera todas las fronteras. Jacques Lusseyran, el guerrillero de la resistencia francesa, describe en su libro "Y se hizo la luz" los trabajos casi sobrehumanos que él y su grupo han llevado a cabo para crear, con peligro de sus vidas, una organización secreta contra el terror nazi en París.

Al principio de nuestro proyecto hemos escrito en la pared: "¿Por qué tenemos miedo? Porque no tenemos tema". Esta frase es una regla general para los grupos que se orientan al éxito. ¡Dad a vuestros trabajadores campos de trabajo, tareas y exigencias en las que no se vean muy poco motivados! Cuidad que los proyectos de trabajo estén definidos de forma suficientemente precisa para que todos sepan dónde está su sitio. Cuidad que las resistencias dentro del trabajo sean suficientes para que movilicen las energías de los participantes y aumentar su motivación. Un trabajo demasiado fácil lleva a la larga a energías demasiado bajas. El trabajo demasiado difícil lleva al desánimo. Necesitamos una energía positiva que se mantenga para poder resolver los temas vitales de la Matriz Sagrada. También temas humanos como el del amor libre, el de la disposición a la confianza o el del consumo de drogas exigen una cantidad mínima de energía interna para poder ser resueltos. Para la atmósfera grupal, para la salud de los participantes y para la posibilidad de resolución de los conflictos pendientes es de importancia decisiva cuánta energía puede reunir un grupo dentro de sí y con cuánta energía configura sus proyectos de trabajo.

El trabajo en la propia persona tendrá éxito si tiene lugar bajo buenas condiciones energéticas. Esto es ya la primera orientación: actúa de modo que se pueda reunir la mayor cantidad de energía, maná, fuerza vital. De ello forma parte el aprendizaje de una forma de vida, que no está unida, tampoco inconscientemente, con mala conciencia. La mala conciencia latente, oculta a los otros, es en muchos casos un pesado freno energético. La mala conciencia surge porque se hacen cosas que se sabe que no se deben hacer y que por ello se esconden ante los demás. Encontramos, mirándolo con microscopio, numerosas cosas de este tipo. Juntos forman nuestro continente oscuro al que nadie se permite mirar. Esa praxis de vida, que surge de las propias estructuras de nuestra cultura y existen más o menos en todos, tiene sobre todo una consecuencia fatal muy especial: no creemos en el amor. No creemos en que otros nos querrían si lo supieran todo de nosotros. Nuestro computador inconsciente nos presenta una factura en la que nosotros suspendemos siempre. El que se tiene que camuflar para ser amado no puede confiar nunca en ese amor- ¡lógico! Y como él (o ella) no cree ser amado realmente, se vuelve desconfiado/desconfiada, se aferra al otro y chantajea y produce conductas, que no lo/la hace parecer muy digno de ser amado/amada. De esta manera la creencia de que no somos amados se ve satisfecha casi siempre. Cuando en este sentido del continente oscuro oculto ponemos poco a poco a nuestra propia vida bajo la lupa, no logramos generalmente ningún resultado demasiado glorificante. Sería por ello razonable dejarnos la doble contabilidad y hacer definitivamente tabla rasa consigo y con el mundo. Para ello necesitamos una decisión que sólo tomaremos cuando sepamos para qué. Necesitamos una visión de una vida diferente y necesitamos una tarea concreta para realizarla. El éxito de una empresa depende también de si se ha dado la tarea correcta al trabajador afectado. Porque, según un dicho verdadero, cada persona crece con su tarea.

Sabemos las nuevas posibilidades de la regeneración y el desarrollo de energías que surgen de la reunión con la Matriz Sagrada. Conocemos la maravilla de aquellos procesos secretos, que transcurren por sí mismo bajo la dirección de las llamadas fuerzas del Ser. De este modo nos hallamos ante la cuestión: ¿Qué nos queda por hacer para unirnos a esa matriz? La respuesta sibilina dice: tenemos que tomar la decisión para ello, abrir el camino, abandonar las resistencias antiguas. Dhyani Ywahoo dice: "Con la decisión consciente de vivir de modo sagrado atraemos hacia nosotros las enseñanzas, las informaciones y la comprensión que nos ayudan a desarrollar nuestras dotes para bien de todos". Empieza manifiestamente con una "decisión consciente". Todo el proceso de desarrollo espiritual, al que se alude aquí, empieza con una decisión consciente y se compone de decisiones que se renuevan continuamente: la adopción de tener una práctica de vida espiritual, la adopción de una práctica de vida comunitaria en lugar de la privada actual, la práctica de un nuevo concepto del amor, la renuncia a vivir las antiguas costumbres de nuestra vida y a nuestras costumbres de consumo, a la antigua comodidad y a las evasiones antiguas; la salida de la complicidad, el establecimiento de nuevas formas de habitar, formas de vivir, de hablar; la adopción de un modo más elevado, con más energía, más inteligente de placer y de alegría de vivir etc. Cuando se toma la decisión consciente y se mantiene uno fiel a ella con ayuda de todas las demás decisiones, el nuevo camino surge por si mismo, porque ahora entran en vigor las leyes del universo, como se han previsto en "el circuito divino" (capítulo 3, Tomo II).

La decisión pendiente es en realidad fácil y clara. Solo se vuelve difícil por el poder de las costumbres de nuestra vida y las evasiones que nos rodean por todas partes. Estamos con un pie en el antiguo mundo del dualismo y la separación. Hay tantas razones para olvidar la decisión sanadora. Pero también hay muchas razones para no permitir que ese olvido entre en nosotros. Un trabajador por la paz es un profesional que ya no se deja descarriar por las bromas del destino. El poder de nuestra capacidad de decisión llega muy lejos. Los faquires indios han aprendido a parar el pulso con la fuerza de su voluntad. Los artistas de circo van en bicicleta por la cuerda floja y hacen el pino en el manillar. Muchas cuestiones vitales irresueltas caen en el ámbito de nuestras decisiones si estamos vinculados. Nos podemos decidir a no pensar más pensamientos que juzgan, a que no entre más miedo en nosotros, a no mentir más. Nos podemos decidir a no recaer en las costumbres de la vieja pena amorosa, sino a poner nuestra vida al servicio verdadero de la tierra y de todas las criaturas. En un nivel superior también me puedo decidir a no ponerme más enfermo. El ser humano libre: es el ser humano que regula su vida con sus propias decisiones. Lo hace en una sinceridad interior que experimenta en una comunidad poderosa y que vuelve a encontrar en el poder creativo del universo. En una decisión que contiene ya en sí misma la realización, tiene efecto la voluntad del yo-universo. Este nos ha dado ambas cosas: la voluntad y la capacidad de ejecución.

Con la voluntad tiene un motivo especial, pues hay diferentes tipos de voluntad. Los que producen un efecto y los otros que no tienen ningún efecto. Si queremos conseguir algo, lo tenemos que **querer** de verdad. La frase parece banal, pero tiene un gran significado. Se tiene que examinar si lo que pretendemos querer, lo queremos de verdad. El que vive en un matrimonio debería examinar si lo quiere de verdad. El que vive en comunidad e incluso dirige cursos de comunidad, debería examinar si realmente quiere vivir en una comunidad o quizá preferiría más vivir en una casita privada con las puertas abiertas. Aquí surge un susurro en el canal interno que impide la acción efectiva en el exterior. Podemos seguir con los ejemplos a voluntad. ¿Quiero una vida de verdad libre de violencia con los animales? ¿La quiero también cuando tengo delante un jugoso bistec? ¿Quiero sexualidad libre? ¿La quiero también cuando me he enamorado hasta el tuétano? ¿Me quiero desacostumbrar de juzgar a los demás? ¿Lo quiero también cuando me han ofendido y pisoteado? Una voluntad que tiene un rápido límite no es una que cuente en el universo. La fuerza divina y universal sólo puede ser absorbida si queremos algo completa y realmente. Entonces es la voluntad la puerta de entrada para el control absoluto de nuestra actuación y de nuestro resultado. La voluntad completa no procede de nosotros, sino de Dios dentro de nosotros. Muchos líderes religiosos han enseñado a reprimir la voluntad porque la suponían una herramienta humana. Han puesto a la voluntad del lado del ego y con ello han creado un abismo profundo entre el ser humano y Dios, pues como ya se ha dicho, ambas vienen de Dios, la voluntad y la ejecución de la misma. Tenemos que conocer ese sistema circulatorio para creer en el éxito. Lo que quiere el mundo en mí, cuando mi voluntad es lo suficientemente profunda, también lo llevará a cabo.

Una de nuestras trabajadoras vio en un sueño las cuatro cabezas del mal sobre Guatemala. Todo el mundo desde los cuatro puntos cardinales las sigue desde miles de años, se subordinan a ellas y las adoran. Mientras que ellas sigan dominando, la Tierra permanecerá oscura. Entonces recibió la pregunta: ¿Es vuestra voluntad, el arrebatar el poder a ese icono del mal? ¿Es vuestra voluntad, tener tanto poder, que os capacite para ello? Pero si no es vuestra voluntad ¿podéis decir entonces que queréis realmente la curación? Pero si es vuestra voluntad, ¿podéis entonces dispersar vuestras fuerzas y vuestro tiempo con dramas amorosos privados? En el sueño se envió un cañón láser a los iconos del mal con las palabras:

esto es el rayo de consciencia, que necesitáis para derrocarlos y para crear nuevos iconos. ¿Estáis decididos a construir este tipo de poder láser en vuestra conciencia? Usad, practicad, entrenad ese rayo de conciencia. Dadle energía, voluntad, duración, verdad, capacidad de ser irresistible y cólera divina. Dadle también tanto amor, humor, encanto y arte como podáis. Hacedlo tema de vuestras escuelas.

Para orientación personal pusimos en el Ashram político de Tamera los "diez mandamientos para los trabajadores por la paz":
1. Resiste el odio y sirve al amor.
2. No dejes penetrar los pensamientos de miedo en ti.
3. Ayuda a tus amigos, así te ayudas a ti mismo.
4. No reacciones y no juzgues antes de haber comprendido la situación.
5. Vives en la comunidad de todas las criaturas. Cuídalas y protégelas.
6. Ve la forma superior de la persona en tu prójimo, respétala y apóyala.
7. No ejerzas ningún tipo de crueldad ni contra las personas ni contra los animales.

8. Si ves cómo sufre una criatura, ayúdala.
9. Deja de ser cómplice. No uses alimentos ni productos que hayan sido producidos por medio de crueldad contra otros seres vivos.
10. Ponte en buena condición física y anímica para que puedas creer en el éxito del trabajo.

Capítulo 5 El concepto de curación

Trato con el enemigo interior

Un oficio matinal de Sabine Lichtenfels

Ya es hora de dar un gran paso adelante. No deis más alimento a vuestros errores y a vuestras debilidades. Cuando empieces a verlos y a mirar en las regiones del sótano, que de otro modo nunca habías mirado, tienen la costumbre ante todo de hincharse enormemente.

Cuando empiecen a sitiarte los celos, el miedo o el odio, no lo permitas más. Elige aquello a lo que te entregas.

No tiene sentido entregarte ciegamente a los enemigos interiores y además creer que tu medio ambiente es el culpable.

Pon tu disposición de combate, que ya has usado antes externamente, en tu interior. Y sobre todo: no sigas creyendo en tu existencia como víctima. No eres víctima, sino actor de tu vida.

En el interior tu lucha necesita nuevas estrategias. Y no es suficiente luchar contra algo. Si ya has silenciado a un enemigo, aparece otro en otro sitio. Esto es válido tanto para el interior como para el exterior. La vieja estrategia de la erradicación ya no funciona, de la misma manera que el derrame de sangre no puede ser nunca una verdadera solución.

Reconoce cómo la crueldad procede de la desesperación. Transforma tu propia energía salvaje que se quiere desfogar con rabia ciega, en fuerza y recogimiento. Entra en la percepción. Recoge tus energías en ti.

Osa, mira a tu enemigo a los ojos. Vuelve a descubrir su verdadera cara tras sus muchas máscaras. Reconoce que tu enemigo es una parte de tu ser, una parte abandonada, desatendida, irresuelta de vida en ti mismo.

Ahora reconocerás el verdadero sentido y la fuerza de la reconciliación. En ese nivel profundo la curación resulta realmente de la reconciliación. Esa reconciliación sólo puede surgir construyéndole un camino a tu enemigo por el que él pueda transformarse y reencontrar su fuerza original.

Ve dentro de tu visión. Ve a donde tu enemigo se despide por sí mismo o a donde reciba, en tu interior, el derecho a la vida que sirva al todo.

En muchos enemigos reencontrarás la cara descarrilada y deformada de tus verdaderos amigos.

Si descubres en el interior lo que hay que hacer, entonces crecerá tu poder y efectividad en el exterior con un gran salto. Tienes el conocimiento de curación en ti que se necesita urgentemente. Llámalo.

Acabad con el sufrimiento psíquico

*Le debemos a la gente de los sótanos de Grosny
el acabar con el sufrimiento privado.*

*Todos nuestros problemas psíquicos desaparecerían en seguida,
si pudiéramos ver
lo que está pasando en este momento en el mundo.*

*Me encuentro en el aula cósmica
y lo tomo todo como parte de mi formación.*

Escuela Mirja

Hay suficientes cosas malas en la Tierra, no las deberíamos aumentar con nuestro propio sufrimiento. Los siguientes modelos afectan a la visión de una vida sin padecimiento y dan una causa de porqué nuestras costumbres de sufrir se basan en un error. Sufrir o no sufrir depende no solo de que me vaya bien, sino que es una cuestión de conciencia, de conocimiento y de voluntad. La práctica de la abstinencia del sufrimiento podría convertirse en una de las primeras tareas de un movimiento por la paz poderoso. Tenemos que aprender a trabajar nuestros conflictos internos de manera razonable en vez de con sufrimiento. No hay ninguna ley natural que nos fuerce a hacer de los conflictos una fuente de sufrimiento. Los conflictos están ahí para estimular nuestra inteligencia, nuestro grado de conciencia, nuestro aprendizaje y tomar decisiones con las que la nueva tierra pueda vivir mejor.

El sufrimiento psíquico acaba allí donde empieza el sufrimiento real. Si te encuentras ante un accidente de tráfico y ves como se aprisiona a un niño en los escombros, vas hacia allí y ayudas. No hay ni un rastro de sufrimiento psíquico en ti. Si tienes dolor corporal, por ejemplo un dolor fuerte de muelas, entonces tampoco tienes tiempo para el sufrimiento psíquico. Por muy banal y simple que pueda sonar esta comprobación, pienso que merece la pena reflexionar sobre ello. ¿Podría ser que nuestro sufrimiento psíquico sea una fata morgana? ¿Algo que se derrumba sobre sí mismo en cuanto nos confrontamos con algo más real? ¿Podría ser que nos demos permiso para sacar una simple consecuencia: el que el sufrimiento psíquico es algo que satisface al ser humano cuando no le satisface ninguna otra cosa? ¿Casi como una clase de acción compensatoria o incluso compensación en sí? ¿Un juego social que procura reconocimiento mutuo, comprensión y compasión?

Vivimos en el tiempo de la psicoterapia. El sufrimiento psíquico se ha convertido en un tipo de deporte popular para una parte de la población actual occidental y en una fuente financiera para millones de terapeutas. En el primer grupo en construcción de nuestro proyecto estaba escrito en la pared: "¿Por qué tenemos miedo? Por que no tenemos ningún tema". Y si hacemos el trabajo por la paz nuestro tema, ¿no podríamos ver y aprovechar así directamente la posibilidad de la puesta en acción como con el niño en los escombros? ¿Qué razón hay entonces de colaborar, en lo que nos proporciona, a nosotros y al resto, desgracia? Hemos conocido el sentido profundo de aquella frase curiosa: "Es tu deber espiritual el ser feliz". ¿Qué razón hay aún para continuar la tradición del sufrimiento psíquico? ¿Qué nos sujeta a la tontería sentimental colectiva, que no nos conduce ni a claros sentimientos ni a claros pensamientos? ¿Quién ha seducido a millones de jóvenes a mirarse preocupados los propios ombligos, en vez de espantar con toda la energía a los viejos monstruos?

Todo sea dicho, hablamos del sufrimiento psíquico de aquellos que no están expuestos a sufrimientos reales. No estamos hablando del sufrimiento psíquico de aquellos que son desgarrados en las guerras, de los que pierden a sus amigos y amigas, ven morir a sus hijos y tienen que ver impotentemente cómo la brutalidad organizada de las empresas internacionales y de sus cómplices destruyen su patria. Hablamos de nosotros, de los protegidos, de los que aún tienen tiempo de reflexionar sobre sí y sobre el mundo y de por ejemplo, leer este libro. Formulo la tesis de que nadie se ocupa del sufrimiento psíquico si tiene una meta superior ante sí y ésta está ligada con una tarea real. Un trabajador por la paz podrá desprenderse del sufrimiento psíquico en la medida en que entre en su tarea y acepte la responsabilidad total. Solo hay para un trabajador por la paz dos tipos de sufrimiento real anímico: uno viene de la participación en el dolor de los otros, es la compasión real; el otro es el duelo por la pérdida de un ser (o animal) querido. Compasión y duelo son sendas formas de amar, que vive un ser humano sano con el corazón abierto, cuando ya no se evade del dolor del mundo. Lo acompañarán profesionalmente y es parte de las tareas de la disciplina espiritual-mental el no ceder demasiado ante ellos, pues podría tragárselo dado el estado actual de nuestro mundo.

¿Pero cuáles son los temas de aflicción, con los que se han ocupado los grupos alternativos en el siglo XX desde el Monte Verità, y por los que han fracasado mayoritariamente? ¿Cuáles son los temas con los que han entrado en el centro del trabajo grupal, durante décadas, los

Capítulo 5 El concepto de curación

trabajadores de nuestro propio proyecto? Los conflictos de autoridad, los sentimientos de inferioridad, el miedo por los rivales sexuales, los celos, arrebatos de falta de sentido, falta de perspectiva, miedo de ser pasado por alto, la pérdida del amor, rabia por los otros, rabia de uno mismo, rabia y resignación en todos los sentidos, miedo y manipulación, miedo a la uniformización, miedo a la libertad, miedo a la falta de libertad, miedo a las energías negativas, miedo a las energías positivas, miedo a que otros sepan más que nosotros mismos, etc. Hace 30 años comprobamos que el trabajo revolucionario no tiene sentido sin el cambio de la propia persona. ¿Y cuál fue el resultado de eso? Lamentaciones y griterío general por problemas personales aparentes que sólo surgen porque se mira en la dirección equivocada. Habíamos promovido el trabajo en la propia persona y desarrollado nuevos métodos de trabajo de los conflictos. Durante algunos años fue una aventura productiva para todo el grupo. Pero después vimos que el tema de los conflictos personales se había emancipado por sí mismo. Las personas que antes habían hablado de temas personales, ya no querían hacer otra cosa. Ya no querían parar de extenderse sobre sus dificultades personales. Una ola de lamentaciones propias habituales se derramó sobre nosotros como sobre miles de otros grupos y marcó durante muchos años el clima espiritual-mental. Algunos corrían alrededor como una esponja seca que sólo tenía la función de absorber en sí todo lo que podría ser problemático y de no permitir dejar salir ninguna ocasión de sufrir porque de aquel nuevo material de sufrimiento surgía una nueva sustancia para el diálogo y el contacto. Las metas artísticas, espirituales y políticas de nuestro proyecto ya no podían ser entendidas bajo esas condiciones. Para aquellos que aún seguían pensando seriamente en el trabajo político o incluso con los pensamientos por la paz global fue un tiempo difícil. Habíamos impulsado el debate con uno mismo porque lo considerábamos absolutamente necesario para el trabajo por la paz eficiente e inteligente hacia fuera. Habíamos acogido los debates con las dificultades personales, en nuestro plan para eliminar las dificultades, no para eternizarlas. Habíamos subestimado el valor de entretenimiento de esa medida y el significado del juego del sufrimiento para la comunicación. Estar enfermo, estar débil, no saber nada más, apoyarse mutuamente en las deficiencias personales se convirtió en un ritual colectivo. Se gana cariño con ese juego, y se juega tan intensivamente y tan continuamente que uno mismo se lo cree. De esta manera han surgido en nuestro tiempo, desde el origen del movimiento terapéutico en Esalén/ California, millones de creyentes que están de acuerdo en lo insoportable de la situación y que justo por ese acuerdo no llegan a cambiar su situación, porque su sentimiento de pertenencia al mismo grupo proviene del sufrimiento común. Su confesión de fe conjunta es la siguiente:

no soy amado - eso no puedo - tengo miedo de ser dirigido – lo he comprendido con la cabeza, pero no con la barriga - no necesito nuevos pensamientos, necesito contacto - sólo puedo hacer algo razonable cuando mis necesidades de amor y de cariño se vean satisfechas - llevo dentro de mi una herida kármica - la autoridad me da miedo.

Nosotros, los que aún no hemos sido alcanzados por la guerra y la destrucción, vivimos en un mundo sin peligros reales y hablamos de miedo. Vivimos en un mundo de abundancia y hablamos de necesidades. Vivimos en un tiempo de perspectivas gigantescas y hablamos de aburrimiento. ¿Estamos ante un montón de tareas en todas direcciones y no sabemos lo que tenemos que hacer? Quizá estemos aquí ante el fallo principal que tengamos que corregir actualmente, para poner en pie un trabajo por la paz poderoso. Tenemos que corregir nuestra creencia en el sufrimiento psíquico, que ese sufrimiento sea verdadero y que tenga una sustancia propia; tenemos que corregir la creencia de que el sufrimiento forme parte de nosotros y de nuestra existencia y tenemos que corregir la creencia (durante mucho tiempo compartida por mi mismo) de que ese sufrimiento sólo se puede superar mediante un trabajo largo y arduo. En el sufrimiento se halla el patrón del ser humano, murmuraba profunda y poco inteligentemente Martin Heidegger. Esa mitología del sufrimiento ha obstruido ya durante demasiado tiempo el camino del reconocimiento y el camino de la libertad a las personas.

El sufrimiento del que hablamos no tiene ninguna sustancia propia. Es una imagen proyectada de nuestra fantasía, una fata morgana, un descarrío que se está produciendo en el ahora. Desaparece en seguida si abandono el descarrío. El sufrimiento es, sin ninguna semejanza con otra cosa, una magnitud creada a sí misma - mayoritariamente por acciones inconscientes - , cuyo poder y tamaño depende de cuanto tamaño y poder le otorgo yo. Tengo en todo momento la posibilidad de multiplicar su poder o de quitarle todo poder. Todo sufrimiento, excepto la verdadera compasión y el verdadero duelo, se puede descubrir enseguida y remediar, si nos hemos decidido a acabar con ese padecimiento entrenándonos mentalmente. Tras cada sufrimiento hay un miedo, una mala conciencia, un sentimiento de inferioridad, una obstinación, un odio, una resistencia; es decir, un proceso psíquico con el que mi ego se rebela contra el mundo. ¿Me tengo que comportar de manera que tenga miedo? ¿Tengo que comportarme de modo que esté

Capítulo 5 El concepto de curación

celoso, que antiguos miedos de pérdida se movilicen? ¿Hay de verdad un automatismo que tenga que traer al presente una y otra vez el trauma vivido una vez? ¿Tengo que hacer caso de mi obstinación, de mi odio, de mi necesidad de venganza? ¿Quién me ha clavado a esa huella del ego, quién si no yo mismo y mi extraña interpretación de la vida? Quizá hubo al principio una primera experiencia traumática pero ¿quién me obliga a seguir la dirección de desarrollo, que se abrió allí por primera vez? ¿Sabemos, realmente lo que hacemos, cuando decimos con tanta naturalidad: soy celoso y no hay remedio? O cojamos el famoso ejemplo de la impotencia: ¿Sabemos, que la potencia sexual aparece por sí misma cuando renunciamos a pensar en ese show individual que creemos que es necesario para poder llegar a buen puerto? ¿Sabemos, que justo en las situaciones en las que nos sentimos sólo como víctimas, somos en verdad los agentes o los causantes? ¿Sabemos, cómo producimos aquello de lo que sufrimos en cada segundo? ¿Con falsos pensamientos, asiéndonos a ideas y expectativas erróneas, con el empequeñecimiento habitual de nuestra propia persona, con el rechazo continuo de ofertas de amistad, de cooperación espiritual y de ayuda divina? ¿Con distracciones escenificadas por nosotros mismos? ¿Colaborando en un juego social que ya no tiene sentido? Si esto ya no lo sabemos, nuestra tarea urgente no seríamos otra que volver a reconocerlo tan rápido como nos sea posible. De lo contrario, compartimos esa extraña enfermedad mental de nuestro tiempo, que nos hace sólo reaccionar ante la situación en vez de cambiarla.

Incluso en situaciones en las que nos parece natural el sufrimiento psíquico, por ejemplo en casos de gran desprecio, ofensa y humillación, hay otra posibilidad para nosotros. Los santos de la tierra, los luchadores por la libertad, los verdaderos revolucionarios, los grandes descubridores, los verdaderos creyentes, nos han mostrado como se conserva, bajo condiciones difíciles, un corazón sin sufrimiento, intacto, casi alegre. Pues no se pierde el trabajo conjunto con las fuerzas superiores, cuando uno es humillado o perseguido. Sólo se lo pierde cuando uno mismo lo abandona. Todo trabajador por la paz, da lo mismo el ámbito en el que trabaje, se encuentra muy rápidamente en una contradicción evidente con las costumbres de nuestra sociedad y de acuerdo a ello es denunciado. De Hans de Boer, el gran testigo de su tiempo y luchador radical por los derechos humanos ("Gesegnete Unruhe"/ ["Bendita agitación"]), que ha experimentado en su propio cuerpo, como casi ningún otro, las prácticas de la sociedad actual, proviene la frase: "Si eres cristiano y la Oficina Federal de Protección de la Constitución aún no te ha abierto un expediente, entonces has vivido erróneamente". Da igual las vueltas que le demos a la cantidad de maldad y de culpa que encontremos en el mundo, al final depende de nosotros, de nuestra conciencia y de nuestra decisión interior si reaccionamos a ello con sufrimiento psíquico o con una voluntad reforzada. Sólo cuando reaccionamos con sufrimiento somos vulnerables.

Hace poco tuve un bonito diálogo con Petra, nuestra médica. Dijo al respecto: ¿Pero si amas a alguien y esa persona no te hace caso, tu sufrimiento es entonces normal? ¿Es eso? ¿No es más bien una costumbre y una estructura psíquica, generalmente extendida, el reaccionar al amor no correspondido con sufrimiento o pena? "Pena de amor": ¿Es ésta una palabra sensata? Si amo de verdad, ¿dónde está la pena? Y si el amor no es correspondido aún de la forma deseada, ¿por qué sufrir? ¿Por qué no un interés más profundo, una percepción más agudizada, más motivación y más aprendizaje? ¿Quizá haya pasado por alto algunas cosas, quizá se puedan recorrer otros caminos, quizá vaya demasiado rápido en este momento, sea demasiado vehemente, demasiado para esa persona? ¿Quizá sienta crecer en ella un amor del que aún no se sienta a la altura? Hay muchas posibilidades y en vez de sufrir sería más productivo y de mayor servicio divino, también al amor, el aceptar la situación y encontrar el mejor camino. Si no tuviéramos el programa del sufrimiento en nuestras células, tendríamos un montón de caminos abiertos para llegar a la realización. Incluso cuando nos abandonase la persona más querida, no seríamos abandonados de verdad porque la presencia divina permanece con nosotros, si es que no la despedimos. Sólo estamos abandonados cuando nosotros nos definimos así y en consecuencia hacemos fija una situación momentánea, que de otra manera sería tan variable como todo en el universo vivo.

¿Es demasiado heroico lo que se exige aquí? No, no es heroico, sino muy sobrio y normal si aceptamos la versión más grande de la vida. Ya no tengo que reprimir valientemente mis lágrimas y apretar mis labios, cerrar mi corazón y tragarme mi desilusión para no mostrar mi vulnerabilidad- pues no estoy herido. Tampoco tengo que reconducir las cosas con mi propia energía, porque vivo en una cooperación con las energías divinas, por ello se me da lo que necesito; me encuentro en un nuevo continente y aprendo una nueva manera de navegar, sobre todo en el amor; vivo en un aula cósmica y todo lo tomo como enseñanza; soy un órgano del universo y recibo todo lo que necesito para mi desarrollo posterior. En esto reside un cambio de paradigma interno que no podría ser más profundo: el cambio de la existencia orientada al sufrimiento al de la existencia orientada al conocimiento, es también un cambio de la vida desde la carencia al de la vida desde la abundancia.

Vivimos en una situación decisiva, la tierra está en juego. No tiene más sentido, el designarse uno mismo como bien escaso y con el índice de nuestra propia inmodestia abandonar nuestra responsabilidad. Me acuerdo de las grandes palabras de Nelson Mandela. Ya no tiene más sentido describirnos como grande o como pequeño ante los demás; todas estas contemplaciones proceden del casillero de los pensamientos de los subordinados, no de los trabajadores por la paz. Ahora necesitamos la otra versión de la vida. Ya está preparada en su totalidad. Sólo depende de nuestra decisión el no abandonarnos a los antiguos condicionamientos y costumbres. Si es necesario, tendremos que tomar esa decisión cien veces al día. En vez de cualquier reacción por estrés o miedo o envidia, dar las gracias interiormente por los pequeños tiranos que nos recuerdan que mantengamos el rumbo.

Lo que busco,
también puedo empezar a crearlo.

Salida del holograma del miedo

Sólo raramente puedo superar mi separación del mundo,
me puedo sentir uno con el cosmos: escalando.
Y aún así,
sólo por medio de una gran tensión y concentración,
en las más grandes dificultades,
consigo un estado en el que mi Yo se disuelve.
Soy adicto justo a esos momentos.
Para tener la experiencia del ya-no-estar-más-separado-del-mundo,
tengo que llegar a los límites de mi capacidad de rendimiento físico.
Mi mayor enemigo en este objetivo es el miedo.
Soy un ser miedoso,
y como todos los seres miedosos,
tengo el anhelo de superar mis miedos.
Tres veces he salido sólo al Nanga Parbat,
tres veces he vuelto a causa del miedo,
antes de tener la fuerza de superarlo
y de escalar hasta la cima.

    Reinhold Messner

La curación es la salida del mundo del miedo. El mundo del miedo está ligado a un holograma de las imágenes de la vida que hemos absorbido en los últimos miles de años. Es el holograma del miedo. Como consecuencia de los métodos, con los que el ser humano intentó imponerse a su prójimo y a la naturaleza, métodos ligados a experiencias ocurridas con violencia y con miedo, lo que hemos almacenado en la imagen de conjunto de la vida es un holograma del miedo. Es el holograma de la civilización global que existe de momento en la Tierra. Todos nosotros estamos metidos -desde nuestro concepto del amor hasta nuestras medidas técnicas y médicas- en un holograma del miedo. Todos nosotros estamos condicionados, como consecuencia de las crueldades kármicas, al holograma del miedo, interpretamos las noticias de la vida desde un reflejo del miedo automático, y reaccionamos al mundo y a los elementos de la naturaleza con una necesidad de protección casi ya de nacimiento.

El holograma del miedo nos rodea diariamente, porque cada día lo utilizamos alumbrándolo de nuevo y con ello le damos realidad. Entonces creemos que ésta es la única realidad. En verdad se trata como todo en el mundo holográfico de una realidad virtual, que podría transformarse instantáneamente en otra distinta, con otro enfoque de nuestro proyector de cine cósmico. Ésta es tan visible, porque nuestro pensamiento y nuestras acciones diarias están dirigidos tanto en dirección a ella, que otras realidades apenas podrían penetrar en nuestra conciencia diaria. En la fase tardía de la era patriarcal es ésta la única realidad que se enfoca constantemente, por eso parece ser tan poderosa. No tiene el poder por si misma, sino porque nosotros la iluminamos. Es parecido a las cadenas de información del código genético. Contienen -al mismo tiempo que realidad virtual- muchas posibilidades vitales. Cuáles de ellas se convertirán en realidad, depende de qué partes se actualicen iluminándolas. Desde la información genética completa podríamos en teoría cambiar de un programa de vida a otro en el acto y dispondríamos inmediatamente de las informaciones necesarias para ello.

Si nos queremos salir del holograma del miedo, tenemos que cambiar el programa. Esto es posible, porque llevamos con nosotros, no uno, sino muchos hologramas virtuales a los que denominamos "realidades paralelas" o "universos paralelos". El holograma del miedo refleja la realidad en el estado de la gran separación. Pero también existe igualmente el holograma contrario de la gran unión. Contiene axiomas completamente distintos de la vida y se basa en experiencias completamente diferentes, que hemos - recorrido todos como participantes del universo - y aún hoy recorremos en niveles paralelos de la realidad. El holograma de la unión es un holograma de la confianza y de la cooperación con la naturaleza y la creación, para ser breves: el holograma de la paz.

El cambio del holograma del miedo al holograma de la paz se lleva a cabo al principio todavía con inseguridad y con contradicciones internas, mientras operamos aún en una especie de zona gris, en la que las informaciones antiguas se mezclan con las nuevas. Se necesita un tiempo de práctica y de percepción interna hasta que se encuentran los "portales" correctos por los que podemos cambiar de un holograma al otro. Pueden ser descubrimientos especiales - sobre el tema del amor o la comunidad, sobre el tema de la alimentación vegetariana o sobre el tema del alma de los animales o sobre el tema de Dios - los que iluminen de repente la imagen completa del holograma de la paz. Desde ahí se cristaliza todo el holograma pieza a pieza y se convierte en realidad material. Se convierte ahora en una realidad empírica (manifiesta) como lo era antes el holograma del miedo. El anterior holograma del miedo ya se ha deslizado al mundo de los hologramas virtuales que no son iluminados y por ello no son actualizados.

La existencia de los distintos hologramas virtuales posibilita un cambio completo de nuestra forma de vida que no es sólo una corrección parcial.

Necesitamos, cuando hayamos encontrado los portales de paso, no seguir tambaleándonos penosamente de una decisión a la siguiente, de un conflicto al próximo, de un dolor de cabeza al próximo, porque el nuevo principio de la vida que buscamos, la Matriz Sagrada, ya existe. El mundo divino, la unión, la gracia del amor, la belleza del cuerpo sin miedo, la cooperación con la naturaleza, el mundo de la confianza, ya están totalmente disponibles en el "orden implícito" de nuestra existencia. Completamente. Desde un cierto límite del cruce "nos deslizamos por nosotros mismos" en ese holograma acabado. La transformación buscada es entonces un proceso que se lleva a cabo por si mismo. Sigue un cianotipo, que ya está acabado e instalado en nosotros. Y no sólo en nosotros los seres humanos, sino también en todas las criaturas y en todos los que son. El salto del holograma de una realidad a la otra esta preparado completamente.

Salida del holograma del miedo, esto significa para nosotros personalmente: salida del antiguo concepto de la pequeñez y de la normalidad, y entrada en la figura superior de la propia entelequia. Ésta existe ya aquí y ahora. Es una cuestión de la frecuencia y de la apertura para percibirla. Entrada en el holograma de la curación, de la reunión y de la paz: esto significa la reconquista de las fuerzas entregadas al mundo del miedo.

El holograma del miedo y el holograma de la paz: son dos distintas configuraciones del mundo, dos formas de existencia completamente distintas, dos conceptos de la vida contrarios. Son ambas virtuales-reales, ambas pueden ser llamadas y llevadas a la realidad. Vivimos hoy en un tiempo de cambio en el que la transformación de uno a otro estado se ha convertido en una condición para que podamos seguir existiendo en la Tierra. El nuevo mundo, cuya matriz espera ser convertida en realidad, se realizará por sí misma cuando hayamos dejado la época del miedo. Entonces nos daremos cuenta, de los fantasmas en los que hemos creído y de en qué medida la realidad actual, con todas sus complicaciones reales y sus tormentos, ha sido de la manera que fue, porque no vimos todas las demás realidades, que el universo nos tiene preparadas.

La enfermedad no es un asunto privado

Una enfermedad puede ser un factor importante en nuestro desarrollo. Depende de lo que hagamos de ella. Hay enfermedades que se vuelven importantes porque no nos las podemos quitar de encima. Nombro algunos ejemplos que nos encontramos con relativa frecuencia: la migraña, la depresión, la impotencia, las perversiones sexuales, los trastornos genitales crónicos, el miedo a hablar, el asma, los exantemas de la piel, los dolores cardíacos, los accesos no controlados de rabia, el alcoholismo, la debilidad de la vista, etc. Tales enfermedades tienen relación con aspectos especiales de la persona afectada. Cada persona, sin embargo, está relacionada con la totalidad. Recuerdo la turbulencia de una superficie de un estanque, que está presente en cada parte del estanque, pero que en todas las partes produce un patrón diferente. En el continuo del mundo, cada fenómeno por separado tiene relación con el resto de los fenómenos y de esta manera, la enfermedad está relacionada con la totalidad de todas las oscilaciones y las interferencias en la Tierra. Las enfermedades largas se producen a causa de un patrón de interferencia, ya sea excitación o conflicto, que ya no pueden expresarse sensatamente en el propio cuerpo, de la misma manera que la excitación y los conflictos tampoco se pueden expresar ya sensatamente en el cuerpo vital de la Tierra. Del mismo modo que surgen los síntomas individuales de enfermedad, también surgen en la Tierra los síntomas globales de catástrofes naturales, catástrofes sociales y explosiones de violencia colectiva. Ese punto de vista holográfico trae nuevas consecuencias.

Nuestras enfermedades y problemas vitales largos no son un asunto privado, sino una señal de nuestra pertenencia a la totalidad de la civilización humana. Curándolas, no sólo nos curamos nosotros mismos, sino que trabajamos en la curación de un determinado aspecto del mundo. Trabajamos en representación de todos los que padecen ese u otro problema parecido, y todos los trabajos de curación que tienen lugar aquí de modo consciente, nos traen un poco del campo curativo a la tierra. Por ello, en el marco del trabajo de curación y por la paz, que llevaremos a cabo en los próximos Biotopos de Curación, ya no es razonable esconder los problemas y eliminar las enfermedades, cueste lo que cueste, tan rápido como sea posible con medicamentos. Es más necesario ir a su encuentro con un trabajo de curación de más profundidad y que avergüence menos. El problema vital irresuelto o la enfermedad que tiene alguien, no es su defecto privado, sino su tarea pública y política. Todos los participantes de una comunidad representan con su problema especial un aspecto especial de la tarea global de curación. Los problemas y las enfermedades se complementan, no hay apenas un ámbito anímico o físico que no esté afectado en alguno de nosotros. Cuando todos los participantes de un Biotopo de Curación aceptan esta tarea, surge la predisposición de un campo de curación integral que se comunica por la vía de las estructuras holísticas (como se describe en el capítulo de "Teoría política") al cuerpo vital global.

Es una nueva mirada de la enfermedad, una nueva posibilidad de aceptarla con dignidad, casi con alegría. Sin embargo, necesitamos nuevos conocimientos de los procesos internos de nuestros cuerpos y almas, para poder seguir ese camino. Con otras palabras: necesitamos en los Biotopos de Curación que surgen, un conocimiento técnico médico y un conocimiento para la curación de un tipo nuevo. Forma parte de ello, el conocimiento de las fuerzas de autocuración de un organismo que está unido a la Matriz Sagrada y de la manera correcta de activar la unión. Sin esa conexión no se puede curar ningún hueso roto, no se puede erguir ningún pino joven, ni puede volver a crecer una hoja chamuscada de diente de león, no se puede transformar ninguna oruga en mariposa, ningún germen de hierba puede atravesar la capa de asfalto, ninguna araña puede construir una red y ninguna persona puede activar su intestino delgado. La creación está trazada para la interacción entre el individuo y el todo. Es la unión con el todo la que proporciona la fuerza y el conocimiento de la curación. El conocimiento que necesitamos existe desde hace mucho tiempo en el Holón de la vida, está inscrito como información en cada célula del cuerpo y está como entelequia en toda nuestra vida. La pregunta decisiva que se dirige a nosotros dice así: ¿Estamos preparados, para cambiar nuestra vida de manera que, pueda afluir la energía curativa? A menudo se exige para ello un cambio de las estructuras de carácter profundas (ver el párrafo "Trabajo en la propia persona"). La curación en el sentido tradicional, en la que el paciente sigue la medicación de un médico, no es a la que nos referimos en los Biotopos de Curación.

(Describo en el capítulo sobre el circuito de Dios, cómo y porqué son efectivos los rezos cuando proceden de la unión. Necesitamos en ese sentido una práctica vital espiritual para poder transitar por el camino de la curación para nosotros y para todos los otros. El desarrollo espiritual, sin embargo, exige siempre, como ha escrito Sabine Lichtenfels, una práctica vital sin mentiras. Tenemos que abandonar las costumbres arraigadas de la antigua matriz, para ver, lo que queremos decir con curación y para poder entender el propio tema, por el que a menudo hemos padecido durante tanto tiempo. Este es el sentido de nuestros cursos en Tamera.)

Cada problema de nuestra vida sin resolver y cada enfermedad de larga duración, nos exigen, cambiar nuestra vida y volver a crear la conexión de la que procede la curación. Llevamos la conexión dentro de nosotros como instinto o intuición, como voz interior y plegaria, como fuerza de pensamiento y como fuerza para tomar decisiones. Volvemos a entrar en la conexión, siguiendo estas instrucciones internas y no las costumbres de un deseo externo. Encontramos la praxis vital espiritual, reuniendo la voluntad y la alegría, para renunciar a nuestros acostumbrados juegos de rol y a presentarnos con nuestra verdadera figura a la creación y a nuestro prójimo. Para lograr esto, desarrollamos en nuestro proyecto al principio el método de la auto representación [en alemán "Selbstdarstellung" o SD], es el inicio de un trabajo público de curación, que rompe el marco privado de la enfermedad de modo definitivo.

Las enfermedades con causas poco claras casi siempre están relacionadas con problemas irresueltos en el amor y con trastornos en el circuito de la energía sexual. Están relacionadas con un desengaño profundo, con una rabia profunda y con un miedo profundo que tienen su origen en estos ámbitos. Es decir, que tienen que ver con una época de cuatro mil años de lucha masculina contra lo femenino, contra la sexualidad, contra el amor, contra la naturaleza original. Todos nosotros procedemos de esta época y todos llevamos en nosotros sus cicatrices y huellas. Por ello no sólo es nuestra tarea privada, sino también la política, el liberarnos de esas enfermedades y el crear relaciones en las que ya no puedan producirse. Si queremos curar enfermedades necesitamos una nueva perspectiva para la vida que nos posibilite amar sin miedo y llevar una vida sexual activa sin represión ni humillación. Y quien ha dejado de solucionar sus problemas con médicos y psicoterapeutas, porque él o ella están en otras vías de curación, también colaborará a construir nuevos espacios vitales en los que la enfermedad ya no sea necesaria.

La sexualidad y la curación: éste será uno de los temas centrales de todas las comunidades del futuro. Aquí se desarrollarán nuevos caminos de experimentación, nuevas instituciones sociales y nuevas profesiones. Demasiado sufrimiento, demasiadas enfermedades, demasiada crueldad y guerra están unidos al tema sexual, para que nos permitamos vacilar aún en este tema. No hay una comunidad curada sin la curación sexual. No hay personas sanas sin la curación de las relaciones entre los sexos, no hay curación ecológica, mientras domine en esos ámbitos centrales del alma humana el miedo y la discordia. Estamos aquí ante una verdadera decisión básica, que con esta claridad tendría que ser históricamente nueva: ¿Queremos continuar con la máscara moral y con el doble suelo interno de nuestras vidas? ¿Queremos continuar negando y renunciando a la mayor parte de nuestros deseos sexuales? ¿Queremos continuar compensando con la religión la insatisfacción de nuestros más íntimos deseos? ¿Queremos continuar contemplando las enfermedades que surgen de todo ello como nuestro asunto privado? ¿O queremos empezar a construir una vida real, realizada, con una sexualidad libre, con amor libre y en una pareja de verdad? Tengo que poner el acento en que se trata, en el sentido más profundo, de una cuestión médica. Todo médico que quiera hacer justicia a su profesión en el futuro tiene que conocer esa cuestión y proporcionar verdadera curación en vez de preocuparse por la aplicación de medicamentos. Pero también todas las personas que quieran participar en un puesto de responsabilidad en la construcción de Biotopos de Curación, tiene que encontrar en este tema su decisión. Es una decisión en contra de las costumbres actuales de pensamiento y de engaño. Yo creo que nadie se va a librar de ella.

Para nuestra curación en el ámbito de la sexualidad y el amor es válido lo que es válido para cualquier curación: no con nuestras propias fuerzas. La sexualidad y el amor son aquellas fuerzas cósmicas básicas de la vida, que nos muestran de la manera más clara, que aquí tiene efecto un poder, que no hemos creado nosotros y que por ello tampoco podemos controlar a discreción propia. La sexualidad y el amor nos sobrevienen como fuerzas de la naturaleza, porque es el poder de la creación el que sujeta nuestros cuerpos y almas. Los psicólogos suizos C.G.Jung y Erich Neumann hablaban de lo "numinoso", que excita cada fibra de nosotros solo con estar en su proximidad. Para la sexualidad y el amor entre sexos, para la pareja y el amor libre como para todo lo vital hay una forma entelequial, que tenemos que encontrar, para llegar a la curación: la forma de la Matriz Sagrada. Existe ya como patrón arquetípico y como realidad virtual. Ya existe el cianotipo para una sexualidad liberada, para el amor libre, para una vida sin miedo a la pérdida, para una existencia sin enfermedad, para la unión con las fuerzas divinas. Sólo tenemos que cambiar la conexión y abandonar el pensamiento privado. También en este ámbito estamos ante el tema de una nueva práctica vital espiritual - esta vez quizá con más urgencia y más nueva que nunca porque se trata de los temas de la sexualidad y del amor, justo aquellas fuerzas contra las que se había dirigido toda la espiritualidad en la época patriarcal.

Capítulo 5 El concepto de curación

La curación consiste a menudo, en descargar los órganos que tienen estancamiento y en proporcionar a las energías internas de movimiento, que hasta el momento no tenían escape, un buen camino en la vida y en el mundo. Esto es válido tanto para el asma como para las infecciones crónicas del bajo vientre. Es siempre una parte de vida no vivida la que nos atormenta en nuestra enfermedad. Pero no es sólo la vida que yo no he vivido, sino también la de millones de personas. Y hasta ahora era a menudo nuestra pereza o nuestro conformismo, con las ventajas de la vida burguesa, lo que nos movía, a no seguir pensando sobre esa parte de vida perdida. Teníamos además poca esperanza, de dar realidad a esa parte de la vida – dado el caso de que pudiéramos localizarla – de la forma deseada. Y ésta es una de las razones centrales del fracaso del movimiento psicoterapéutico: el que no podía ofrecer al paciente ninguna posibilidad en el futuro de llevar la vida no vivida a la realidad, faltaba el espacio terapéutico posterior que en este caso tendría que haber sido un espacio vital completamente nuevo. Ahora construimos los Biotopos de Curación para poder vivir esa vida no vivida. Cuando todos los trabajadores de un solo biotopo logran ver y curar sus enfermedades como un tema humano, surge entonces un campo morfogenetico de una dimensión imprevisible. Actuar localmente, tener efecto global. Agradecemos esa posibilidad.

Jacques Lusseyran

Ya no me podía permitir ser envidioso o estar irritado.

Jacques Lusseyran

¡Lusseyran! Un gran nombre en la historia del amor reconocedor. Un nombre que puede hacer, que nos pensemos de nuevo las metas de nuestras vidas.

Con ocho años se quedó ciego a causa de un accidente. Desde entonces, escribe él, se convirtió en un vidente. Durante la Segunda Guerra Mundial, entró en la resistencia francesa y trabajó contra el terror del poder invasor alemán. Tenía diecisiete años y era el líder de un grupo de jóvenes de la misma edad, que difundía noticias con permanente peligro de sus vidas y al mismo tiempo, seguían llevando en tanto que alumnos de instituto, sus vidas normales. Esa sobrecarga les produjo una liberación extraña:

desde que participábamos en la resistencia, nuestras capacidades intelectuales habían aumentado. Todo tipo de problemas oscuros se habían aclarado. La memoria de todos nosotros se había ejercitado de manera inaudita. Leíamos entre palabras y en las pausas que había entre las mismas. Empresas que nos parecían imposibles de realizar dos meses antes, que estaban ante nosotros como muros o fantasmas, se disolvían en acciones sencillas y pequeñas como granos de polvo. Georges tenía razón, cuando llamaba a este estado el "estado de gracia". Yo por mi parte, sentía que mi conciencia había entrado en contacto con la conciencia de cientos de personas y que crecía con sus sufrimientos y esperanzas.

El grupo fue delatado, sus miembros fueron detenidos. Algunos desaparecieron para siempre, a Lusseyran lo llevaron al campo de concentración de Buchenwald. De los dos mil franceses que llegaron con él a Buchenwald sobrevivieron aproximadamente treinta, también él. "Cómo no lo sé. No soy yo el que dirige mi vida. Dios lo hace. No siempre he entendido cómo lo ha hecho". La razón de su rara capacidad de supervivencia en medio de la tortura y el terror era su siempre presente percepción, que no se enturbiaba ni por miedo ni por odio. "Ya no me podía permitir ser envidioso o estar irritado." Desde la percepción directa podía reaccionar de manera distinta a como se esperaba de él. De esta manera producía nuevas situaciones, ante las que sus torturadores no podían reaccionar con los patrones antiguos. El destino lo obligó, a vivir en el presente sin interrupciones. Esto le dio la tranquilidad insólita del reconocer, del no juzgar y de la supervivencia. ¿Cómo se produjo este desarrollo extraordinario? Justo después de producirse su ceguera descubrió antes sus ojos una pantalla luminosa, que se oscurecía siempre cuando aparecía el miedo, la rabia o malos pensamientos. Así tenía un control inmediato sobre sus sentimientos y pensamientos. A lo largo del tiempo, aprendió a conservar la calma también en situaciones difíciles y a mantener su pantalla luminosa. Su libro lleva el título "Y se hizo la luz".

A través de la ceguera descubrió la luz y con el descubrimiento de la luz empezó para él el nacimiento de una nueva vida.

Vi, cómo de un sitio que no conocía y que podía estar tanto dentro como fuera de mí, salía una irradiación o para ser más preciso: una luz – la luz. La luz estaba allí. Eso era un hecho comprobable. Sentí un alivio indecible, una alegría tal que tuve que reírme. La confianza y el agradecimiento llenaban todo mi ser, como si se me hubiera concedido una plegaria. Descubrí la luz al mismo tiempo que la alegría, y sin pensar demasiado puedo decir, que desde entonces la luz y la alegría ya no se han separado nunca en mi vida: desde entonces, las tenía juntas o las perdía a ambas.

Aquí se describe un aspecto de la Matriz Sagrada, la experiencia básica de la luz. Leamos otro párrafo más:

los videntes hablan siempre de la noche de la ceguera, y eso es, desde su punto de vista, natural. Pero esa noche no existe. En ninguna hora en mi vida – ni conscientemente, ni en mis sueños – se rompió la continuidad de la luz. Sin ojos era la luz más estable, de lo que lo había sido con ellos. Tal diferencia entre claridad, menos claridad u objetos sin iluminación, de la que me podía acordar en aquel entonces, ya no había más. Veía un mundo, que se había sumergido completamente en luz, que vivía a través de la luz y de la luz.

Entonces vino el descubrimiento de cómo se expulsa la luz, de cómo el ser humano pierde su capacidad interior de ver.

Sin embargo había tiempos en que la luz disminuía, casi desaparecía. Esto ocurría siempre cuando tenía miedo. Lo que la pérdida de mis ojos no lograba, lo lograba el miedo. El miedo me convertía en ciego. El mismo efecto tenía la cólera y la impaciencia, que lo confundían todo. Un minuto antes sabía el sitio justo que ocupaban todos los objetos en mi habitación, pero cuando me invadía la cólera, los objetos guardaban más rencor que yo; se metían en ángulos totalmente inesperados, se enmarañaban, se caían, balbuceaban como locos y miraban a su alrededor como salvajes. Yo sin embargo no sabía dónde poner mi mano o mi pie, me hacía daño en todos sitios. Este mecanismo funcionaba tan bien que me hice precavido. Cuando al jugar con mi pequeño compañero de juegos me sobrevenían las ganas de ganar, de llegar el primero a la meta, costara lo que costara, entonces de repente no veía nada. Me hallaba literalmente rodeado de niebla, de humo.

Sin embargo las peores consecuencias las tenía la maldad. Ya no me podía permitir ser envidioso o estar irritado, porque enseguida se ponía una venda delante de mis ojos; estaba atado, amordazado, fuera de combate. En ese momento se abría ante mí un agujero negro y me encontraba desamparado. Si al contrario estaba contento y tranquilo, si confiaba en la gente y pensaba bien de ellos, se me premiaba con la luz. **¿Es algo raro qué desde muy pronto amara la amistad y la armonía? No necesitaba ningún código moral, ya que dentro de mí tenía un instrumento que indicaba, "luz roja" y "luz verde": siempre sabía a dónde estaba permitido ir y a donde no. Sólo tenía que mirar la gran señal de la luz, que me enseñaba a vivir.** *(Negrita del autor).*

No tenía miedo. Otros dirían que tenía la fe. ¿Cómo no la iba a tener ante esta maravilla renovada permanentemente?

Arte

El arte es la verdadera actividad metafísica de los seres humanos.
Friedrich Nietzsche

La creación -
ésta es la gran salvadora del sufrimiento,
la ligereza de la vida.
Friedrich Nietzsche

Arte y culto: las forma originales de la adoración y de la cooperación con los dioses. Arte y sexualidad: la verdadera forma de Eros.

Sobre arte no es posible mucha comunicación verbal, porque está fuera del alcance de cualquier encasillamiento del pensamiento, de los que generalmente vienen las palabras comprensibles. Desde el comienzo hemos llevado a cabo en nuestro proyecto cursos de arte con la única instrucción, de no hablar de los denominados problemas personales durante la duración del curso. Todos los participantes han respetado esta regla con alegría durante todos los cursos. Era como una liberación. El arte es un ámbito fuera de los problemas personales, es una dimensión básica de la vida humana, que tenemos que volver a acoger en nuestra existencia para lograr la plenitud. El arte es una dimensión tan propia y elemental como la sexualidad o la religión. Lo uno no puede atribuirse a lo otro, pero están unidos.

El arte es una respuesta del ser humano al mundo, cuando éste viene a través del humano y vuelve a salir de él en un estado transformado. La naturaleza necesita ese tipo de respuesta, necesita el arte como opuesto, como estimulante, como acelerador del desarrollo. El arte forma parte de todo territorio ecológico, en los muros de ruinas, en las paredes del taller de metal. Los sistemas, en los que falta el arte pasan de largo, seguramente, por el principio de la creación. No opino de manera tan dogmática como suena, pues el arte viene del desbordamiento de una mente alegre y despejada. El arte es, de una manera especial, una objetivación de la vida y de la propia persona, nos libera de una identificación con las cosas domésticas y con nosotros mismos. Ahí se encuentra su inmenso poder de curación. El que vive completamente en el arte, tiene una relación distinta con la vida: es su materia, su oficio, su continuo desafío para una nueva creación. En todas partes hay vida, en toda parte hay creación, que nosotros despertamos cuando formamos parte de ella. Un artista es lo contrario de una víctima. Como artista no sigo los valores de la sociedad sino el continuo de la vida, que no tiene nombre y no lleva sello. En el continuo creador pierden todas las cosas su cotidianidad. Descubro la metafísica en un pericarpio. Me siento conmovido por la gran presencia que se esconde en esas cosas pequeñas. Tengo que dar respuesta. No puedo reaccionar de manera distinta. Como artista trasciendo los sabios consejos sobre moral y religión. Quebranto continuamente mis propias costumbres y las de mis prójimos. La mirada furiosa que me recibe a continuación ya no es ningún problema interpersonal, sino el arabesco de un mundo artístico, siempre vivo y fluyendo. **Resuelvo problemas, mientras que no formo más parte de ellos.** ¡Cuántas cosas se resuelven cuando nos volvemos creativos! Lágrimas de alegría, la ligereza de los creadores. La participación en la creación. Lo he vivido durante tres semanas en Korfu, he escrito las experiencias y las he pintado en el "Libro Sidari". También lo vivimos en un curso de arte en Lanzarote. Como campamento escogimos un depósito de chatarra. Documentamos esta aventura común en el volumen de arte llamado "La cuerda de tender".

La mayor parte de las veces nos servimos del instrumento de la pintura, para nuestros cursos de arte. De esta manera experimentamos - como también es el caso con la música auténtica, el baile y el teatro- la interacción de las propias fuerzas y las del mundo de una manera especial, como le es propio a las fuerzas del SER de la creación. La pedagoga de arte Gertraut Schottenloher ha resumido esto con palabras hermosas (en "Kunst und Gestaltungstherapie in der pädagogischen Praxis" [Traduccion literal: "Arte y terapia de creación en la praxis pedagógica"])

Cuando cojo el pincel y los colores, lo hago con alegría, en caso de estar libre del pensamiento, de tener que realizar una tarea o de conseguir un buen resultado. Cuanto más me deslizo en el proceso de la pintura, más desaparecen las reflexiones de porqué lo hago, de cómo lo hago, de cómo me siento. Cuando me sumerjo de verdad, se para el carrusel en la cabeza, que de otra manera da vueltas todo el tiempo, a menudo sin que me dé cuenta. Se hace el silencio. Estoy completamente en el momento presente, totalmente atenta al proceso de la creación, de la transformación del color y de la forma. En esa tranquilidad, en ese estado de atención y de inmersión - más allá del remolino de los pensamientos- surge un conocimiento profundo en nosotros, que se forma en el proceso de la creación, escapándose de la razón, pues su lenguaje tiene otras dimensiones.

Henri Matisse dio en el clavo en su búsqueda de la verdad original en el arte, cuando formuló lo siguiente:

Capítulo 5 El concepto de curación

lo verdadero y lo real en el arte empieza primero, cuando no se comprende más lo que se hace y lo que se puede hacer, y sin embargo siente una fuerza en sí, que es más fuerte cuanto más se la quiere contrarrestar, y compactar. Por ello uno tiene que presentarse completamente transparente, puro e inocente, aparentemente sin recuerdos, semejante a un comulgante que va a una cena. Evidentemente tenemos que aprender a dejar nuestras experiencias tras nosotros y al mismo tiempo conservar la frescura del instinto.

Estos son elementos de un proceso de descubrimiento y de curación, que está relacionado con el arte. Pero el arte va más allá. Descubrimos la alegría de la celebración. El arte es un respiro en el regalo de la vida. Todos nosotros hemos interiorizado los iconos del sufrimiento por medio de imágenes artísticas: el crucifijo, el purgatorio, el infierno, el martirio y la condenación. Terribles imágenes del alma de penas y torturas que tuvo que crear la humanidad en su corazón, para acostumbrarse al estado del sufrimiento. Ahora queremos crear lo contrario: iconos de la alegría de la vida, de la sensualidad, del amor y de la comunidad. Los horribles iconos de los tiempos viejos y de la antigua Iglesia sustituidos por nuevos iconos de la vida - este es el gran tema del arte, al que me quiero dedicar en las próximas décadas.

En uno de nuestros cursos de arte llegaron a nosotros las siguientes palabras en un oficio matinal de Sabine Lichtenfels:

el arte no proviene de la capacidad. El arte proviene del encuentro con el ver verdadero y sin prejuicios. En este sentido el artista es un verdadero maestro Zen. Con entender tu oficio, no basta para ser un artista. Tu oficio es un equipo de fuerza, para poder penetrar en el camino del arte.

El arte viene de la unión profunda con el mundo como creación. Viene de la disposición interna, de liberarse una y otra vez de lo viejo y de quedarse libres para algo nuevo. El verdadero arte es siempre un nacimiento. Formas parte del aspecto del yo-mundo, en el que el mundo consiste siempre en nueva creación.

El arte no proviene de la capacidad. Pero si proviene de la disposición interior de los aprendices, de mantener su ojo interior abierto de manera, que pueda ver y percibir día tras día. Esta es la verdadera y gran capacidad del artista, que está más allá de la moda y más allá del gusto. El arte es siempre un nacimiento. Estate preparado. El resto ocurre por sí mismo. No te preocupes de tu capacidad artística, viene por sí misma, en cuanto sueltes lastre y seas capaz de ser y de seguir, lo que percibes.

Haz, lo que haces, completamente. Hazlo consciente y claramente, y saldrás de la niebla del naturalismo y te darás cuenta, de que el mundo no es nunca, lo que crees que es. Destruye con humor tus muchas concepciones antigua y las imágenes, de lo que tiene que ser el mundo, hasta que el asombro infantil y la alegría infantil en el mismo hacer te conduzcan de nuevo a ti mismo.

El arte es la fiesta de la creación. El arte es devoción y santificación. El arte es la unión profunda con el ser puro, sin ninguna finalidad y sin meta. Allí, donde te conviertes de verdad en artista, te elevarás a un nivel de reconocimiento, que te hará ver más profundamente y te hará comprender las conexiones de una paz verdadera. En este sentido, el arte es siempre trabajarse uno mismo. Al final está el verdadero artista de la vida.

Al final está la persona, que con serenidad alegre ha llevado a sí misma, como creadora, los muchos aspectos del ser. Tiene lugar una reconciliación profunda consigo misma y con el mundo, de la que puede surgir el verdadero cambio. Un artista ya no es una víctima, ni de si mismo ni del mundo. De esa unión llevarás la verdadera alegría de la vida a ti mismo en los aspectos más sencillos de tu vida diaria. Esa alegría de la vida se ha vuelto más profunda y más tranquila, que el primer arrebato, que había al principio.

Espacio terapéutico posterior

¿A dónde se debe enviar a los pacientes cuando se han curado?

Cuando se hace trabajo de curación, debe uno ocuparse de que la curación pueda continuar tras el proceso terapéutico. Esto es válido tanto para la curación de las personas como para la curación de la naturaleza. Siempre necesitamos un "espacio terapéutico posterior", donde el organismo saludable permanece unido además con las fuerzas sanadoras. Cuando esa condición no se da, se producen fácilmente recaídas, que ya no se pueden curar.

Queremos proporcionar dos ejemplos, para mostrar el significado de espacio terapéutico posterior. Primero la película "Zeit des Erwachens" ["Despertares"] de la directora Penny Marshall según la novela de Oliver Sachs, que se basa en acontecimientos verdaderos. Los pacientes en coma, que entraron en coma por una extraña enfermedad colectiva, pudieron ser librados del coma tras algunas décadas. Experimentaron una nueva alegría en la vida, en la música, en el baile y en el sexo - y se daban cuenta de cómo los que estaban a su alrededor reaccionaban con rechazo e incomprensión. A continuación recayeron en el coma y murieron. En segundo lugar los informes de Wilhelm Reich. Sus pacientes de cáncer vivieron tras su curación su nueva energía sexual, tuvieron malas experiencias con las personas del medio en el que se desenvolvían, recayeron en la enfermedad y murieron. No cabe ninguna duda, de que esos informes son verdaderos. Cualquiera, que haya trabajado alguna vez seriamente en el ámbito terapéutico, conoce este tema. Las relaciones sociales existentes son por regla general patológicas, en una dimensión tal, que incluso el más sano entre ellos puede volver a ponerse enfermo. Tampoco un organismo estable con una matriz informativa sana puede rechazar eternamente las frecuencias patológicas, que se generan diariamente en las formas existentes de trabajo, de consumo, de amor y de comunicación. Necesitamos espacios terapéuticos tras la terapia, en los que puedan ser conservados los principios básicos de la curación. Sería estupendo, que se pudieran crear tales espacios terapéuticos no fuera, sino dentro de la sociedad existente. Sólo puedo animar a todos los que se lanzan a ello. Por este camino podría surgir una cooperación natural entre las bases del nuevo movimiento por la paz dentro y fuera de la sociedad. Las fuerzas curativas están en todas partes, incluso en las grandes ciudades, pero se necesitan buenos amigos para poder ir por el camino de la curación. Las energías de la confianza, de la vida sin miedo, de la verdad y solidaridad humana, de la guía espiritual: estas son las energías elementales de la curación, llevan la fuerza curativa en cada célula. Pero bajo las circunstancias actuales no existen de manera natural, hay que crearlas.

Esta es una de las razones centrales para la creación de los Biotopos de Curación. Queremos un medio ambiente curativo en el que pueda desaparecer definitivamente la causa de la enfermedad. La apertura de corazón inicial, la apertura inicial de la sexualidad y la apertura espiritual inicial deben ser promovidas y alentadas. Lo que hasta el momento era una tarea de cuidado de las almas y de psicoterapia, es ahora una tarea de creación conjunta social y cultural de nuestra convivencia con los seres humanos, la naturaleza y el universo. Ya no se trata de nuevas formas terapéuticas, sino de nuevas formas de vida. Este era el pensamiento, que pusimos en el mundo al final de la oposición extra parlamentaria, en los sesenta y del que en aquella época ninguno estábamos a la altura. Entretanto hemos sumado treinta años de aprendizaje. Las nuevas formas de vida, que podrían ser significativas, se hicieron visibles de forma concreta en un trabajo de investigación ininterrumpido, de décadas de ensayo y error y nuevo ensayo en nuestro proyecto (ver capítulos 1, 2, 4, Tomo II). También los métodos y las posibilidades, de cambiar de la antigua matriz de la vida a la nueva, comienzan a sobresalir lenta pero seguramente de la niebla general (ver capítulos 5, Tomo I y 5, Tomo II). Ya no nos encontramos ante la cuestión: ¿Cómo funciona esto?, sino ante la cuestión de una decisión interior con grandes consecuencias - para los que se quedan en las ciudades, al igual que para los que se deciden por el nuevo camino en los Biotopos de Curación.

10 frases para el trabajo curativo

1. Puedes conseguir en el exterior tanta curación, como tengas en ti mismo.

2. En el circuito de regulación de la vida cada trastorno causa una medida (o una serie de medidas) para su corrección, cada enfermedad una medida (o serie de medidas) para su curación.

3. Puedes entrar en el proceso de curación en cualquier peldaño de la vida, en cualquier situación y a cualquier edad, pues la matriz curativa (sagrada) está siempre presente

4. Toda curación es una autocuración. Nuestra tarea como trabajadores por la paz y como sanadores consiste en dar un verdadero "empuje" a un organismo - sea una persona, un animal, un grupo, un biotopo- y crear las condiciones previas en las que el principio de la autocuración pueda tener un efecto óptimo.

5. La mejor condición previa es la confianza. La confianza es la fuerza curativa básica para todos los seres vivos. Los Biotopos de Curación son "invernaderos de confianza". Una tarea básica de nuestro tiempo reside en, crear espacios vitales, en los cuales las personas entre sí, las personas y los animales, las personas y el mundo puedan entrar en una confianza completa recíproca.

6. La sexualidad forma parte de las fuerzas curativas más fuertes. En el centro del trabajo curativo se encuentra la curación completa de la sexualidad. Los Biotopos de Curación son biotopos para la curación del amor sensual.

7. La curación es la reunión con el todo. En esa reunión vivimos la experiencia de la Matriz Sagrada. Lo sano y lo sagrado van unidos. La curación es siempre además un proceso espiritual, que nos une con lo sagrado.

8. El trabajo curativo es también un trabajo en la propia persona. Tenemos que ejecutar en nosotros mismos, las correcciones que necesita el mundo. No puedo tener ninguna imagen razonable de un mundo sano, si no tengo ninguna de mi mismo.

9. Cuando te trabajas de verdad tu tema personal, estás trabajando al mismo tiempo un tema humano, pues eres una parte del continuo. Con cada solución de un tema personal tiene lugar una parte del trabajo de curación en toda la humanidad.

10. No ejercer violencia sobre las co-criaturas. Toda violencia nos es devuelta en forma de miedo o de enfermedad. La curación de la vida es la cooperación sin miedo y sin violencia de todos los seres que forman parte de la vida.

Capítulo 6
Un proyecto para el trabajo de paz global

El origen del proyecto

Ambas mitades del ser humano se han buscado,
querían encontrarse y amarse.
Por esa razón original, la razón de las razones,
nos hemos levantado para la curación del amor
y por un proyecto histórico,
que está al servicio de esa curación.

Comenzó en el año 1974. La izquierda revolucionaria estaba finalmente rota. El nuevo movimiento alternativo no tenía perspectivas, el movimiento ecológico no tenía plan político, el nuevo movimiento esotérico buscaba la curación en la interioridad espiritual sin relación con la política. Ya no se preocupaba uno por las relaciones sociales y la situación de la tierra, sino de la luz interior, (que por ese camino no se podía encontrar). Algunos compañeros de antes habían emigrado a comunidades rurales muy apartadas y buscaban la curación de su alma en infusiones de hierbas y ordeño de vacas. La situación era desesperada. Parecía que el sistema establecido había ganado definitivamente la lucha. La incipiente globalización, la eliminación a nivel mundial de toda oposición, la tendencia al alza de la brutalización global, la extinción de los pueblos indígenas en nombre de empresas internacionales se dirigía a un holocausto global; este desarrollo era imparable con los medios tradicionales. Amigos de antes ya no querían tener nada que ver con la política. La izquierda marxista, a la que había pertenecido yo mismo durante seis años, ya no tenía más respuestas para la nueva situación. Necesitábamos unos cimientos interiores nuevos, para descubrir en el exterior los nuevos conceptos. Los tres libros, que publiqué en aquella época, ante todo "Angst im Kapitalismus" ["Miedo en el capitalismo"], estaban en pleno auge, pero no podían contribuir más al cambio de la situación.

Dejé la Universidad a pesar de tener cuatro ofertas de docencia, tampoco podía seguir con mi matrimonio, abandoné mis ámbitos de trabajo político y visité nuevos proyectos, entre los cuales estaban la comuna austríaca AAO, del artista de acción Otto Mühl, el proyecto antroposófico a favor del Tercer Mundo (Achberg) cerca de Lindau en el lago de Constanza, la red de proyecto para la Investigación Armónica en Alemania y Austria, además de algunos centros de budismo zen y meditación. Tras dos años de aprendizaje y peregrinaje las impresiones se tenían que reorganizar. Decidí convertirme durante un tiempo en ermitaño para poder reflexionar sobre todo. Por ello, me fui a una ermita de Baviera (Eggehalm). Aquí me decidí por el proyecto en el que trabajamos ahora. En mis viajes tropecé con personas fascinantes, que se ocupaban con los nuevos descubrimientos en los sectores de la energía, el agua, la luz, el sonido, la horticultura, la arquitectura y la curación. Quería fundar una estación, en la que se pudieran unir todos esos desarrollos. Pero primero se tenía que crear un espíritu comunitario y un grupo que funcionara bien. ¿Quién tenía que llevar el grupo? ¿Quién tenía que solucionar las luchas de poder? ¿Cómo deberían ser resueltas las luchas de los cotos sexuales? Rápidamente llegamos a las cuestiones humanas, por las que casi todos los grupos fracasaron. Alquilé una granja en el sur de Alemania (Leuterstal), y comenzó un periodo de varios años de formación del grupo. Tras 4 años teníamos un núcleo de 10 personas, con el que podíamos llevar el proyecto a una nueva dimensión más grande. Nos trasladamos a una casa más grande en el Bosque Negro (Schwand) y empezamos allí con 35 personas nuestro gran experimento social. Queríamos permanecer juntos 3 años y volver a reflexionar sobre las grandes cuestiones de nuestro tiempo: sexualidad, familia, hijos, ecología, alimentación, curación, arte, tecnología energética, nueva visión del mundo, vida espiritual llevada la práctica, política. A través de la experiencia propia queríamos aprender ante todo a construir comunidades sólidas, que estén a la altura de las exigencias de nuestro tiempo. El proyecto estaba bien encaminado. Casi nadie se fue, algunos se unieron. Apareció la idea de una gran red para el trabajo global por la paz: el proyecto Meiga.

Para llevar el proyecto a cabo, tuvimos que recurrir a métodos poco acostumbrados. No éramos cobardes y estábamos dispuestos a casi todo. En un proceso comunitario aventurero cambiaron una y otra vez las cuestiones centrales del pensamiento de curación. Al principio nos concentramos, en romper ante el grupo nuestras corazas emocionales con música, teatro y auto-representación, para liberar y recrear las emociones que se escondían detrás. Con el método de la "auto-representación" [en alemán "Selbstdarstellung" o "SD"] comenzó la construcción del grupo. Cada tarde se veía el grupo, en un almacén reconvertido bajo el tejado, para la auto-representación, llamado foro [en alemán SD-Forum]. Esas tardes eran el lazo continuo, que mantenía el grupo.

Sin embargo, tuvimos que admitir tras algunos años, que no bastan los métodos emocionales y bioenergéticos para cambiar y curar a las personas. Las emociones liberadas necesitan una fuerza espiritual-mental superior, para ser canalizada e integrada, de lo contrario aparece el caos y la ira subliminal. El verdadero camino de curación consiste en el crecimiento interno de una fuerza espiritual-mental: aumento de reconocimiento y de reconocimiento de uno mismo, de participación y de estar atento, de responsabilidad y de perspectiva, de humor y arte, de capacidad comunicativa y pensamiento comunitario. Son procesos espirituales-mentales los que deciden, si nace en un grupo la confianza o no. Son procesos y fuerzas espirituales-mentales los que deciden, si en una comunidad son posibles un amor sincero, un Eros sincero o una entrega sincera. El que pueda funcionar la sexualidad libre o no, depende del desarrollo espiritual-mental, que puedan recorrer los miembros del grupo. Si no han recorrido un desarrollo **espiritual-mental**, se quedarán siempre en su cuerpo emocional y finalmente se resignarán o se casarán. Somos criaturas cósmicas, todos nos hallamos en un viaje cósmico con parada temporal en la Tierra, reconocemos nuestra aula cósmica común y no tenemos más ganas de juzgar. Uno empieza a conocerse a sí mismo de otra manera. A conocerse de verdad - eso es casi un descubrimiento nuevo. Cuanto más se conoce uno a sí mismo, más fácil vemos nuestra humanidad común en nuestros encuentros.

Lo que representaba el mayor impedimento eran las costumbres antiguas de apegarse a la propia persona y con ello llevar siempre las viejas estructuras al presente. Así inventábamos durante meses ejercicios en los que nos dábamos nuevos nombres y nos encargábamos los unos a los otros el hacer cosas locas. El punto álgido fue el llamado "juego del señor y el esclavo", que duró varios meses, porque los amigos que estaban en "el papel de esclavo" no querían dejarlo. Sus vidas se habían convertido en un ejercicio continuo de cruzar las fronteras. Tenían por ejemplo que cantarle una serenata a una mujer desconocida en un café de Basilea. Se tenía que pedir a un policía, que diera dinero para el parquímetro. Se tenía que cantar una canción de amor a una madre, que venía de visita. Una persona tuvo que entrar a una panadería a cuatro patas y ladrar y decir, que su ama necesitaba pan. Extrañamente siempre funcionaba, parece que no había frontera. Tenían que hacer las cosas enseguida, sin reflexionar antes en lo que se les pedía. Un grupo de 10 personas decidió irse dos semanas al sur de España sin dinero. Fue un viaje de descubrimientos sin fin. El mayor descubrimiento consistía en que se podía hacer casi todo sin tener miedo. Inventamos una nueva forma de teatro, en la que representábamos temas históricos como el imperio romano, la genealogía de moral de Nietzsche, la megalomanía de Hitler, la represión sexual por parte de la Iglesia, etc., de una manera que hacía visible nuestro propio involucramiento. El teatro fue durante un tiempo un instrumento imprescindible para la disolución creativa de viejos nudos vitales, estábamos entusiasmados. Fundamos un coro propio, construimos un taller para pintar, inventamos máquinas de energía propias (que generalmente no funcionaban) y organizamos un sótano para música en el que hacíamos música propia. Todos los discos de música junto con el equipo los habíamos destrozado a patadas en una hora de fiesta "accionista".

Entre tanto se había instalado una libertad sexual, con la que recuperábamos, lo que durante años no habíamos podido hacer. Nos podíamos permitir fantasías, que hasta entonces habían estado en nuestros cajones secretos. Sobre todo las mujeres hacían un uso frecuente. Teníamos caja común, cuartos comunes, coche común y al final, sexualidad común. Nos dimos unas reglas de convivencia estrictas para la vida cotidiana, para que tuviéramos la mente clara en todas las cosas nuevas. Vivíamos una vida desacostumbrada, la llamábamos "esquizofrenia cultivada", recibimos visiones claras de una nueva convivencia de los seres humanos, tuvimos contactos de un tipo diferente con los animales, comenzamos una vida de cuidado con todas las criaturas y ganamos un conocimiento curativo, con el que podíamos curar nuestras propias enfermedades. En varias partes de este libro nombro algunos ejemplos. Claramente estábamos bajo guía y protección.

Una nueva investigación de base con métodos insólitos

El proyecto se había convertido en un proyecto de investigación. Hacíamos investigación de la comunidad, de curación, artística. A todo junto, lo llamábamos investigación de la vida. La creación nos parecía una obra de arte, en la que continuamente se podían descubrir nuevas facetas. Cuando no se miraba con las gafas viejas, se veían nuevas imágenes, no necesitábamos tomar ninguna droga alucinatoria. Había una gran resonancia entre pensamiento y realidad. Teníamos la capacidad, de producir otra realidad cambiando nuestros pensamientos. Usábamos estos conocimientos en procesos curativos extraordinarios. Para conseguir en el interior de una persona un proceso curativo, puede ser suficiente, con cambiar su "visión del mundo" en un sitio clave; a continuación, la llamada realidad le saldrá al encuentro de otro modo. Las enfermedades que están relacionadas consciente o inconscientemente con los dogmas de la visión antigua del mundo, desaparecerán. Un nudo de rabia antiguo se puede deshacer inmediatamente, en cuanto el pensamiento salvador o la información salvadora, puedan entrar en el organismo. A esta conexión, que nos guía hasta hoy, la llamábamos "magia objetiva". Encontramos el principio del "cambio caleidoscópico" de la matriz del miedo a la matriz de la vida. Como en el caso del caleidoscopio, bastaba un giro para transformar un patrón acabado en otro patrón acabado. Parecía que todo existía como patrón latente, como un cianotipo. Para practicar de verdad estos procesos, utilizábamos música, canto y pintura. Nos ejercitábamos en el desplazamiento sistemático de los límites. En invierno, cuando los estanques no estaban congelados, nos tendíamos en el agua helada para meditar y nos quedábamos allí durante casi 30 minutos. Descubrimos cuánto dependía de nosotros mismos lo que nos sucedía, de nuestros pensamientos, de nuestros miedos, de nuestra representación mental de los límites. En realidad no había fronteras. Sobre todo descubrimos el llamado "efecto de campo", un elemento crucial de la teoría política actual: no se necesita saber hacerlo todo uno mismo, cuando se vive en un grupo funcional. Cuando sólo un miembro del grupo logra sobrepasar un límite, todos los demás miembros del grupo también pueden conseguirlo. Basta con que se pida la información de esa posibilidad con un solo acto. Sentíamos una curiosidad y un entusiasmo crecientes. Para muchos empezó entonces, por primera vez en su vida, una investigación verdadera y una participación consciente en los secretos de la vida. Se pusieron a prueba en caminar sobre el fuego, saltos y otros ejercicios de valor. Se interesaron por la biología y la física, la filosofía y la historia. Descubrieron nuevos métodos de la curación del suelo en el tejido energético de la Tierra. Descubrimos la radiestesia, el secreto de la varilla de zahorí y del péndulo, la realidad de cosas que hasta ahora habíamos apartado a un oscuro ángulo. Conseguimos encontrar antiguas canalizaciones que se hallaban a 80 cm por debajo de la tierra. Vimos la conexión entre ecología y geomancia y desarrollamos planes extensos para la curación de la Tierra, primero sólo como experimentos del pensamiento, pues no teníamos aún la posibilidad de poner las cosas en práctica. Reconocimos el significado del agua como portador básico de la información de la vida y empezamos a interesarnos, por los lugares de la Tierra en los que la humanidad antigua había edificado sus lugares sagrados. Empezamos, a estudiar fuentes antiguas y a reflexionar de una forma nueva sobre la sabiduría antigua de la humanidad. Construimos raros huertos y desarrollamos procedimientos ingeniosos de compostaje. Cuando la verdura estaba madura, podía ocurrir, que por puro afán olvidáramos su cosecha. Empezaba a florecer. En vez de un huerto de verdura, teníamos uno con las flores más hermosas. Florecer- Fertilización- Semillas- Germinación- Crecimiento: ¡Qué mundo nuevo más maravilloso! Compramos microscopios potentes, para poder penetrar con mayor profundidad en los secretos de la creación. Nos dábamos cuenta, veíamos y olíamos, por así decirlo, que todo tenía una enorme, infinita conexión. Empezamos a comprender que una comunidad humana solo podría funcionar si acogiera esas conexiones en su vida. En las comunidades futuras con capacidad para sobrevivir, el orden social debería estar unido con el cósmico. También los conflictos entre las personas son al final sólo solucionables bajo la protección de una comunidad, que esté conectada con las energías cósmicas. En esa conexión desaparece el miedo y crece la conciencia de la comunidad universal. La conciencia más alta es la unión más completa, decía Teilhard de Chardin. Había tiempos en que sentíamos cada día la verdad de esa frase. Sentíamos la conexión universal de todos los seres vivos y comenzamos a plantearnos pensamientos más profundos sobre nuestras costumbres alimenticias, sobre todo sobre la cuestión de la ingestión de carne. Tras habernos despojado de nuestras ideologías y valores prefabricados, volvimos poco a poco por nuevos caminos a los viejos, quizá eternos, valores. No matarás: ese conocimiento ético ya había existido una vez sobre la Tierra; ahora revivía con su profundidad original. Comenzamos a tenerla en cuenta también en el trato con

Capítulo 6 Un proyecto para el trabajo de paz global

las pequeñas criaturas cuando trabajábamos en el huerto. En lo más profundo del interior de todas las cosas había algo sagrado, que se tenía que cuidar y proteger. En lo más profundo de nosotros había una criatura sagrada, que estaba en resonancia con el núcleo sagrado de todas las demás criaturas. Ninguno de nosotros era especialmente piadoso, pero empezamos realmente a realizar ceremonias religiosas, que antes nos habrían parecido bochornosas. Surgieron nuevas maneras de tratarnos entre nosotros y con el resto de las criaturas. Amar ya no era sólo una palabra. Se había convertido en una verdadera fuerza, que participaba con fuerza en nuestro trabajo de curación. Por la noche a veces no podíamos dormir a causa de las nuevas y emocionantes experiencias. Una noche nos reunimos a las tres de la madrugada, sin que existiera cita previa, los 38 miembros del grupo en la gran biblioteca de nuestro salón. Todos se habían vuelto a levantar en algún momento para ver lo que hacían los demás. Siempre ocurría algo, también por las noches. No queríamos perdernos nada. El mundo se había puesto en movimiento. Los miembros del proyecto empezaron a levantarse cada vez más temprano sin que se lo hubiera ordenado nadie. Había vuelto una vieja alegría, que conocíamos bien de la infancia: la alegría por el día venidero. Nos dimos cuenta de que en todas las actividades lo importante era básicamente lo mismo, es decir, el redescubrimiento de la vida en todas las cosas, de la unión con la gran totalidad y de la unión de todas las cosas. Nos hallamos tras las huellas de la Matriz Sagrada y en algunos momentos felices estábamos completamente unidos en su centro. Entonces ocurrieron las llamadas "curaciones milagrosas" con las que comprendimos, cómo están conectados lo sano y lo sagrado. Nos acercamos a la visión completamente realista de una vida libre de violencia, en una nueva forma de comunidad humana. Nos acercamos a un agradecimiento y a un estado de espera, como nunca antes lo habíamos experimentado. Ahora lo sabíamos: un mundo sano es posible, no es una ilusión. Naturalmente experimentamos un impulso desenfrenado por anunciar este conocimiento, porque "se llena la boca de aquello de lo que el corazón está lleno". Se desarrolló la visión de una gran red de tales comunidades, se desarrolló el sueño de una convivencia sin violencia con todas las criaturas, el sueño de una Tierra nueva y de un nuevo Cielo. Sabíamos en lo profundo que no éramos ni los primeros ni los únicos que conocían este sueño. Así comenzaron los contornos de nuestro proyecto.

El martillo de las sectas

Entonces vino el martillo de las sectas. Empezaron a denunciarnos y a propagar los peores rumores imaginables sobre nosotros. Tengo que describir los sucesos en pocos trazos para explicar un trozo de realidad que habíamos menospreciado: la locura de las sectas. La manera en que se actuó contra nosotros no es un caso único, sino casi un caso normal cuando se trata de proyectos nuevos, que sobrepasan los límites establecidos. Tengo que señalar que de muchas nuevas creaciones –tanto en el ámbito político como cultural– no se pueden obtener noticias positivas, porque sus responsables fueron eliminados o aislados con métodos similares. Pido a todos los amigos de una cultura espiritual-mental digna de la humanidad, que cooperen en este trabajo de esclarecimiento.

Una mañana de principios de julio de 1985 apareció en el periódico local de nuestra vecindad, un artículo de una cara entera sobre la "secta del sexo" de Schwand (nuestra residencia anterior en el Bosque Negro). Se describían orgías sexuales, secuestros de niños y jerarquías de mando. En esto, se encontraba todo lo que un lector medio de periódicos, se imaginaba bajo el término de secta. Empezó entonces una reacción en cadena. Más de cuarenta periódicos incluían el reportaje. Copiaron unos de otros sin tener pruebas y hallaron continuamente nuevas exquisiteces. Abusos deshonestos con personas dependientes, abusos de niños, animar a los niños a la relación sexual, ya no existían más limites. En un periódico de gran tirada berlinés salió un reportaje, sobre cómo los miembros de la secta inflados de drogas yacían al sol durante el día y se entregaban a toda clase de desenfrenos. No teníamos ninguna posibilidad de parar esta reacción en cadena, fracasábamos a causa de la ley de libertad de prensa y de la falta de dinero. Además estábamos conmocionados y no podíamos reaccionar inmediatamente de modo soberano. Experimentábamos muy de cerca cómo se siente el formar parte del grupo de los denunciados. Tardó un tiempo, hasta que pudimos ver con humor y con la correspondiente distancia, las difamaciones y también para que las pudiéramos comprender. La avalancha duró diez años. Rabiaron contra nosotros con tal empeño, que aguzamos el oído. ¿Quién estaba detrás? ¿Por qué se negaban las redacciones de los periódicos tan rotundamente a publicar una noticia nuestra? ¿Bajo qué protección se encontraban los que podían arriesgarse a publicar tales noticias falsas? Teníamos pocas posibilidades de rectificación. Las apariciones en eventos, las conferencias en congresos, los seminarios en el día de la Iglesia, las conferencias en las universidades: todo se anuló repentinamente. Recibimos la inhabilitación oficial para ejercer nuestra profesión. Lo que aquí estaba ocurriendo correspondía exactamente al guión de cualquier persecución de una secta. Se nos anuló el reconocimiento de utilidad para la comunidad, las autoridades nos exigían un pago exagerado de devolución de impuestos de los últimos tres años; las posibilidades de obtener dinero se convirtieron en nulas. Los profesores amigos fueron trasladados, nuestros hijos fueron martirizados, los puestos de libros demolidos, los letreros de los seminarios quitados, los carteles arrancados o decorados con eslóganes. Por las noches teníamos que poner vigilantes. La violencia estaba en el aire. ¿Habíamos ido demasiado lejos con la provocación? ¿Habríamos tenido que formular con más precaución, con más suavidad, con más humildad, nuestras tesis, sobre todo en el ámbito sexual? Probablemente si. No era sólo el fascismo latente de la sociedad, sino también nuestros fallos los que nos devolvían el golpe. Nos encontrábamos evidentemente ante un nuevo tipo de enseñanza. Cuando tuvimos un acto televisivo en Freiburg, no pudimos penetrar en el interior de la casa, porque estaba bloqueada por una cadena de jóvenes. Dos de ellos estaban repartiendo octavillas en las que se afirmaba, que estábamos convocando la violencia sexual contra las mujeres. Los distribuidores se habían dispuesto como nosotros mismos lo hiciéramos antes, cuando bloqueábamos las calles y las escuelas a causa de la guerra de Vietnam o de las leyes de estado de emergencia. ¿Por qué se habían dejado incitar contra nosotros con tanta facilidad? ¿Quién los había enviado a la calle? Probablemente creían en lo que hacían, pues de nosotros sólo conocían las citas desfiguradas.

Poco a poco se fue divulgando que las noticias eran falsas. Cada vez había más periodistas que empezaron a dudar de la verdad de las calumnias, pero no nos podían ayudar. Desde el principio tenían el encargo de hacer duras críticas. Cuando tenían el valor de informar de modo positivo, se imprimía otro informe en su lugar. Se prohibían las entrevistas con periódicos respetados, que hubieran podido inspirar una imagen positiva sobre nuestro proyecto. En su lugar apareció una entrevista con un conocido sacerdote especializado en sectas. Pronunció la promesa cristiana: "Acabaré con ellos". Todos estos procesos los documentamos en el libro "Sommercamp im Wilden Westen" ["Campamento de verano en el Salvaje Oeste"].

Además de las calumnias había una segunda tendencia: se empezó a demonizarnos. En el plazo de tres años habíamos llevado a cabo con éxito un gran experimento grupal, habíamos construido en diferentes lugares proyectos y talleres, nos construyeron un barco para la investigación de la comunicación con ballenas y delfines. Los denunciantes estaban de acuerdo en que algo así no podía suceder por procedimientos normales. Sólo una secta, una organización secreta con un equipo dudoso de poder y dinero podía, según creían, tener la capacidad para tales cosas. El gurú de la secta, refiriéndose a mí, se habría comprado un yate, decían, para poder trasladarse a tiempo a las Islas Canarias. (Este rol me parecía casi lisonjero).

Cuando en 1989 cayó el Muro de Berlín, cuando la antigua Unión Soviética con Michail Gorbatschow emprendió otro paso en dirección a la Perestroika, un grupo de nuestro proyecto inició una gran acción para entregar mercancías de socorro a hospitales y hogares infantiles rusos. Con la ayuda de generosas empresas de transporte pudo realizarse esta acción con éxito. Entonces tuvimos que parar estos proyectos porque se advirtió contra ellos en la prensa alemana. Según ellos se trataría de proyectos de camuflaje de una secta de carácter psicológico dudoso. ¡Qué mundo más raro! Y sólo habíamos tenido la intención de ayudar. Ahora ya casi no teníamos ninguna posibilidad ni para los trabajos en nuestro terreno, no nos daban más permisos. La construcción de una depuradora biológica vegetal se tomaba como una acción de camuflaje y se nos prohibió oficialmente. Apenas había posibilidades de rectificación en los medios de comunicación, porque la mayoría de los periódicos rehusaban su impresión. Sabíamos que aún teníamos muchos amigos, pero se ocultaban y esperaban que pudiéramos aguantar bien todo este asunto.

Actualmente ya no creo que hubiera agentes e instigadores tras la campaña. Creo, que habíamos rozado los puntos flacos de nuestra sociedad, que eran verdaderos puntos dolorosos, con demasiada intensidad De los anteriores capítulos de este libro se desprende con suficiente claridad cuáles son estos puntos débiles. Habíamos perturbado el sistema inmunitario, que había sido erigido por personas heridas, para protegerse de la vuelta de los dolores internos -sobre todo en el ámbito del amor, del sexo y de la pareja. Nuestra sociedad padece, todos nosotros seguimos padeciendo aún por aquella estructura básica fatal de reaccionar con aislamiento y violencia ante los conflictos no asumidos, como ya describió Wilhelm Reich en su libro "Massenpsychologie und Faschismus" ["Psicología de masas del fascismo"], y Theodor Adorno en su obra sobre "La personalidad autoritaria". Esa actitud, que denominábamos en nuestros tiempos revolucionarios como de "facistoide", no es una cuestión de pertenencia a partidos políticos, sino de estructura humana surgida en la historia -y se extiende a todos los grupos políticos.

Capítulo 6 Un proyecto para el trabajo de paz global

Uno de los argumentos, que presentaban contra nosotros de manera continuada, era el de ser una organización tapadera o sucesora de la mal afamada comuna AAO, que fue fundada por el pintor y artista de acción austriaco Otto Mühl. En realidad, había visitado algunas veces esta insólita comuna en los años setenta. Me fascinaba y me repelía a la vez, pues no había encontrado hasta entonces ningún proyecto, que se ocupase de manera tan abierta y radical con el tema sexual. Conocí a Otto Mühl como persona y artista muy radical. Me gustaba su amor a la verdad, su manera de ser sin compromisos y su arte grandioso e incuestionable, me molestaba su tendencia impenetrable a enjuiciar irreflexivamente y al despotismo. Demasiados temas de una cultura más sensible, más espiritual, más ecológica y humana se excluían allí, para que se pudiera llegar a una cooperación. Visité por última vez la comuna en noviembre de 1979, es decir hace 21 años. Desde entonces seguimos caminos muy diferentes.

Con la campaña contra las sectas empezó para nosotros la parte más difícil (y quizá la más importante) de nuestro trabajo. Ahora, que apenas teníamos conexiones positivas con el exterior, teníamos que ganar una nueva dirección en el interior. La matriz de la violencia estaba en todas partes. Todavía estaba en mí mismo, como podía observar en mis propias reacciones interiores. Si queríamos librarnos de ella, tendríamos que encontrar una nueva manera de reaccionar ante ella, y una manera más cuidadosa para comunicar los nuevos contenidos. Todos somos aspectos del Ser y parte del mismo continuo. Siempre hay en nuestros enemigos una parte de nosotros mismos y en nosotros una parte de ellos.

Con ello comenzó una nueva reflexión. Nos encontramos en un tipo de investigación básica, que tenía que relacionar todo, lo que era importante en la vida. El martillo de las sectas se convirtió en objeto de nuestra investigación. Desde ahora teníamos que relacionar la realidad de estas estructuras humanas en nuestro trabajo. El trabajo por la paz había adquirido una nueva dimensión, tenía que ser capaz, de superar al fascismo latente desde su raíz. Formaban parte de ello los restos de la matriz de la violencia en nosotros mismos. Aún había impulsos de miedo, rabia y aislamiento en nosotros mismos, que estaban en resonancia con la estructura colectiva de nuestra sociedad. Es peligroso, casi homicida, tocar los puntos calientes de una sociedad mientras que en uno mismo sigan existiendo miedos y proyecciones aún sin digerir. El trabajo por la paz en el exterior sólo puede ser efectivo en tanto que uno haya creado una paz real en su interior. Y la verdadera paz sólo la encuentras en la superación total del miedo y del odio. Esta verdad no podía ser tomada suficientemente en serio, pues era decisoria en el éxito o el fracaso de cada trabajo por la paz. Si la campaña de difamación pública no hubiera tenido en nosotros mismos esa resonancia interna de sentimientos y pensamientos negativos, probablemente no habría continuado durante tanto tiempo. Si hubiéramos podido salir al encuentro de la calumnia con soberanía y humor, la podríamos haber usado con mucha mayor facilidad para nuestros fines. Nos veíamos como trabajadores por la paz y de repente nosotros mismos nos veíamos inundados de pensamientos hostiles. Habíamos querido actuar con la intención de curar, dañando algunos principios de la curación: sobre todo el principio, de que sólo nos está permitido curar, cuando la curación es deseada. También habíamos infringido otro principio de la revolución venidera: que aparece silenciosamente y no escribe en seguida sus objetivos en banderas públicas. En conclusión, habíamos calculado mal los comportamientos de poder internos. Aún no sabíamos realmente, en qué medida se tenía que estar conectado con los poderes superiores de la Matriz Sagrada, para poder actuar con éxito contra la matriz de la violencia. Ese proceso de aprendizaje continúa aún. El trabajo político en el sentido de la creación de una nueva fuerza por la paz global exige de los actores un cambio interno, que sólo se puede medir y comprender por medio del mismo trabajo. Y hoy sé, porqué las revoluciones han fracasado hasta hoy: porque sus portadores no habían realizado este trabajo en ellos mismos.

En uno de nuestros oficios matinales (en "Quellen der Liebe und des Friedens" [Fuentes de amor y de paz] de Sabine Lichtenfels) leemos sobre el trato con el enemigo aparente:
puedes estar seguro, de que hay amigos de antes entre aquellos,
que hoy están contra ti.
Puedes estar seguro, de que hay enemigos de antes entre aquellos.
que hoy te aman.
Puedes estar seguro, de que un día luchaste, lo que hoy lucha contra ti.
También puede ser, que un día fuiste alguien,
al que hoy contarías entre tus enemigos.
Puedes estar seguro, de que también tus enemigos sirven a tu propio desarrollo, si permaneces unido al alma universal.
Duradero es sólo el camino de la reconciliación, pues sólo hay un Ser.
Reconoce al enemigo en ti. Reconoce al enemigo en tu mejor amigo y aprende a vencerlo- y reconocerás a tu amigo potencial en tus enemigos.
No des alimento con tu miedo a su mirada de odio. Debes saber, que también

desde su odio un anhelo de amor insatisfecho llama a la vida.
Del miedo surge estrechez; de la estrechez surge la violencia.
Es importante, que en primer lugar permanezcas tranquilo.
Sin estar tranquilo dentro de ti, cualquier reacción sólo producirá más alimento.
No des alimento al fuego del odio, que surge de la pasión aniquiladora, a través de tu rabia prematura.
Conoces suficientemente la desesperación de una rabia, que te hace pendiente, como una marioneta, de tus emociones. Hace tiempo que has entregado tu poder.
La cólera sagrada no odia. No está enganchada a la cadena de las reacciones. Viene a ti, cuando te has convertido en lo suficientemente silencioso...
Reconoce, cómo has provocado la oposición con tus pensamientos y palabras...
Vuelve a coger la fuerza en ti...
La mejor fuente para que se realice es tu humor y tu imperturbable alegría de vivir.

Posterior desarrollo y fundación de Tamera en Portugal

Las consecuencias de la campaña contra las sectas no eran previsibles. Nos cancelaron el contrato de alquiler, se agotaban las fuentes de ingresos, no nos era posible hacer actuaciones en público, el mismo grupo sufrió desgarros. Estaba claro que bajo las condiciones enumeradas ya no era posible llevar a cabo una continuación sensata del proyecto en Alemania. La "emigración" era sin embargo un pensamiento raro para muchos miembros del proyecto. Comenzó el tiempo de la diáspora, en el que ya no había un proyecto uniforme hacia fuera. Pero las experiencias en comunidad habían sido demasiado fuertes, para ser reprimidas. Se formaron diferentes grupos con proyectos, que continuaron los pensamientos en la Selva Negra, en el lago de Constanza y en Suiza. Para muchos miembros del grupo empezó entonces un proceso de reflexión y de individuación y también de encontrar profesión, que los alejó transitoriamente del proyecto. Pero la mayoría quería volver a juntarse de nuevo. Además el plan político de un trabajo por la paz global estaba tan maduro, como para poder abandonarlo de nuevo. A pesar de la dispersión el proyecto seguía desarrollándose. Un grupo se trasladó cerca de Berlín y fundó el ZEGG (Centro para la Configuración Experimental de la Sociedad). Sabine Lichtenfels empezó a organizar, cada año dos campamentos de desierto, en los cuales por medio de la investigación de la oración y nuevas experiencias comunitarias, se creó una base espiritual para la continuación del proyecto con otros medios. Yo me fui durante algunos años con algunos amigos a Lanzarote para preparar con tranquilidad los siguientes pasos a dar. Necesité mucho tiempo, para superar el dolor y para desprenderme de los pensamientos amargos. Me di cuenta, de que había llegado a un punto kármico de mi vida, que ya se había repetido varias veces en vidas anteriores. Tenía que encontrar ahora para mi y para los otros un camino que me hiciera salir de esa cadena de odio y de violencia para siempre. Sabia, que para ello tenía que transitar caminos completamente nuevos y agradecía la posibilidad de llevarlo a cabo en esta encarnación, sin ser víctima de la violencia. Empecé a comprender, a cuánto se tiene que renunciar interiormente, a cuánto de vanidad, de vulnerabilidad, de ego y de impaciencia para poder realizar en nuestro tiempo un trabajo verdadero por la paz. Le agradezco a mi eternamente fiel Sabine Lichtenfels el apoyo espiritual, que encontraba en ella por su negativa inquebrantable a cualquier forma de odio o resignación. Aunque no me hubiera resignado, sentía lo que se siente, cuando uno se vuelve una persona dura. No es un sentimiento malo, porque nos da fuerza, pero no la fuerza de la paz. Muchos con los que he realizado trances de regresión, se han convertido en personas duras, de esta o de manera parecida. Muchos vivieron y sufrieron con los primeros cristianos, con las minorías religiosas, con los cátaros o con los revolucionarios rusos. Todos ellos pasaron por los molinos de la violencia a pesar de tener las mejores intenciones. En la encarnación actual vinieron a nuestro proyecto, para disolver ese nudo kármico. Todos estamos en el punto más interno, en el que definitivamente ya no se puede reaccionar con miedo o con odio. Comprender y aprender esto, y sustituir la vieja fuerza de la rabia por otra más elevada, pertenece desde entonces a las tareas internas más profundas del proyecto por la paz que hemos construido.

En la primavera de 1995 nos fuimos de Lanzarote a Portugal, compramos allí un terreno árido de 140 hectáreas bajo unas condiciones inusualmente favorables, y empezamos la construcción de Tamera. En los terrenos había sobre todo jaras, cardos, alcornoques, algunas ruinas y suficiente agua subterránea. Aquí surgiría el centro de nuestro planeado trabajo por la paz, nuestro primer biotopo de curación. El lugar está situado en un importante punto geomántico, en donde se unen las líneas de energía de la Tierra (las líneas lay) y las energías de los antiguos centros culturales. Es, como aseguran las videntes matriarcales, un emplazamiento de la diosa, donde una sabiduría antiquísima prehistórica sobre la paz quisiera ser reclamada. En las investigaciones con mediación de Marko Pogačnik y Sabine Lichtenfels se desveló la fuente femenina y la matriz espiritual de este lugar como una gran red que estaba conectada con los grandes centros de los tiempos antiguos (antes de la gran separación). Era lógica la construcción de una red global por la paz que quizá funcionara con principios parecidos a los de antes. Así era natural, a través de trances, regresiones, la recolección de conocimientos arqueológicos y el estudio de fuentes antiguas, encontrar de nuevo la matriz sagrada, que estaba contenida latentemente en este lugar. La creación de una red global era parte de los pensamientos por la paz, aún cuando se concentraran en un único lugar. El pensamiento de un biotopo de curación tomaba forma. De nuevo comenzó un trabajo de investigación de varios años que nos confrontó con las fuerzas primitivas de la vida y de la historia humana. Descubrimos – sobretodo a través de las capacidades mediales y psicométricas de Sabine Lichtenfels.- un plan creativo de la sociedad humana, la "utopía prehistórica", que actualmente sigue siendo válida como matriz-base de la misma manera que hace diez mil años. Este plan creativo está representado en el círculo de piedra de Évora.

Entonces - en la noche del 31 de enero al 1 de febrero de 1999 - se quemó nuestra gran nave. En la nave estaba casi todo lo que teníamos. Media 80 metros de largo, en ella se encontraban la cocina comunal, el laboratorio, la biblioteca, el archivo de arte, la sala de conferencias y muchas otras instalaciones. Poco a poco, se reunió aquella noche todo el grupo alrededor del infierno; no pudimos salvar nada. De forma extraña, nos invadió una tranquilidad completamente inusual. Era inconcebible la cantidad de valores espirituales y materiales, que se destruyeron de golpe. Pero ninguno de nosotros creía en una catástrofe, nos encontrábamos en un desarrollo, que nos reafirmaba. Algo era ahora aún más serio y firme

Tras un año de construcción intensivo fundamos el Instituto de Trabajo por la Paz Global (IGF) como centro para el trabajo de red global y la escuela de paz Mirja. Ahora se sigue desarrollando continuamente el concepto espiritual-mental y político para la construcción de una fuerza de paz global. Nos pusimos en pie y nos ponemos en pie concretamente ante las preguntas de un nuevo modelo de formación de cultura humana: ¿en qué infraestructuras, qué economía, qué principios de convivencia se basa una comunidad que funcione? ¿En qué medida es válido el principio de la autarquía? ¿Cómo podemos entrar en una clara comunicación y cooperación con otras criaturas? ¿Cómo se limpian las aguas residuales, cómo las aguas subterráneas? ¿Cómo generamos la energía necesaria? ¿Cómo construimos generadores para el uso de la energía cósmica libre? ¿Qué aspecto tiene una tecnología libre de violencia? ¿Qué aspecto tiene una alimentación, que está libre de violencia? ¿Cómo desarrollamos un modelo de consumo sin complicidad? ¿Qué aspecto tiene la crianza de los niños y la formación de la juventud?

Estas son todas cuestiones fundamentales para las nuevas comunidades supervivientes. Todos los pensamientos, que se desarrollan sobres esos temas, tienen que ser examinados en la práctica. De esta manera, nos encontramos actualmente en medio de un proyecto de investigación futurológico, de cuyo éxito podrían depender muchas cosas.

Entretanto hay una gran cantidad de personas que siguen el proyecto con interés creciente. Aún no se integran a él pero esperan que tenga éxito. Hemos estado preparando el proyecto durante 25 años; en este momento, en el 2000, nos hallamos justo ante la fase de la expansión.

Miramos sin embargo aún más firmemente y con más seguridad las grandes posibilidades que se han producido con el desarrollo posterior del proyecto de los biotopos de la curación. En nuestra conexión con un número creciente de otros centros y grupos en la Tierra estamos viendo la red global que se está iniciando. Creemos en el concepto holista de la sanación que se describe en nuestra teoría política (capítulo 5, Tomo II). Es la globalización de una nueva idea de paz.

Más informaciones

Institute for Global Peacework (IGP)
(Instituto de Trabajo de Paz Global)
Tamera Monte do Cerro CP 7630 Colos Portugal
Teléfono (+351) 283 635 484 Fax (+351) 283 635 374
igp@tamera.org • www.tamera.org

¡El Plan de los Biotopos de curación necesita su apoyo financiero!

Los proyectos actuales los encuentran en:
www.the-grace-foundation.org

Les invitamos a hacer sus donaciones en:

GRACE- Fundación para la humanización del dinero,
8037 Zurich Raiffeisenbank Zurich
Número de cuenta: 92188.56 IBAN: CH6181487000009218856
BIC: RAIFCH22 Clearing 81487
(Cuenta PC del banco: 87-71996-7)
Para donaciones en marcos suizos: palabra clave: "Escuela del futuro"

GRACE- Fundación para la humanización del dinero,
8037 Zurich Raiffeisenbank Zurich
Número de cuenta: 92188.69 IBAN: CH9881487000009218869
BIC: RAIFCH22 Clearing 81487
(Cuenta PC del banco: 87-71996-7)
Para donaciones en euros: palabra clave: "Escuela del futuro"

¡Muchas gracias!

Datos sobre el autor

1942   Dieter Duhm nace en Berlín. Experimenta, como refugiado tras la guerra, el miedo y la violencia; esto será un tema importante en su vida. Se dedica ya desde muy temprano a la pintura, que lo llenará hasta cumplir los 20. Se involucra con 14 años en la obra benéfica "Pan para el Mundo" y se esmera en vivir en el espíritu de los Diez mandamientos y del Sermón de la montaña.

1959   Se retira de la Iglesia.

1951   Selectividad; después entrada voluntaria en el ejército, donde intenta, junto a amigos fundar un proyecto pacifista.

1963   Cese temporal de la pintura, "porque los otros temas se convirtieron en más importantes"; entrada en el trabajo filosófico y político.

1964   Comienzo de sus estudios, entre otros: filosofía, sociología y psicoanálisis; clausura: psicólogo (1969) y Doctor en Sociología. (1973). Ocupado durante algunos semestres con cibernética biológica, a través de la que adquiere noción de la manera de funcionar y de la mutabilidad de los circuitos biológicos.

1969   Comienzo de su trabajo terapéutico como psicoanalista, que abandona tras tres años, para concentrarse completamente en el trabajo político.

1968   Hasta 1974 comprometido políticamente con la Izquierda Marxista en el área de Mannheim/Ludwigshafen, donde asume, en el trabajo sindical con jóvenes, funciones de liderazgo. "Cabecilla" de manifestaciones, bloqueos de escuelas y acciones contra la editorial Springer. Cuatro denuncias por perturbación del orden público, que fueron abolidas a través de un decreto de amnistía del presidente Heinemann. Toma posición contra las tendencias colectivas y dogmáticas en la Nueva Izquierda. Publica en 1972 el Bestseller de izquierdas *"Angst im Kapitalismus"* [Miedo en el Capitalismo] y será uno de los portavoces principales del así llamado *"Debate de Emancipación"*, en el que se trata de la conexión del trabajo político y la liberación personal. Publicación del extendido *"Mannheimer Papiers"* ["Papel de Mannheim"] y el folleto "Revolución sin emancipación es contrarrevolución".

1970 Acogida y adopción de un niño de tres años con una enfermedad mortal, que cuida hasta su sanación. Matrimonio como intento de asociar el concepto de amor libre con la institución del matrimonio; en 1974 fracasa este proyecto.

1972 Ocupación intensiva con Teilhard de Chardin, Wilhelm Reich und G.W.F. Hegel. Desarrollo de una imagen del mundo dialéctica, fase previa de las tardías reflexiones holográficas. Trabajo mental y práctico en nuevas formas de vida, en las que el pensamiento socialista será extendido y profundizado, a través de la visión del amor libre. Intento de Duhm de hacer extensiva, la idea comunista de *"adelantarse a la izquierda"*, al área erótica. Escribe un libro "El amor y la izquierda", que no se puede publicar, porque su mujer indignada arrojo el manuscrito al río Neckar.

1974 Abandona la universidad a pesar de varias ofertas como catedrático así como su trabajo político previo y fundamenta esta decisión en el libro *"Der Mensch ist anders"* ["El ser humano es diferente"]. Reanuda sus intereses religiosos: ocupación intensiva con la historia de la religión, con los temas espiritualidad, naturaleza, ecología y sexualidad. Emprende arriesgados experimentos con drogas, para explorar sistemáticamente los espacios espirituales-mentales, las facultades sobrenaturales y las experiencias transcendentales. Él llega entonces sin drogas a vivencias reveladoras sobre la sagrada y holística estructura de la realidad. Comienza el "año de aprendizaje y peregrinaje", en este contexto visita repetidamente el Friedrichshof en el Burgenland austriaco, la desacreditada "Comuna de sexo" de Otto Muehl. Superación de su antipatía original contra este tipo de proyectos colectivos y confesión pública de la necesidad del trabajo allí realizado. Acto seguido rechazo de sus escritos en muchas librerías de izquierdas.

1975 Crisis de fe, arrebato de dudas y depresión. Cinco meses de pausa para la reflexión en la soledad de una casa de campo en la baja Baviera.

1978   Fundación del proyecto "Bauhuette", que ha guiado al proyecto actual "Tamera" en Portugal. Construcción de la primera comunidad viable. Encuentro con Sabine Lichtenfels, con la que continua en seguida con el proyecto conjunto.

1979   Publicación de su libro *"Synthese der Wissenschaft – der werdende Mensch"* ["Síntesis de la Ciencia - El hombre en ciernes"].

1982   Publicación de su libro *"Aufbruch zur neuen Kultur"* [Salida hacia una nueva cultura"]. Retoma la pintura después de veinte años de pausa.

1983   Dirección del gran experimento comunitario en Schwand/Selva Negra (hasta 1986). Comienza el trabajo de curación. Descubrimientos sorprendentes sobre los síntomas corporales que emergen y desaparecen. Investigación y utilización sistemática de las "fuerzas de auto-sanación". Establecimiento de ideas de proyectos más grandes.

1985   Comienzo de la campaña contra la secta

1986   Empeoramiento de la campaña contra la secta. Primeros pensamientos sobre la emigración.

1990   Estancia en Lanzarote y preparación del proyecto de los Biotopos de Curación globales (hasta 1995).

1991   Publicación de su libro *"Der unerloeste Eros"* ["El Eros irredento"].

1992   Publicación de su libro *"Politische Texte fuer eine gewaltfreie Erde"* ["Textos políticos para una tierra libre de violencia"].

1995   Comienzo de la construcción del primer Biotopo de Curación "Tamera" en Portugal.

1999   Fundación del Instituto de Trabajo de Paz Global (ITPG).

2001   Trabajo en la preparación del "Tamera Arts", un centro para el arte y la curación, donde se investigan los fundamentos naturales del trabajo de sanación con el medio de la creación artística. Y donde se deben desarrollar nuevos métodos apropiados para la curación del humano y la naturaleza.

2005 Publicación de su libro *"Die heilige Matrix"* en inglés ["La Matriz Sagrada"].

2006 Publicación de su libro *"Zukunft ohne Krieg"* ["Futuro sin guerra"]. Madjana Geusen publica el libro: „Die heilige Gral des Mannes ist die Frau. Gemaelde, Texte und Zeichnungen von Dieter Duhm". ["El santo grial del hombre es la mujer. Pinturas, textos y dibujos de Dieter Duhm"].

2007 Publicación de su libro *"Zukunft ohne Krieg"* en inglés (Future without War).

2012 Dieter Duhm trabaja en Tamera como director del departamento de arte y curación y prepara un centro internacional del pensamiento y la conciencia para la curación de la tierra.

Bibliografía recomendada

Advertencia de la editorial: A continuación citamos en inglés como primera opción todos los libros de la edición original en alemán que no pudimos encontrar en español y citamos los libros alemanes en alemán cuando tampoco hallamos una traducción de los mismos en inglés.

Bibliografía básica

Braunroth, Eike: In Harmonie mit den Naturwesen in Garten, Feld und Flur, Organischer Landbau, 1997

Dahl, Jürgen: Der unbegreifliche Garten und seine Verwüstung, Klett-Cotta, 1995

Deschner, Karlheinz: Das Kreuz mit der Kirche, Econ, 1986

Duhm, Dieter: Towards a New Culture. Verlag Meiga, 2011

Duhm, Dieter: Eros Unredeemed. The World Power of Sexuality, Verlag Meiga, 2010

Duhm, Dieter: Future without War, Verlag Meiga, 2007

Dregger, Leila. Tamera. Um modelo para o Futuro. Verlag Meiga, 2010

Eisler, Riane: The Chalice and the Blade. Harper and Row, 1987

Ghazal, Eluan: Schlangenkult und Tempelliebe, Heyne, 1999

Hillesum, Etty (Autor); Gaarlandt, J. G. (Hg); Das denkende Herz. Die Tagebücher von Etty Hillesum. 1941-1943, Rowohlt, 1985

Lichtenfels, Sabine: Temple of Love, Verlag Meiga, 2011

Lichtenfels, Sabine: Grace. Pilgrimage for a Future without War. Verlag Meiga, 2007

Lichtenfels, Sabine: Sources of Love and Peace, Verlag Meiga, 2004

Lichtenfels, Sabine: Pedras de Sonho. Verlag Meiga, 2011

Lichtenfels, Sabine: Weiche Macht, Verlag Meiga, 1996

Lusseyran, Jacques: And there was light. Trans. Elizabeth R. Cameron. Floris, 1985.

Lusseyran, Jacques: Against the Pollution of the I: Selected Writings of Jacques Lusseyran, Morning Light Press, 2006

Mulford, Prentice: Unfug des Lebens und des Sterbens, Fischer, 1955

Satprem: Der kommende Atem, Daimon, 1987

Satprem: Der Sonnenweg zum grossen Selbst. Der Schlüssel zur bewussten Evolution, Rowohlt, 1993

Talbot, Michael: The Holographic Universe, HarperCollins, 1991

Otros libros recomendados

Alexandersson, Olof: Agua viva – Sobre Viktor Schauberger y una técnica para nuestro medio ambiente. Ediciones Eco Habitar, 2009

Alt, Franz: Jesús, el primer hombre nuevo, Ediciones El Almendro, 1993

Bach, Richard: Ilusiones, B Ediciones, 2007

Bloch, Ernst: El principio esperanza, I-III, Trotta Editorial, 2007

de Boer, Hans: Gesegnete Unruhe, Lamuv, 2000

de Boer, Hans: Unterwegs erfahren, Peter Hammer, 1989

Bohm, David: La totalidad y el orden implicado, Kairos, 2007

Briggs, J.; Peat, F. D.: Seven Life Lessons of Chaos. Spiritual Wisdom from the Science of Change. McGraw-Hill, 1999

Caddy, Peter: El Momento Oportuno, Errepar, 1998

Chardin, Teilhard de: Escritos esenciales, Editorial Sal Terrae, 2006

Coats, Callum: Living Energies. An Exposition of Concepts related to the Theories of Viktor Schauberger. Gateway, 1996

Gloria Cuartas: Por que no tiene miedo , Temas de Hoy, 1998

Daimler, Renate: Verschwiegene Lust. Frauen über 60 erzählen von Liebe und Sexualität, Deuticke, 1999

Delbée, Anne: Camille Claudel. Circe Ediciones, 2007

Deschner, Karlheinz: For a Bite of Meat. 1998

Deschner, Karlheinz: todas sus publicaciones

Drewermann, Eugen: (Todos sus libros muestran un refinamiento intelectual y una humanidad que, a pesar de una orientación diferente, los hace dignos de lectura).

Bibliografía recomendada

Duhm, Dieter: Political Theory for a Non-Violent Earth. Verlag Meiga, 1992

Duhm, Dieter: Synthese der Wissenschaft, Kübler, 1979

Duhm, Dieter: Die Wäscheleine („La cuerda de tender", sin publicar aún)

Elworthy, Scilla: Power and Sex. Vega, 1996

Estés, Clarissa Pinkola: Mujeres que corren con los lobos, Zeta Bolsillo, 2009

Fukuoka, Masanobu: The One Straw Revolution – An Introduction to Natural Farming, Rodale Press, 1978

Geller, Uri: Mi fantastica vida, Ediciones Grijabo, 1975

Geusen, Madjana (Hg.): Man's Holy Grail is Woman: Paintings, Drawings and Texts by Dieter Duhm. Verlag Meiga, 2006

Gogh, Vincent van: Cartas a Théo, Alianza Editorial, 2008

Göttner-Abendroth, Heide: Das Matriarchat I. Geschichte seiner Erforschung, Kohlhammer, 1995

Göttner-Abendroth, Heide: Das Matriarchat II, 1, Stammesgesellschaften in Ostasien, Indonesien, Ozeanien, Kohlhammer, 1999

Haetzel, Klaus: Wege auf Wasser und Feuer, Econ, 1990

Helsing, Jan van: Secret Societies and their Power in the 20th Century. A Guide through the Entanglements of Lodges with High Finance and Politics. Ewertverlag, 1995

Heyn, Dalma: The Erotic Silence of the Married Woman. Bloomsbury, 1992

Hill, Julia Butterfly: The Legacy of Luna, HarperCollins, 2001

Horstmann, Ulrich: Das Untier, Suhrkamp, 1985

Jong, Erica: Fear of Flying. Panther, St.Albans, 1976

Kelly, Petra; Bastian, Gert; Ludwig, Clemens: The Anguish of Tibet. Parallax Press, 1991

Kleinhammes, Sabine (Hg.): Rettet den Sex. Ein Manifest von Frauen für einen neuen sexuellen Humanismus, Verlag Meiga, 1988

Langer, Felicia: Zorn und Hoffnung, Lamuv, 1996

Leon, Donna: Latin Lover, Diogenes, 1999 (Hier: Ich will Rache – Quiero venganza)

Leonard, George: The Silent Pulse. A Search for the Perfect Rhythm that Exists in Each of Us. Dutton, 1978

Lichtenfels, Sabine: Der Hunger hinter dem Schweigen. Annäherung an sexuelle und spirituelle Wirklichkeiten, Verlag Meiga, 1992

Long, Barry: Making Love – sexual love the divine way. Barry Long Books, 1998

Manitonquat: The Circle Way, 2000

Manitonquat: Return to Creation. Bear Tribe Publishing, 1991

Manning, Jeane; Begich, Nick: Angels don't play this HAARP – Advances in Tesla Technology. Earthpulse Press, 1995

McLean, Dorothy: To Hear the Angels Sing. Floris Books, 1980

Menchú, Rigoberta: An Indian Woman in Guatemala. Verso Books, 1987

Messner, Reinhold: Free Spirit – A Climber's Life. Mountaineers Books, 1998

Miller, Alice: Breaking the Wall of Silence. Virago, 1991

Miller, Alice: Am Anfang war Erziehung, Suhrkamp, 1980

Miller, Henry: The Smile at the foot of the Ladder. Village Press, 1973

Miller, Henry: Sexus. Olympia Press, 1960

Moody, Raymond: Life after Life: the investigation of a phenomenon, survival of bodily death. Bantam, 1976

Mühl, Otto: Aus dem Gefängnis, Ritter, 1997

Mühl, Otto: Otto Mühl 7 (Exhibition catalog). Hatje Cantz, 1998

Muigg, Norbert: Sprache des Herzens. Begegnungen mit Weisen der Maya, Ibera, 1999

Nicols, Preston B.; Moon, Peter: The Montauk Project. Sky Books, 1992

Nietzsche, Friedrich: The Genealogy of Morals. Dover Publishers, 2003

Nigg, Walter: Das Buch der Ketzer, Diogenes, 1998

Osho: Meditation. Boxtree, 1995

Pfau, Ruth: Das letzte Wort wird Liebe sein, Herder, 1998

Pfau, Ruth: Verrückter kann man gar nicht leben, Herder, 1995

Pogačnik, Marco: Die Erde heilen. Das Modell Türnich, Diederichs, 1996

Reich, Wilhelm: The Mass psychology of Fascism. Trans. V.R. Carfagno. Penguin, 1975

Reich, Wilhelm: The Discovery of the Orgone. Trans. Andrew White. Vision Press, 1974

Reich, Wilhelm: The Murder of Christ. Souvenir Press, 1975

Ritchie, Georg G.; Sherill, Elizabeth: Return from Tomorrow, 1978

Risi, Armin: Machtwechsel auf der Erde, Govinda, 1999

Roger, Frère: Der Weg der Versöhnung, Gütersloher Verlagshaus, 1985

Schipflinger, Thomas: Sophia – Maria: a holistic vision of creation. Wieser, York Beach, 1997

Schubart, Walter: Religion und Eros, Beck, 1989

Schwepcke, Barbara: Aung San Suu Kyi, Heldin von Burma, Herder, 1999

Schwenk, Theodor: El caos sensible, R. Steiner (antroposofica), 2011

Temple, Robert: The Sirius Mystery. Sidgwick and Jackson, 1976

Tompkins, Peter; Bird, Christopher: The Secret life of Plants. Allen Lane, 1973

Ywahoo, Dhyani: Voices of our Ancestors. Shambhala, 1987

Zillmer, Hans-Joachim: Darwins Mistake – Antediluvian Discoveries Prove Dinosaurs and Humans Co-Existed. Adventures Unlimited Press, 2003

Zorn, Fritz: Mars. Trans. Robert Kimber. Knopf, 1982

Dieter Duhm
La Matriz Sagrada TOMO II
De la matriz de la violencia a la matriz de la vida.
Los fundamentos de una nueva civilización.

Traducido del alemán por
Carmen Alburquerque Ruiz.

Título original: Die Heilige Matrix.

¿Que hay que hacer para detener la violencia global y para iniciar la globalización de paz? Para llegar a una respuesta bien fundada han sido incluidas diversas fuentes de conocimiento humano, conocimiento sobre la ciencia moderna, política, historia, sobre la investigación del caos, holografía, espiritualidad, ecología y sanación. El resultado es una revelación.
"El punto de Arquímedes", el título de un capítulo y al mismo tiempo la esencia de este libro es el amor .Una palabra humana que solo puede surgir de un corazón abierto. Pero, ¿cómo puede el amor estar vinculado con el poder político de la manifestacionr? ¿Cómo puede la relación de las fuerzas de la violencia y la paz ser cambiada de manera que el objetivo fijado de una tierra libre de violencia parezca alcanzable?
Con pasos lógicos y pensamientos precisos, los hilos mentales de este libro han sido escogidos y ordenados en "La Teoría Política". Un camino sobre como lo aparentemente imposible puede ser posible y se hace visible. Lo escrito aquí es High Tech para la paz. El gran sueño de la paz mundial podría tener éxito hoy …

Verlag Meiga, ISBN 978-3-927266-39-1

www.verlag-meiga.org

www.ingramcontent.com/pod-product-compliance
Lightning Source LLC
Chambersburg PA
CBHW051119160426
43195CB00014B/2259